世界で一番やさしい 左官

原田宗亮／著

26

左官仕上げ INDEX

漆喰、大津壁、聚楽、樹脂系……左官の仕上げは、材料ごとにさまざまな表情をもつ。また、左官職人のセンスやアイディア、使う道具などにより、テクスチュアのバリエーションは無限に広がる。

漆喰

日本で古来より用いられている、代表的な左官材料。石灰を主成分とし、調湿効果に優れ、多彩な仕上げ方ができる。漆喰の白さは独特の味わいがあり、見る人に安らぎを与える。

漆喰金鏝押さえ仕上げの施工例。柿渋で色出しされた柱・梁に、白い漆喰が映えている

建築概要：住宅　**所在地**：東京都練馬区
左官仕上げ：すきる（TEL 03-3970-0074）
写真：奥村佳久（原田左官工業所）

漆喰の仕上げ例

伝統的な仕上げと現代の違い

漆喰といえば従来はフラットな仕上げが主流であったが、現代の空間にも合うテクスチュアを付けた仕上げが増えている。これを現代しっくいと呼ぶ

▲セミフラット仕上げ

押さえではなく、優しく撫でた仕上げ。
漆喰の素材の持つ柔らかさが伝わるため、採用される例が増えている

▲金鏝押さえ仕上げ

日本の漆喰といえばこの仕上げ、といわれるほど伝統的な方法。金鏝で平滑に仕上げるため、高い技術が必要

▲現代しっくいの代表的なテクスチュア（スムース、ソフト、カジュアル）

漆喰に骨材を入れた仕上げ方法の一例。骨材のサイズを変えることで表面の粗さが変わり、表情の付き方も変えられる

協力：村樫石灰工業

漆喰のカラーバリエーション

漆喰の標準色は白だが、顔料で色付けをすることもでき、洋風の仕上げも可能である

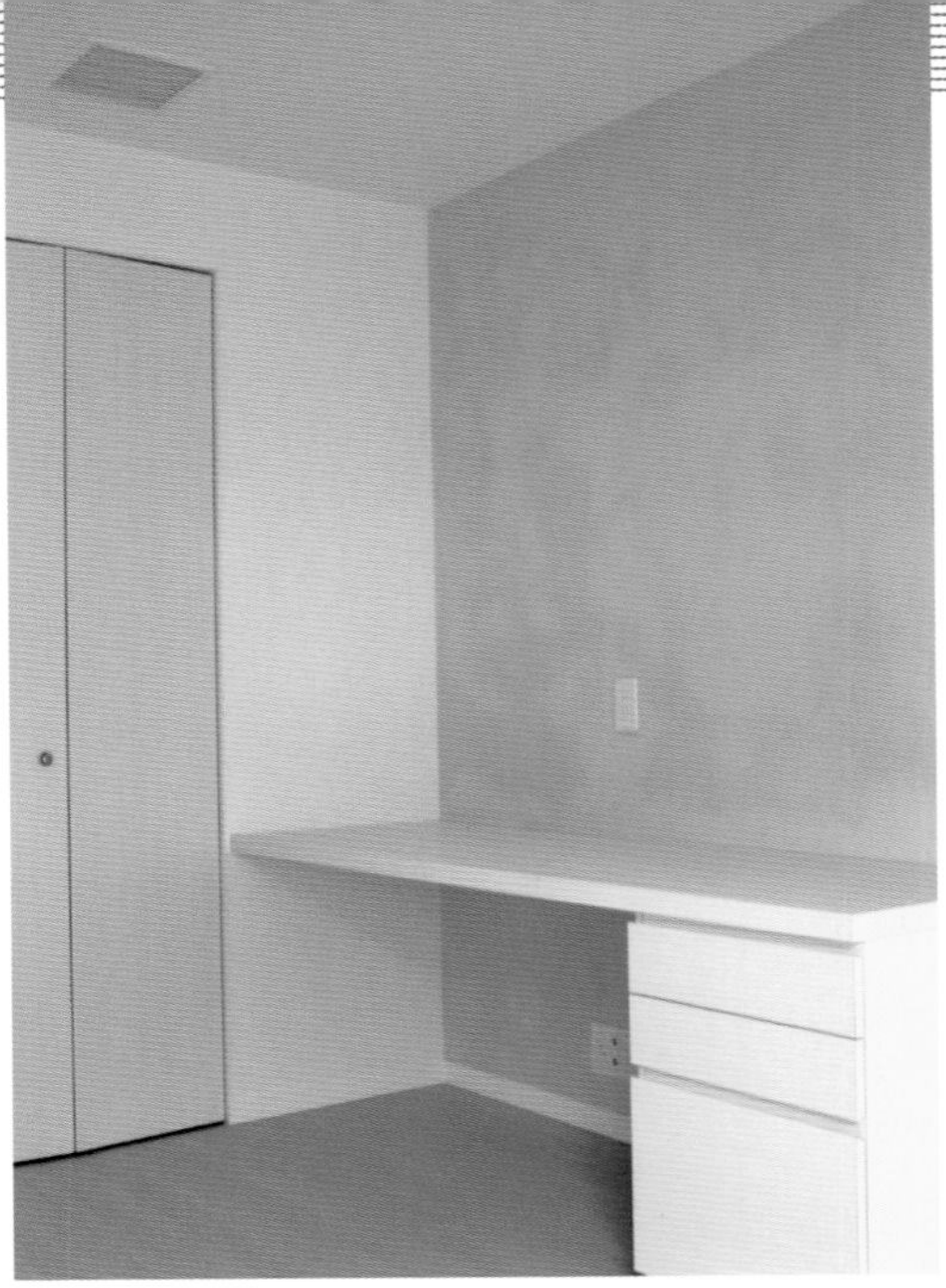

スカイブルーの漆喰は洋風のイメージになる

白は光の入り具合で陰影のある壁に見える

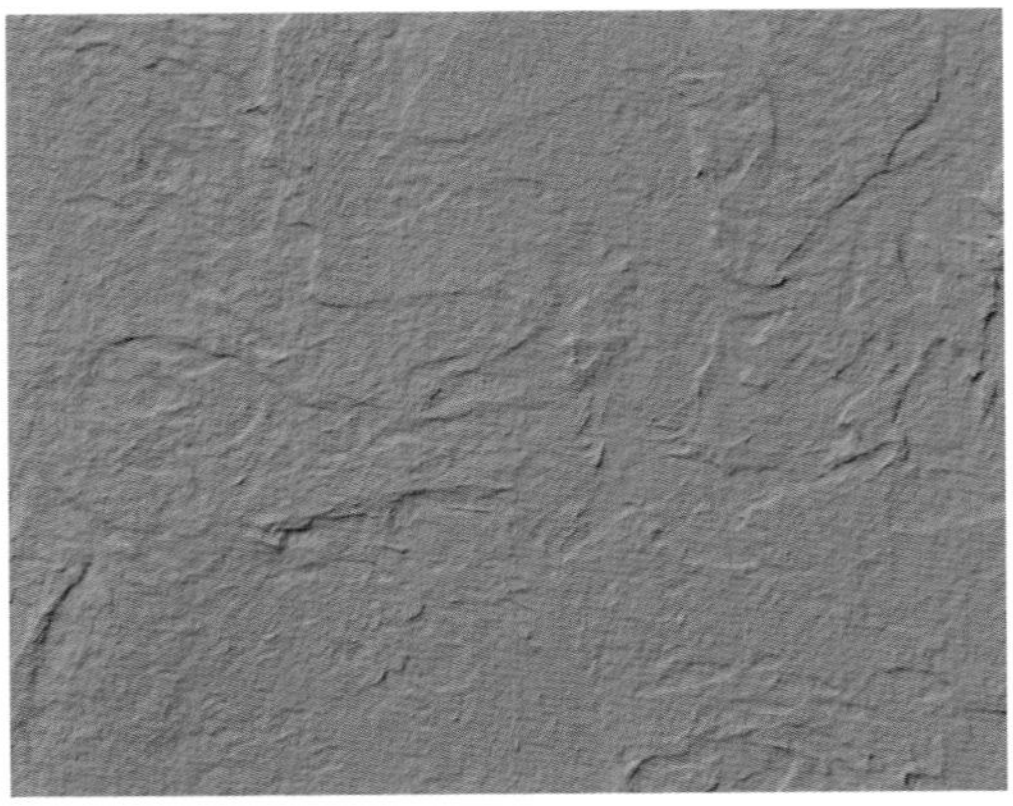

ベージュ、ブラウン系は、和洋問わず使用できる

濃い色は色ムラになりやすいため、あらかじめ確認が必要

漆喰はパステル調の色に向いている

漆喰の模様バリエーション

漆喰は鏝の動かし方により様々な模様がつけられる。
代表的な模様について紹介する

▲ラフ仕上げ

骨材を入れて粗面な表情を出した仕上げ

▲スパニッシュ仕上げ

鏝を直線的に動かし、エッジを効かせた仕上げ

▲引きずり仕上げ

木鏝等を壁面に付け、引きずるように動かし模様をつける

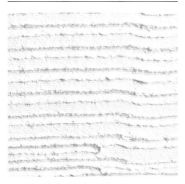

▲櫛引き仕上げ

櫛鏝を使用し、櫛目を付けた仕上げ

▲乱流仕上げ

金鏝を8の字に動かしながらランダムな模様を重ねる仕上げ

▲スポンジ仕上げ

凹凸のあるスポンジを円状に動かす

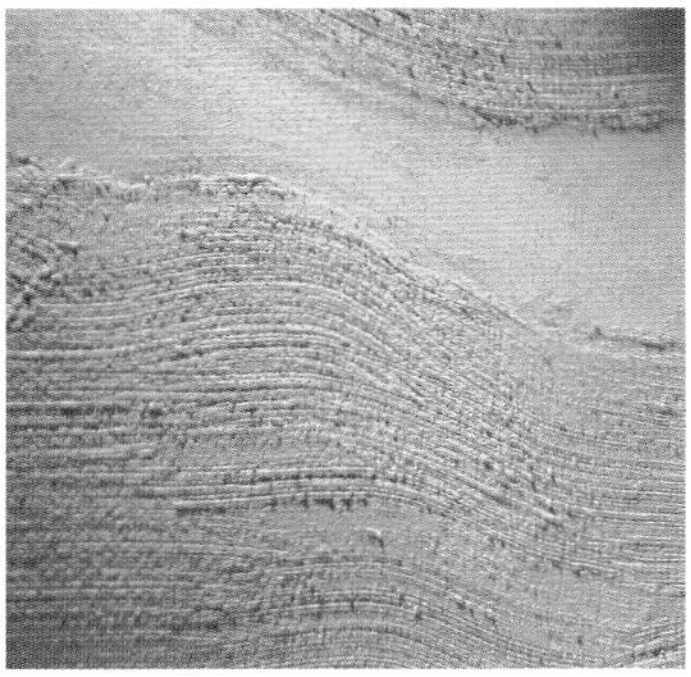

▲刷毛引き仕上げ

刷毛を横に引いて模様を付ける

▲刷毛仕上げ

刷毛で細かい模様を付ける

▲ホウキ仕上げ

刷毛引きよりも粗めの仕上げとなる

土佐漆喰

土佐（現在の高知県）で生まれた、
糊を入れない独特の漆喰である。
一般的な漆喰と比べて強度があり、
雨風に強い。

床、壁、天井をすべて土佐漆喰の磨き仕上げで塗り込めた部屋。床にも塗れるのは、強度のある土佐漆喰ならではの魅力といえる

設計・施工：スタイルイズスティルリビング（TEL 03-6455-6923）　**左官仕上げ**：原田左官工業所

土佐漆喰の仕上げ例

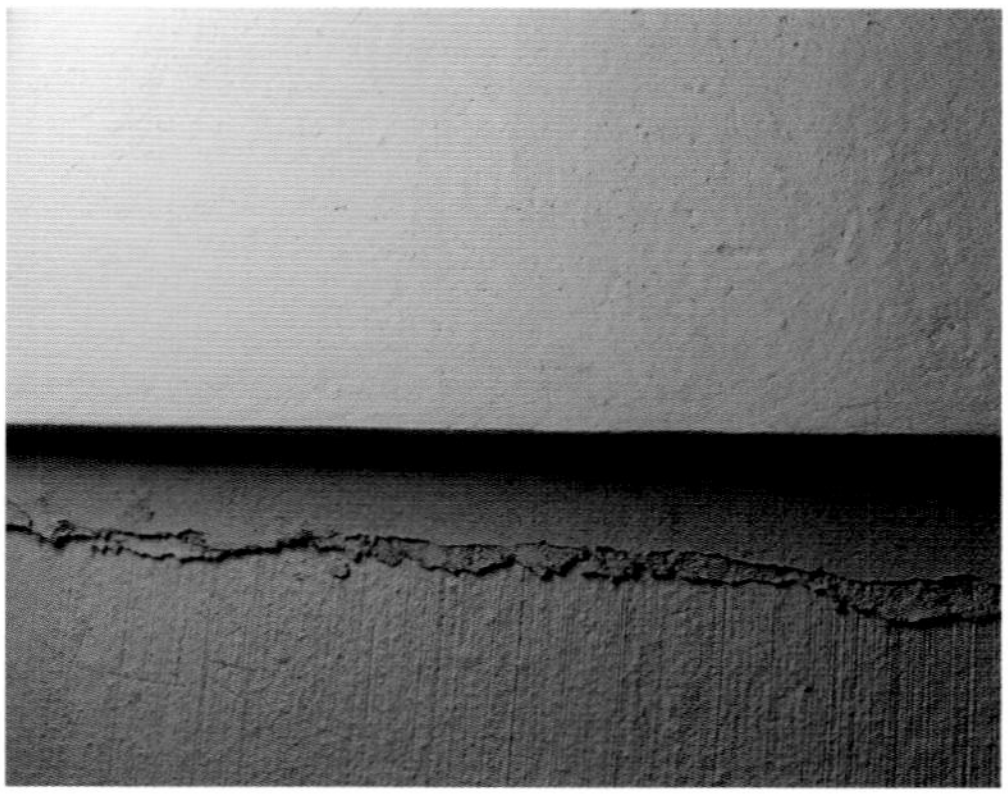

▲よろい仕上げ

雨に対してより強くなるように段差を入れている

▲磨き仕上げ

土佐漆喰の最高級の仕上げ。何度も鏝で押さえ込み、艶を出す

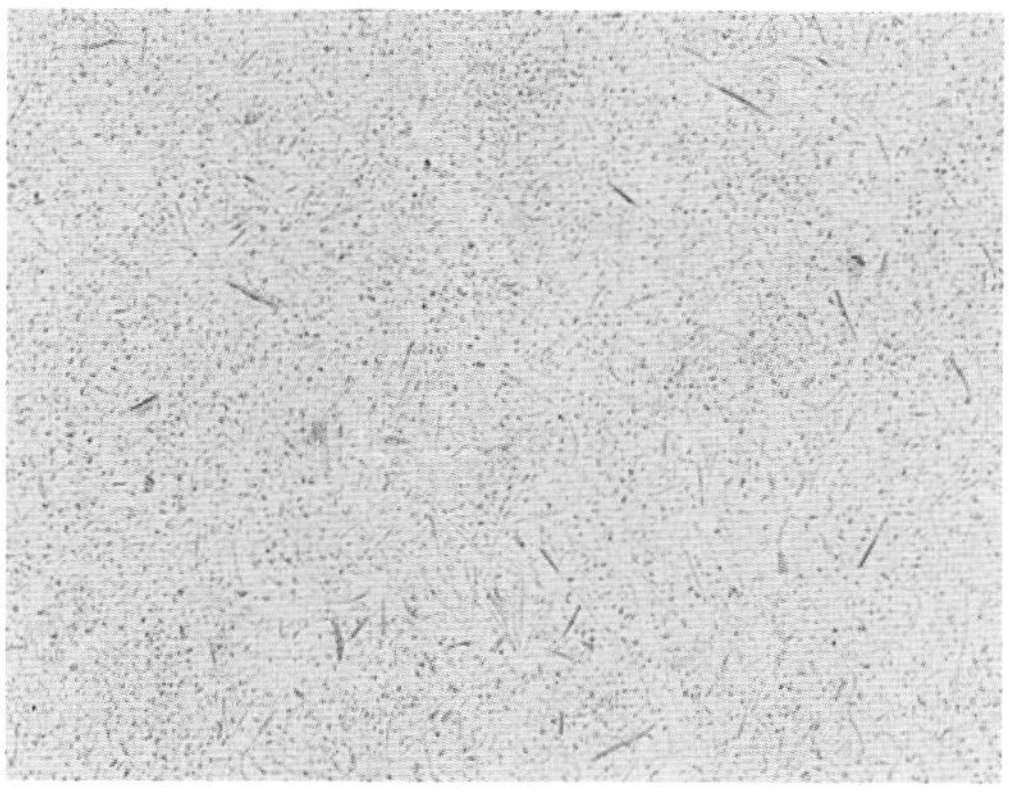

▲スサ入り金鏝仕上げ

骨材に加え、スサも入れ、スサを前面に出して仕上げる

▲骨材入り金鏝仕上げ

骨材を入れ、ざっくりとした肌合いに仕上げる

▲半田藁入り仕上げ

半田に藁を入れ、温かみのある仕上げにすることができる

▲半田仕上げ

土佐漆喰と土を合わせたもの。土佐漆喰の強さと、土の柔らかさを併せもつ

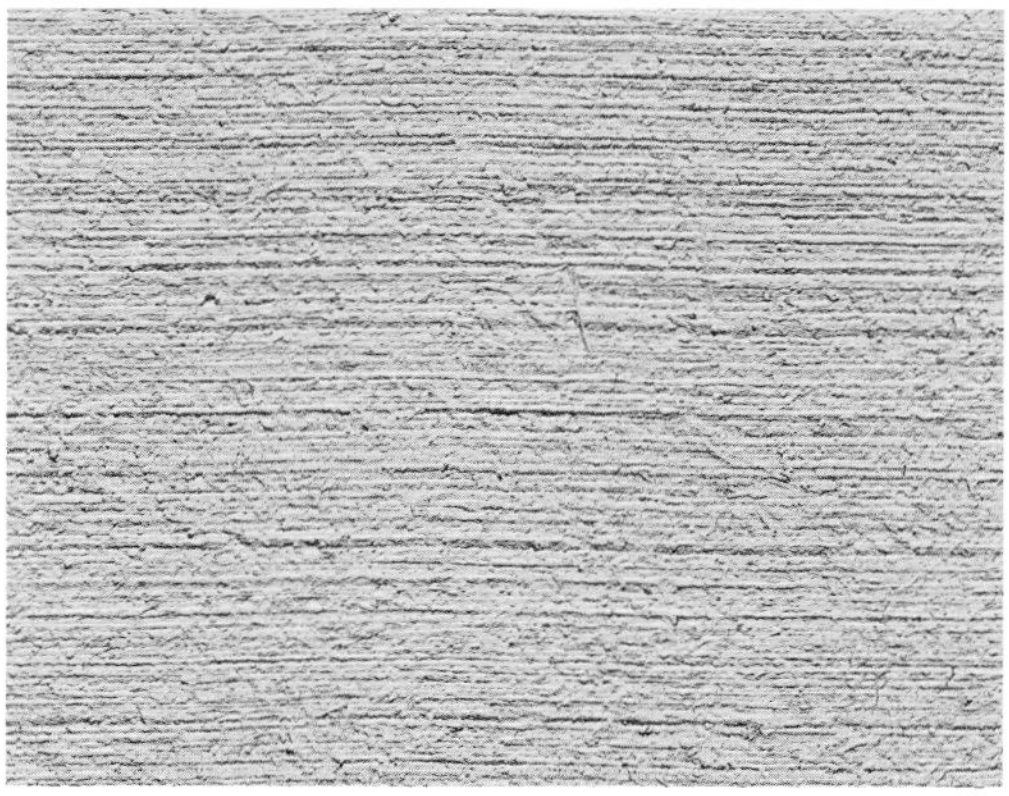

▲黄土半田引きずり仕上げ

黄土半田を鏝で横に引きずり、模様を付ける

▲黄土半田仕上げ

黄土と合わせ、鮮やかな色合いとする

大津壁

色土を使った磨き壁の代表格。ぼんやりと光る並大津壁、ピカピカに光る大津磨き壁など、輝きのバリエーションがある。

大津磨き仕上げが施された壁。左官職人の技術、経験、根気などが凝縮され、ほかに類を見ない光沢が表出する

施工：小沼　充

磨き仕上げ

何工程もかけ、光沢を出していく。非常に技術と労力が必要な仕上げである

灰土塗りと引土塗りを経て、丹念に鏝磨きを行うと、鏡面のような仕上がりになる

大津壁の仕上げ例

▲黄土大津磨き仕上げ

制作：小沼　充

黄土の色を出し、黄色に仕上げる

▲赤大津磨き仕上げ

制作：小沼　充

弁柄《べんがら》(酸化鉄を成分とする顔料)を入れ、赤く仕上げる

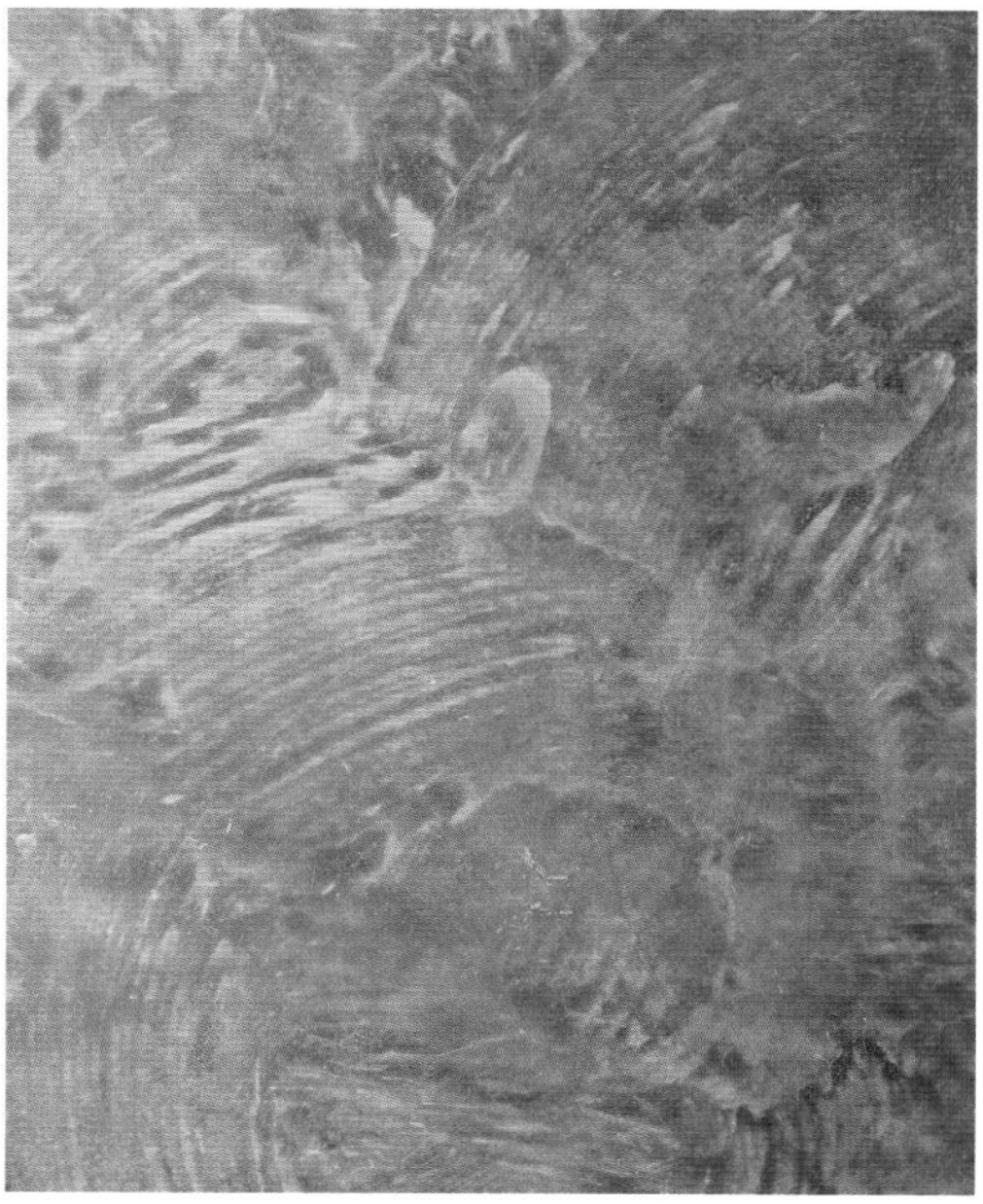

▲現代大津仕上げ

現代大津磨きは、材料に保水性があり、曲面を仕上げるのに向いている

▲黒大津磨き仕上げ

制作：小沼　充

松煙（松材を燃焼させてつくった煤《すす》）を入れ、黒く仕上げる

土壁

日本独自の繊細な土壁の仕上げである。水捏《こ》ね仕上げと糊差し仕上げでは肌合いが微妙に異なるなど、施工方法によって表情が変わる。

土のもつ色合いを生かして、仕上がりの肌を楽しむ仕上げ。わび・さびの世界である

写真：富沢建材

聚楽の仕上げ例

▲本聚楽糊差し仕上げ

糊を入れて仕上げる

▲本聚楽水捏ね仕上げ

水だけで練って仕上げる

その他の土壁仕上げ

▲浅黄土水捏ね仕上げ

浅黄土を使用し、水だけで練った仕上げ

▲深草土スサ入り仕上げ

深草土を使用し、ざっくりとした仕上がりにしている

▲錆壁仕上げ

醤油などに入れた鉄粉を混ぜて仕上げる。時間とともに錆が浮かび上がり、それが蛍のように見えることから「蛍壁」とも呼ばれる

▲ひび割れ仕上げ

表面にひび割れを出し、土の強い印象を出している

▲沖縄赤土磨き仕上げ

沖縄の赤土を使った磨き仕上げ

▲沖縄赤土金鏝仕上げ

沖縄の赤土を使った仕上げ

樹脂系

多彩な色と、豊富なテクスチュアが魅力。自然素材の風合いに近いものもあり、壁や床をはじめ、さまざまな場所で使用されている。

鮮やかな色彩が際立つ、樹脂系左官材で仕上げられた壁。色ムラが出にくく、弾力性があり、クラックの発生を低減させるものもある

設計：佐久間徹設計事務所　**写真**：Yoshiko Miki

樹脂系の仕上げ例

鏝パターン

鏝波で模様を付ける方法

▲スパニッシュ仕上げ

角鏝を使用して模様を付ける

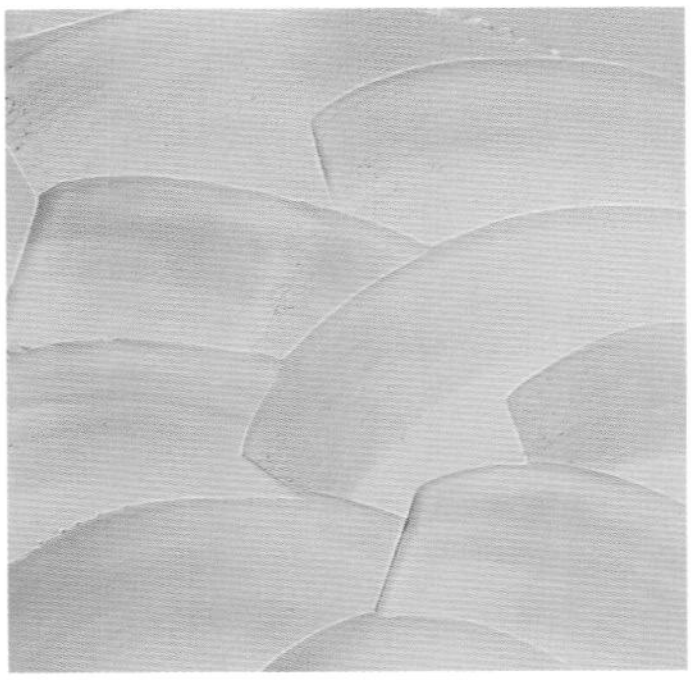

▲2色仕上げ

２色の材料を使用する

▲扇模様仕上げ

鏝を扇状に動かす

スクラッチパターン

骨材を転がして模様を付ける方法

円を描くように、ランダムに鏝を動かす

▲エンシェントブリック

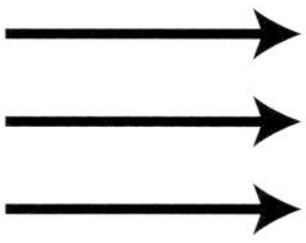

横方向に鏝を動かす

▲アートクリフ

ボーダーパターン

櫛や刷毛、剣先鏝などを横方向に動かして模様を付ける方法

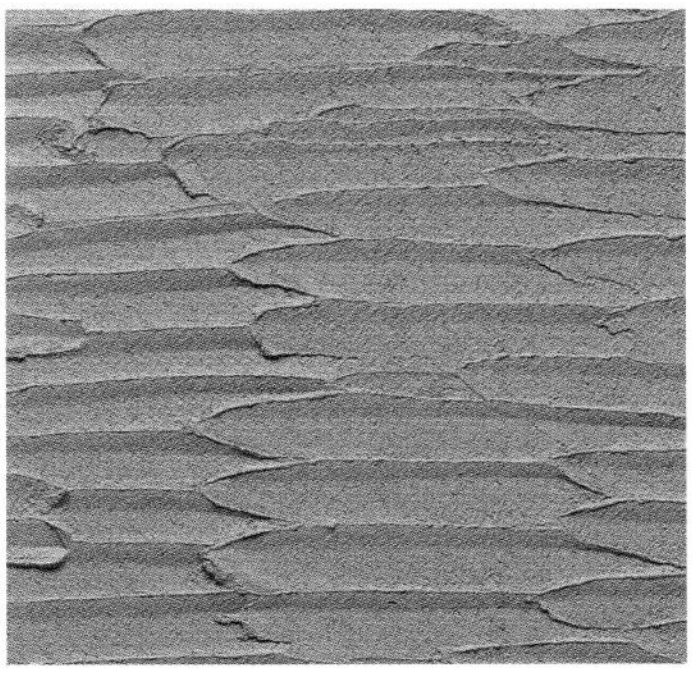

▲剣先仕上げ

剣先鏝を横方向に動かす

▲刷毛引き仕上げ

刷毛を横方向に動かす

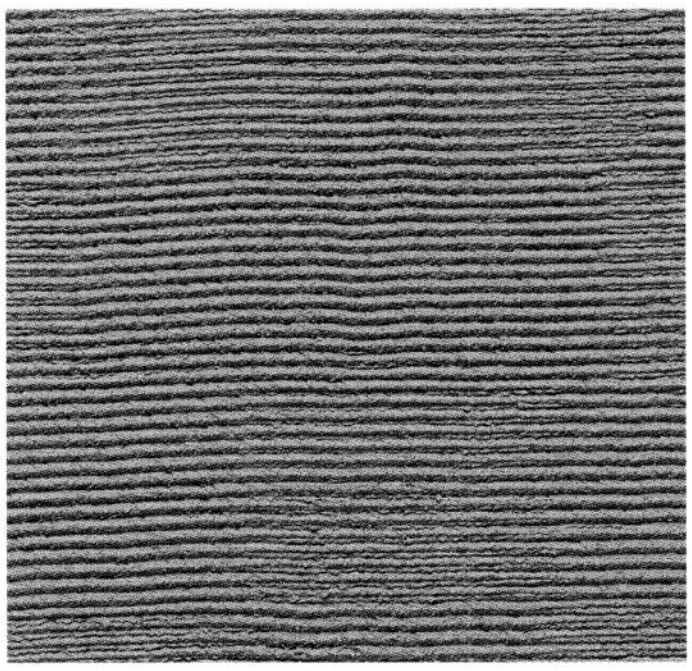

▲櫛引き仕上げ

櫛鏝を横方向に動かす

ローラーパターン

専用ローラーを使って模様を付ける方法

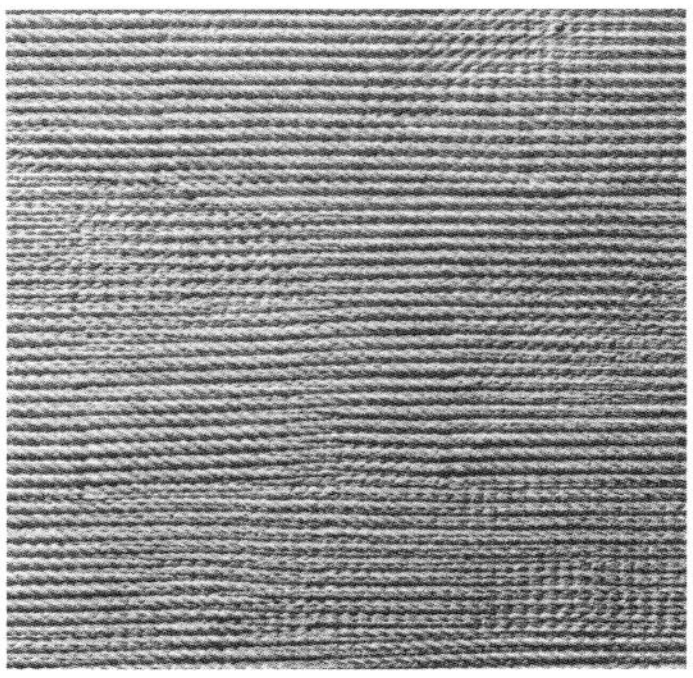

▲ローラー仕上げ3

▲ローラー仕上げ2

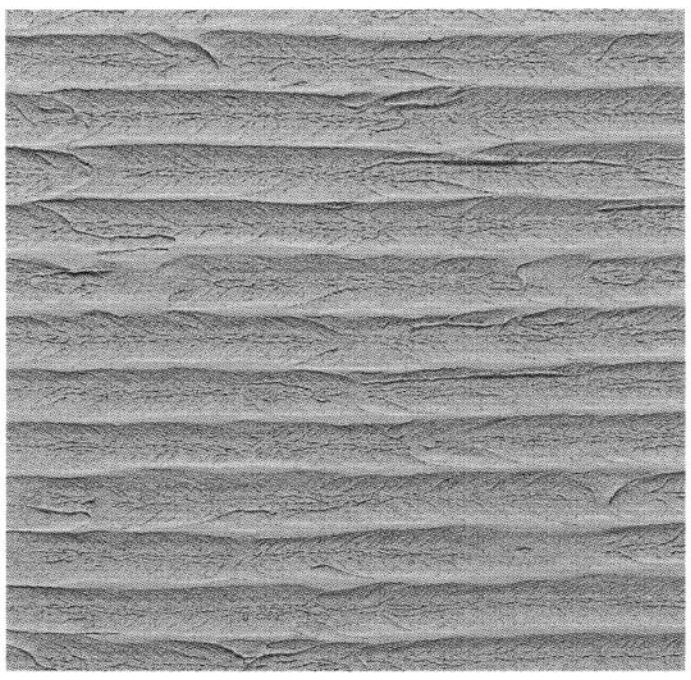

▲ローラー仕上げ1

研ぎ出し

種石を混入したモルタルを硬化前に研ぎ、石の模様を出す。目地がなく、曲線に対応した仕上げもできる。

研ぎ出しでつくられた手洗い台。曲線が表現できる左官の魅力を最大限生かしたつくりで、まるで一つの石の塊のような存在感がある。表面保護材を塗ることで仕上がりを長持ちさせることができる

施工：中屋敷左官工業

作業工程

セメントの硬化状態を見極めることが重要になる

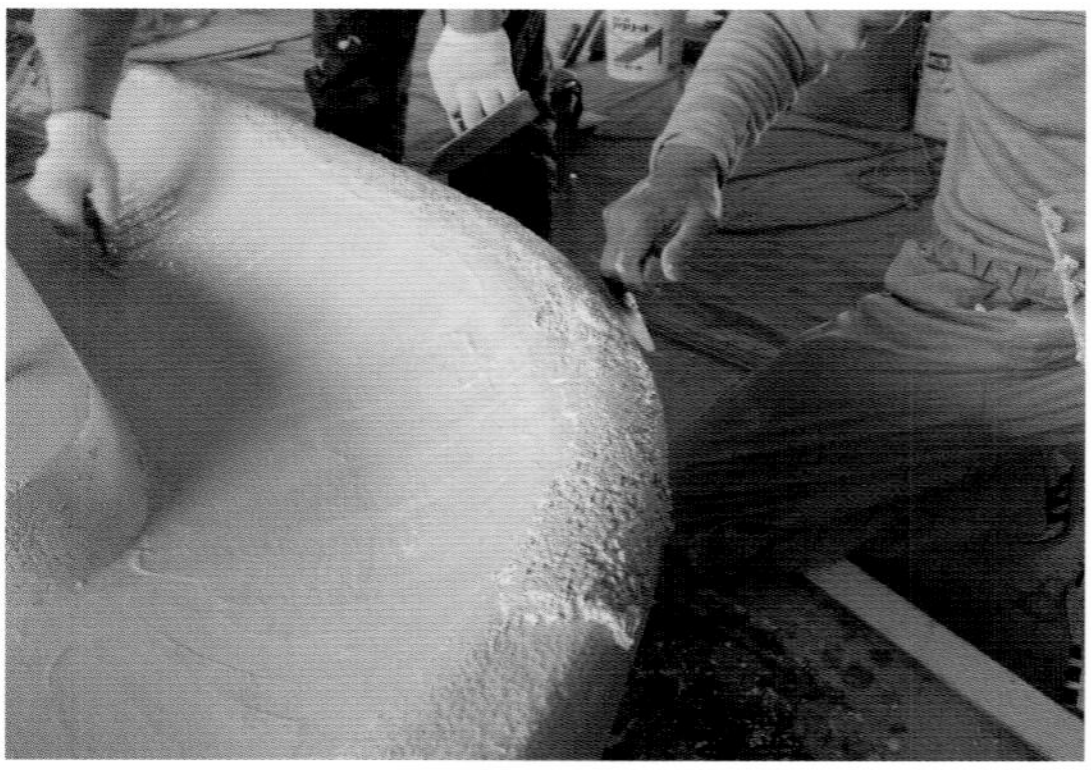

下地を作り、その上に種入りを入れた仕上げモルタルを塗りつける

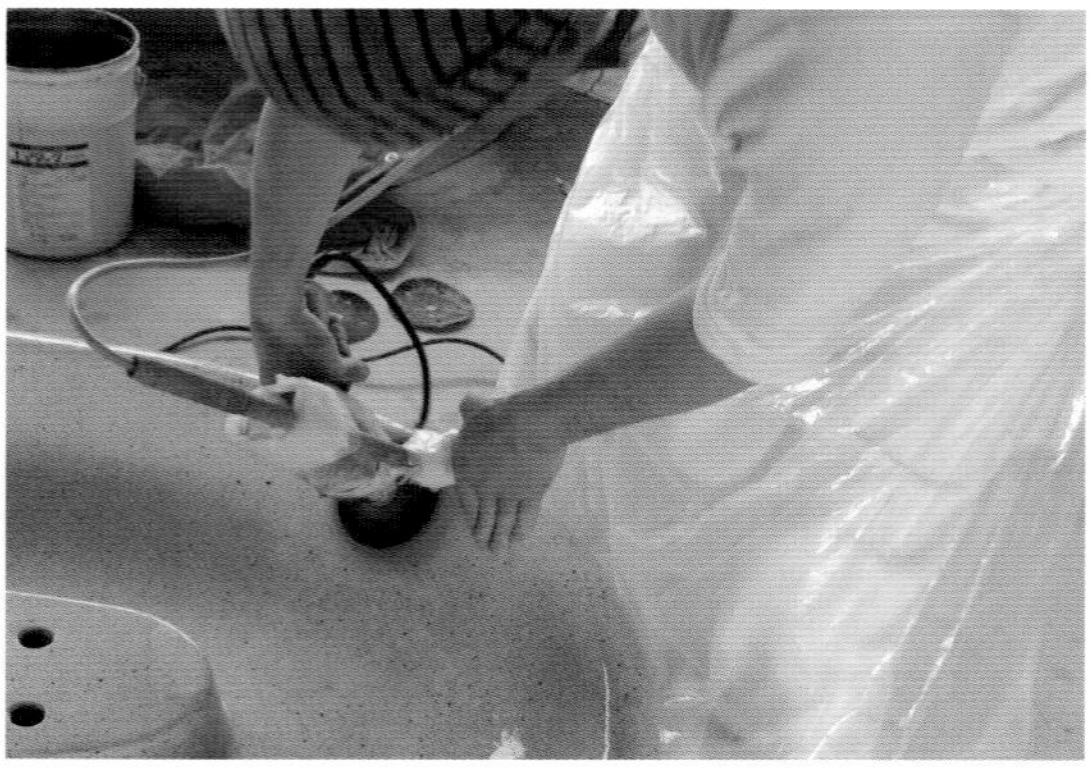

砥石やオービタルサンダーで研ぎだす。場合により水研ぎも行う

研ぎ出しの仕上げ例

▲白研ぎ出し仕上げ

ビアンコカララなど白い骨材を混入した研ぎ出し

▲黒研ぎ出し仕上げ

ネロエバノという黒い骨材を混入した研ぎ出し

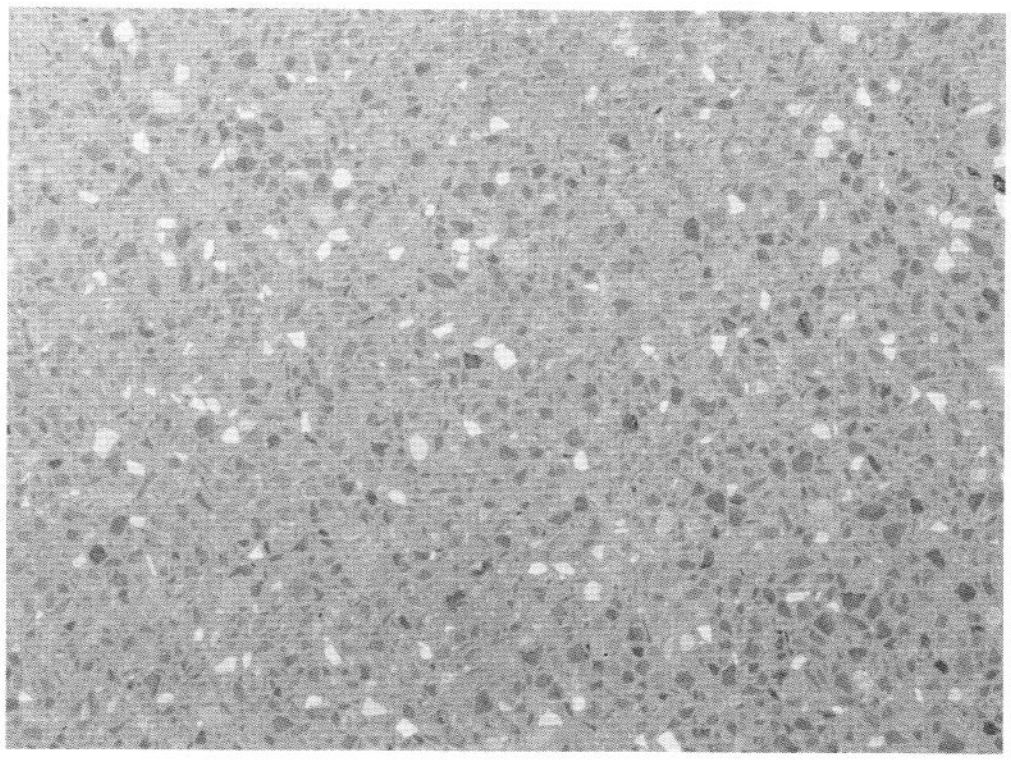

▲ビアンコヴェローナ研ぎ出し仕上げ

イタリアヴェローナの白い骨材を混入した研ぎ出し

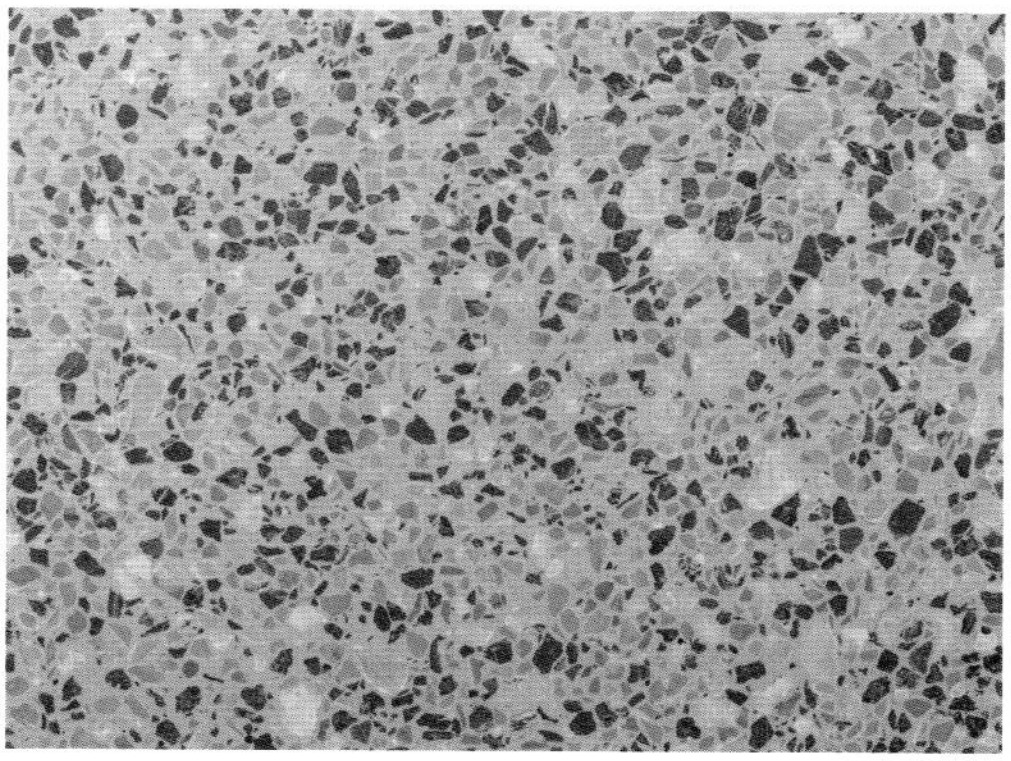

▲ロッソヴェローナ研ぎ出し仕上げ

イタリアヴェローナの赤い骨材を混入した研ぎ出し

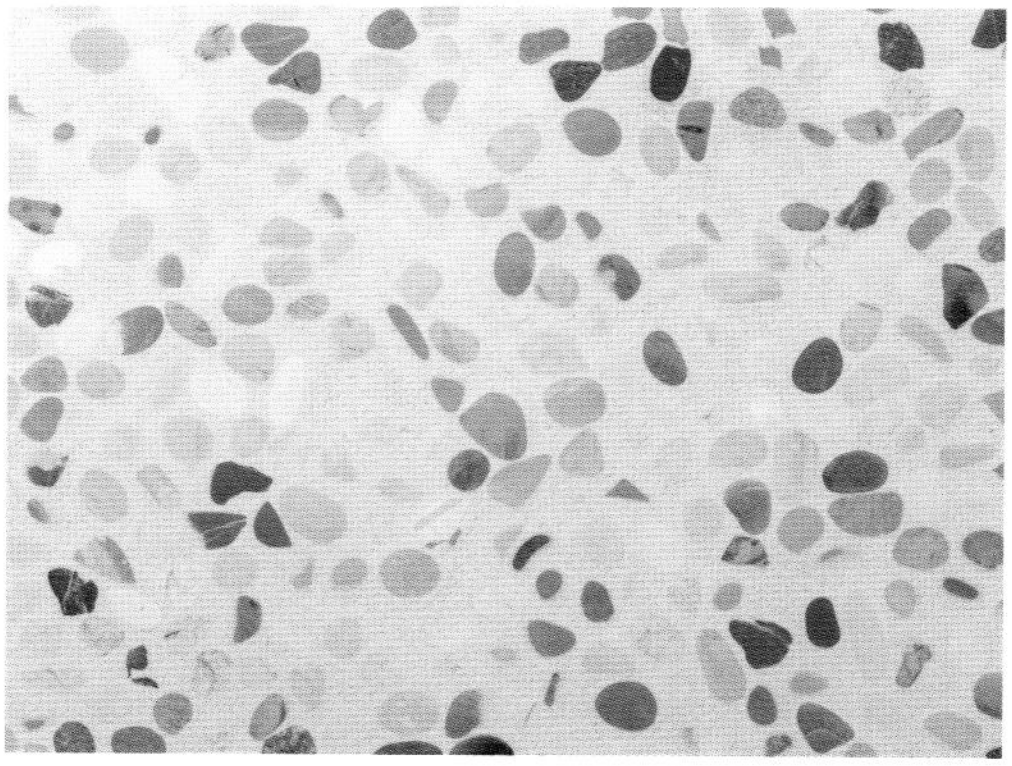

▲玉石研ぎ出し仕上げ

カラフルな玉石を研ぎだした仕上げ

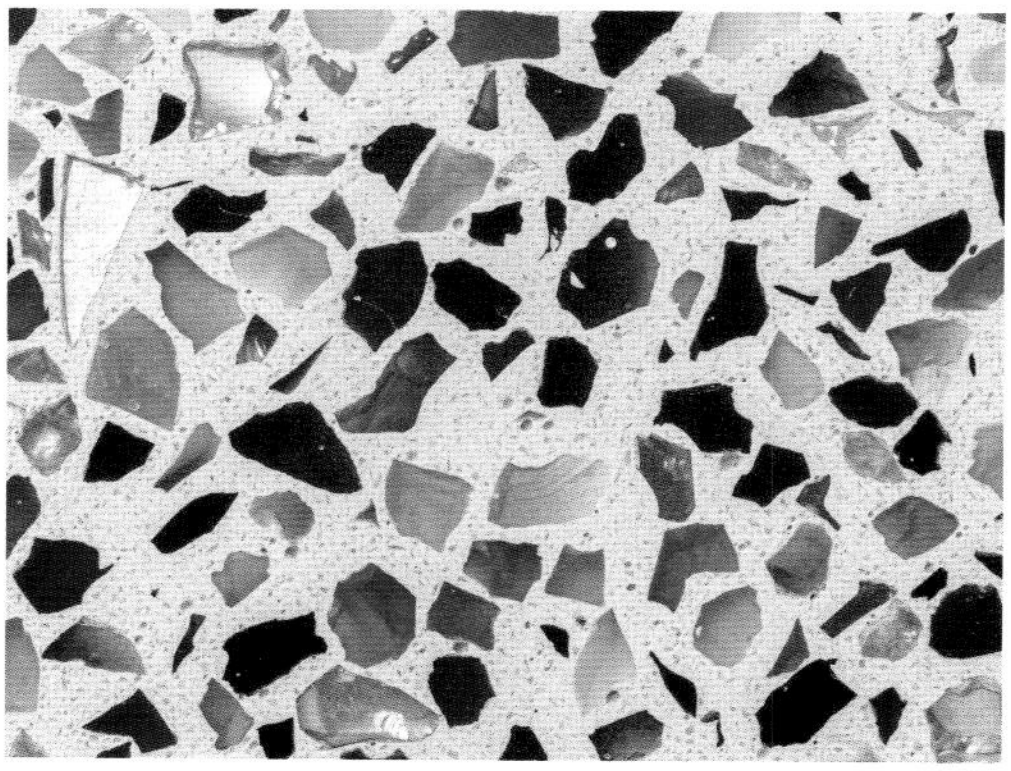

▲ガラス研ぎ出し仕上げ

複数のガラスを混入した研ぎ出し仕上げ

洗い出し

表面を洗い流し、混入した骨材を洗い出す仕上げ。石やビー玉など、骨材の種類によってバリエーションが広がる。

種石「新黄華」を使用し、モルタル部分を酸化黄で着色した洗い出しの床。独特の重厚感があり、丈夫なことから、人気の高い仕上げとなっている。玄関や階段、壁、駐車場など用途も幅広い

施工：小沼　充

作業工程

骨材を隙間なく綺麗にそろえ、仕上げるのが腕の見せどころとなる

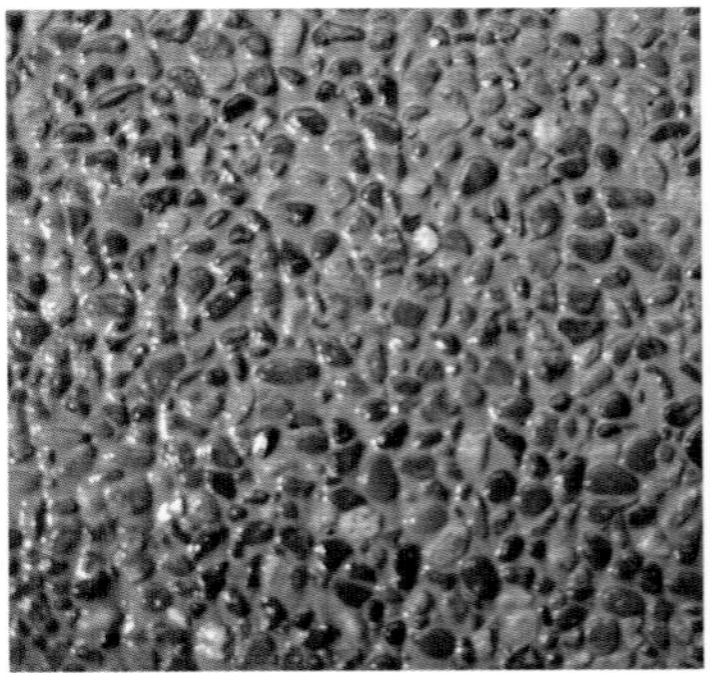

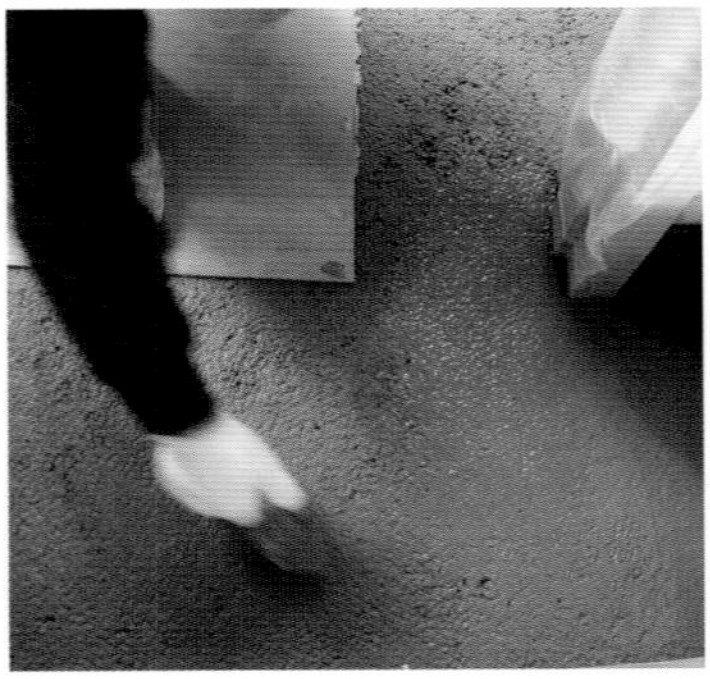

鏝でしっかりと材料を伏せ込み、セメントの硬化状態を見ながら、水をかけてブラシなどで洗い出す

洗い出しの仕上げ例

▲白モルタル洗い出し仕上げ

細かい砂利が白モルタルに映える

▲磯黒洗い出し仕上げ

オーソドックスな洗い出し仕上げ

▲大きな石の洗い出し仕上げ

種石が大きい場合は、後から手で埋め込む

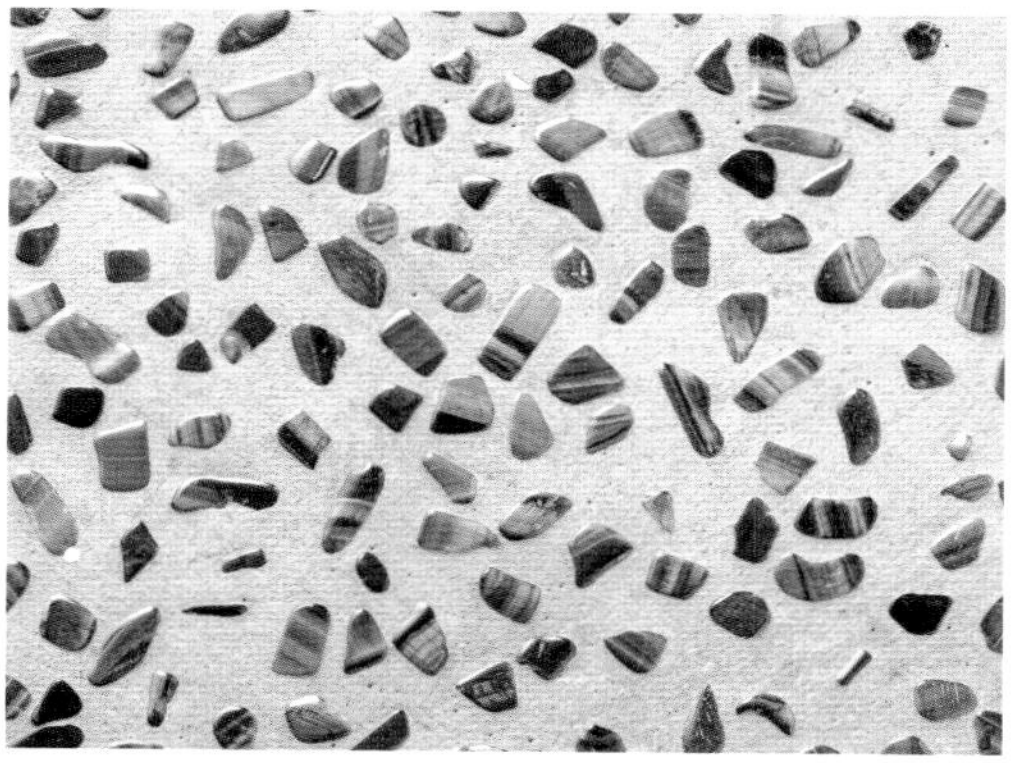

▲虎目石洗い出し仕上げ

宝石の虎目(タイガーアイ)を使用した洗い出し仕上げ

▲黒い石の樹脂洗い出し仕上げ

シックかつクールな印象を演出する

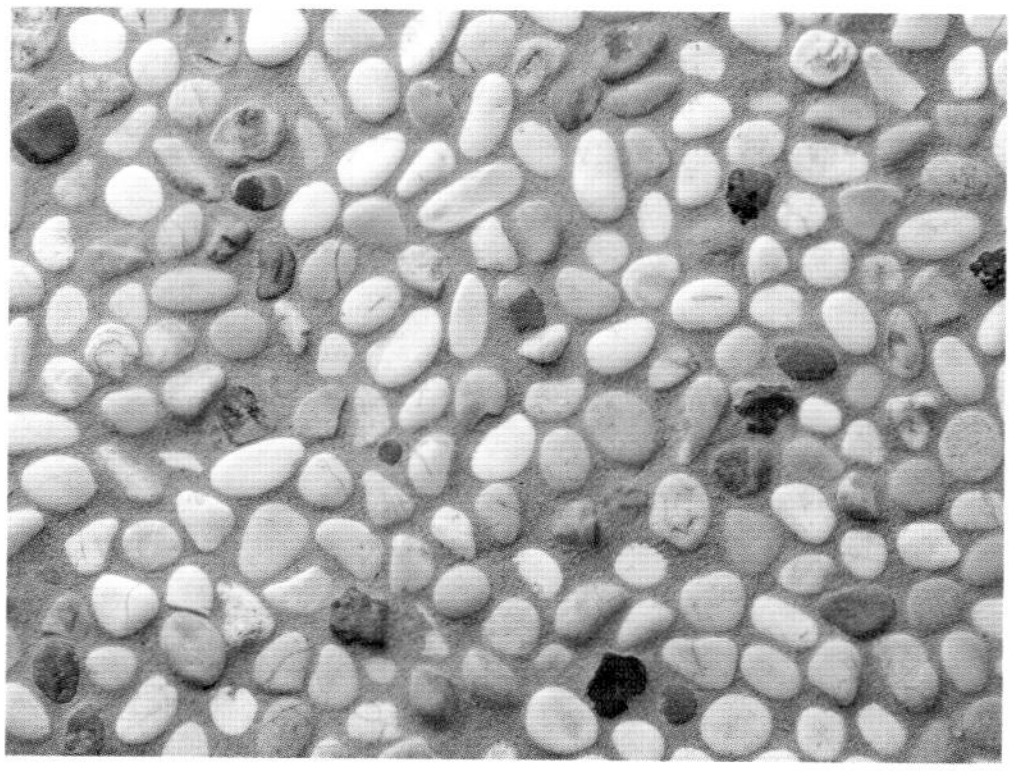

▲洗い出しシート仕上げ

シート加工された玉石を使用した洗い出し仕上げ

白のイメージ

「白」「黒」と一口にいっても、材料や仕上げの種類により、多種多様な表現ができる。その無限の可能性が、左官の醍醐味の１つといえる

▲漆喰押さえ仕上げ

平滑で最もオーソドックスな仕上げ

▲漆喰磨き仕上げ

艶のある硬質感が魅力

▲漆喰扇仕上げ

鏝を扇状に動かし、模様をつくる

▲鏝模様仕上げ

ランダムに鏝を動かし、模様を付ける

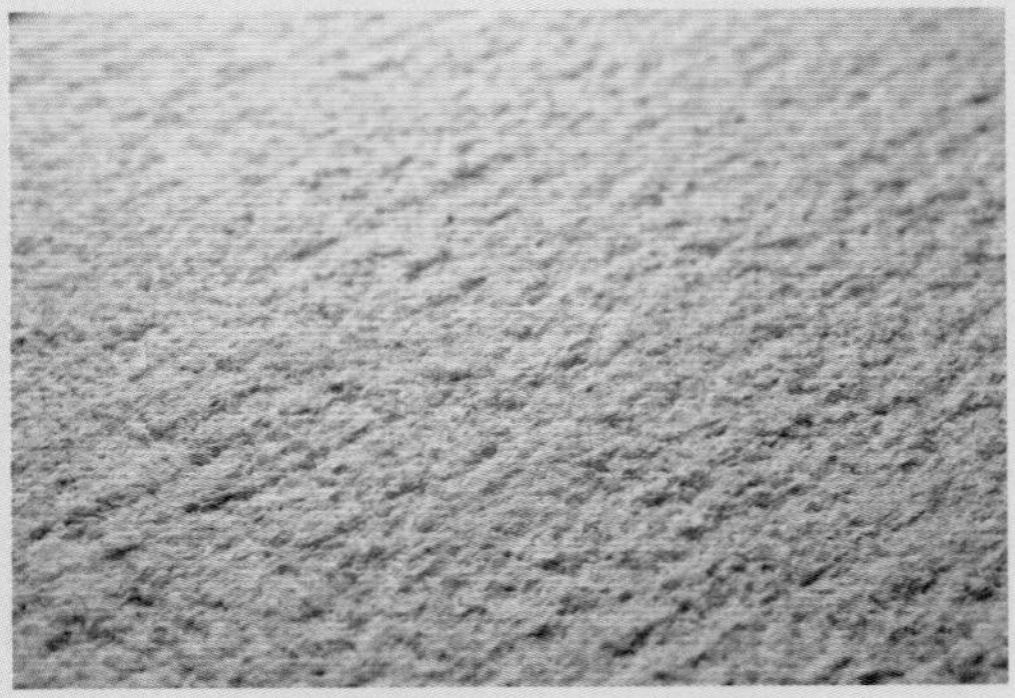

▲白セメント掻き落とし仕上げ

整った凹凸が特徴の仕上げ

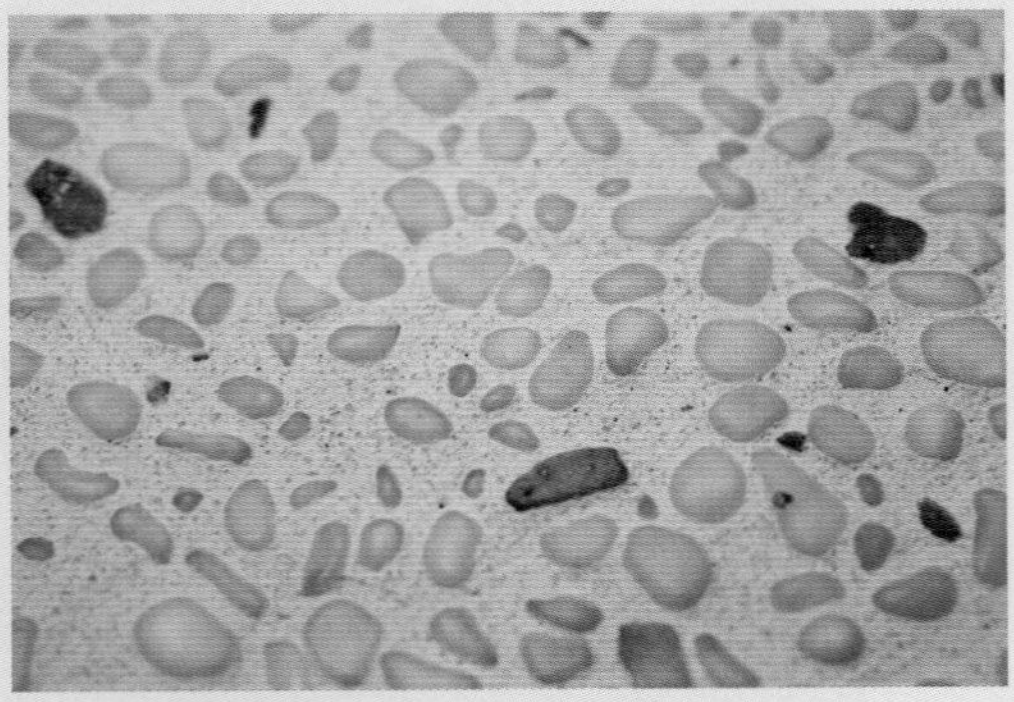

▲白砂利洗い出し仕上げ

白玉石と白セメントを使い、一体感を出している

黒

黒のイメージ

△黒モルタル金鏝仕上げ

モルタルに墨を入れ、黒くした仕上げ

△黒漆喰磨き仕上げ

黒く色づけしたノロ（ペースト）を鏝で磨き込んだ仕上げ

△黒硅砂糊捏《こ》ね仕上げ

黒い骨材を塗り固め、表情を出している

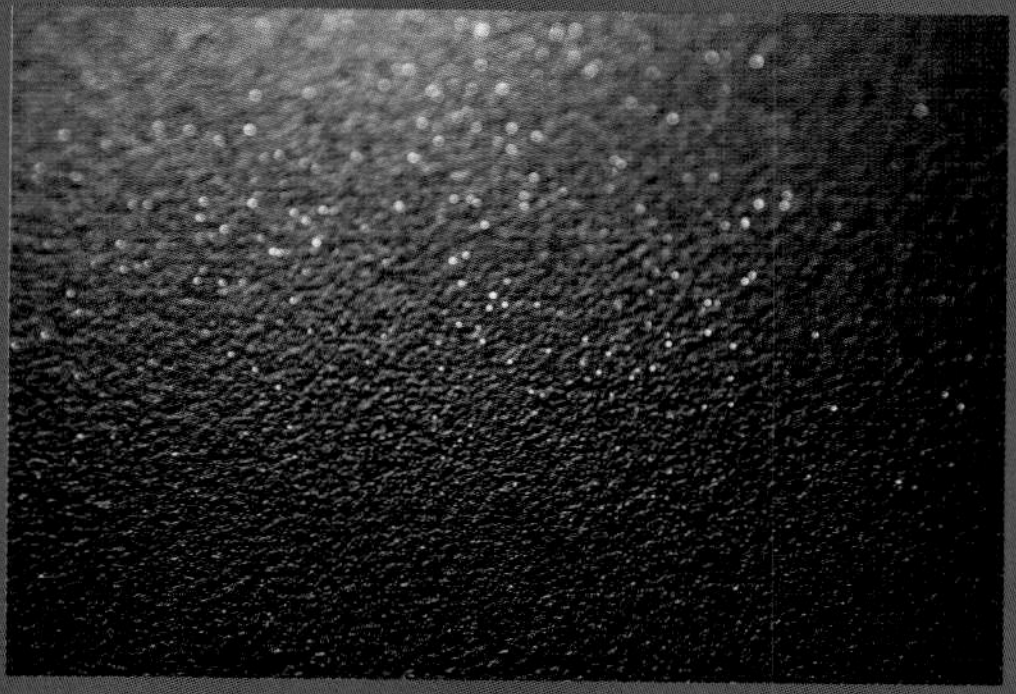

△樹脂系黒・ラメ入り仕上げ

樹脂系の仕上材に金ラメを散らし、高級感を演出

△珪藻土《けいそうど》黒仕上げ

珪藻土材料を顔料によって着色

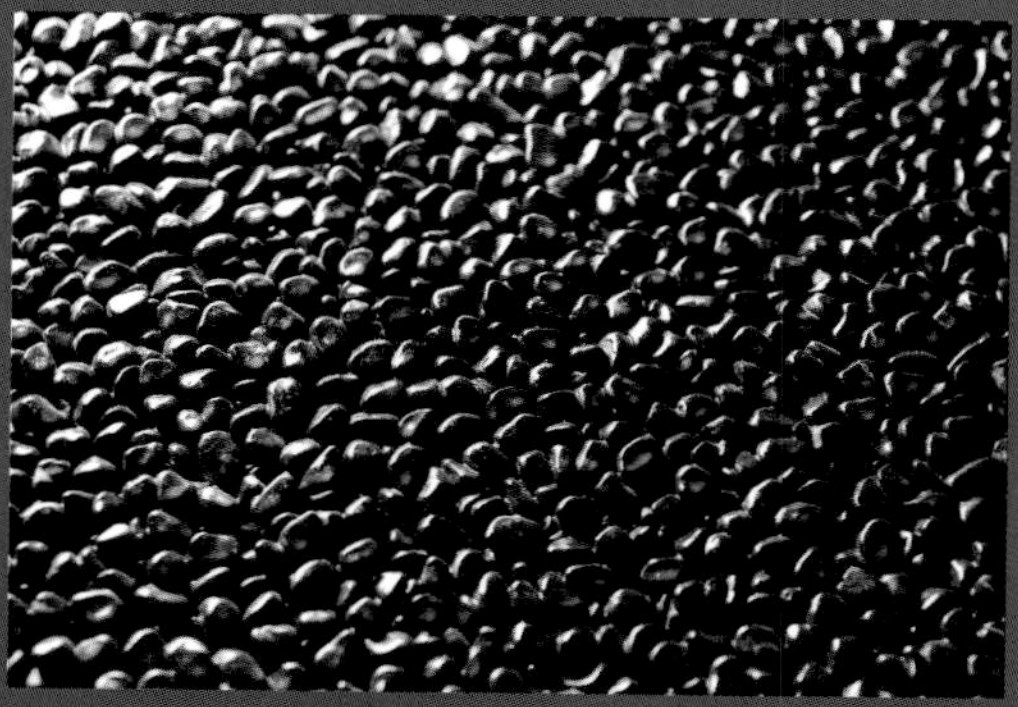

△磯黒洗い出し風仕上げ

磯黒砂利を樹脂で固めた仕上げ

カラーバリエーション

落ち着いたアースカラーから、鮮やかなビビッドカラーまで、多彩な色の表現ができることも左官の魅力。同じ色でも、彩度や明度、深みなどが異なり、無数のバリエーションがある。

深みのある赤が特徴

色ムラなく真っ黒に仕上げるには技術を要する

渋みのある黄色

力強さを感じるアースカラー

見る者に安らぎを与える白

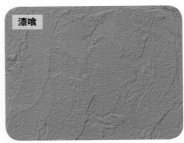

水性の色粉を使用

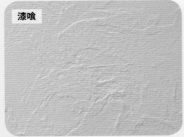

パステルカラーは漆喰と相性がよい

濃い色は色ムラになりやすい

２色仕上げは洋風になる

２色の材料を入れ、ぼかしながら仕上げる

同系色を混ぜた２色仕上げ

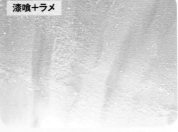

ラメを加え、キラキラした仕上げとなる

酸化黄を使用した山吹《やまぶき》色の仕上げ

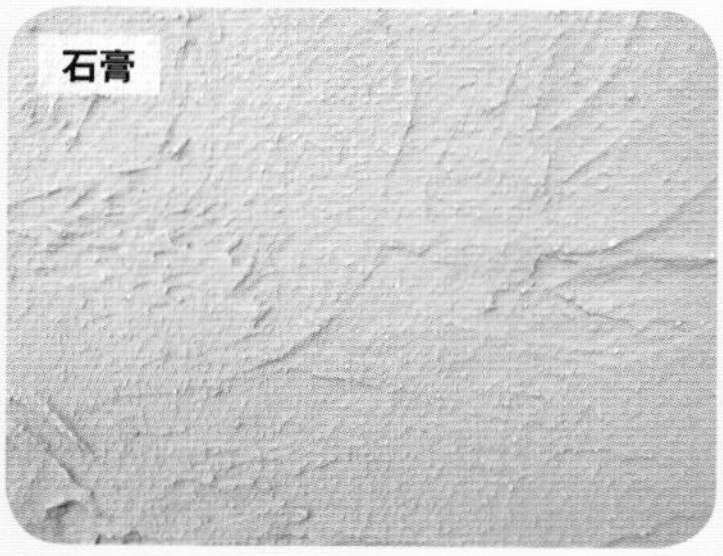

鏝の方向を出さず、ランダムに塗った仕上げ

セメントに顔料を入れた2色仕上げ

樹脂系珪藻土は色ムラが出にくい

縦方向の刷毛引き仕上げ

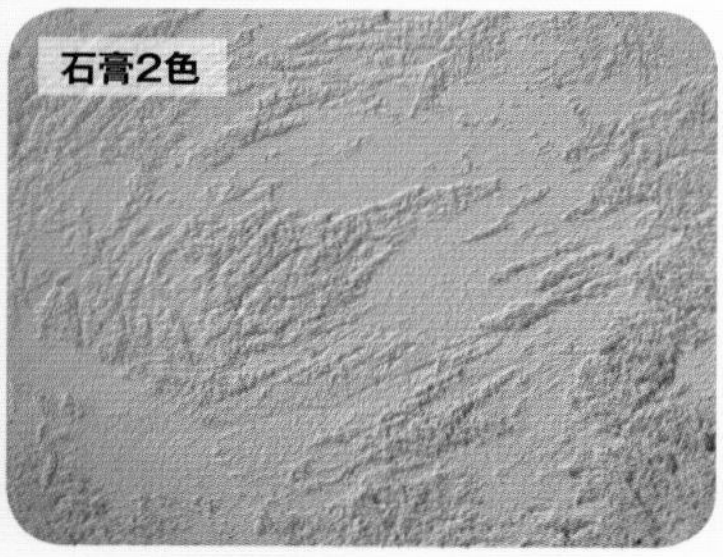

カラーモルタル2色を混合した仕上げ

樹脂系の左官材で錆を表現した仕上げ

文字部分を先に仕上げた後、違う色で周りを仕上げる

石のようにツルツルした質感の仕上げ

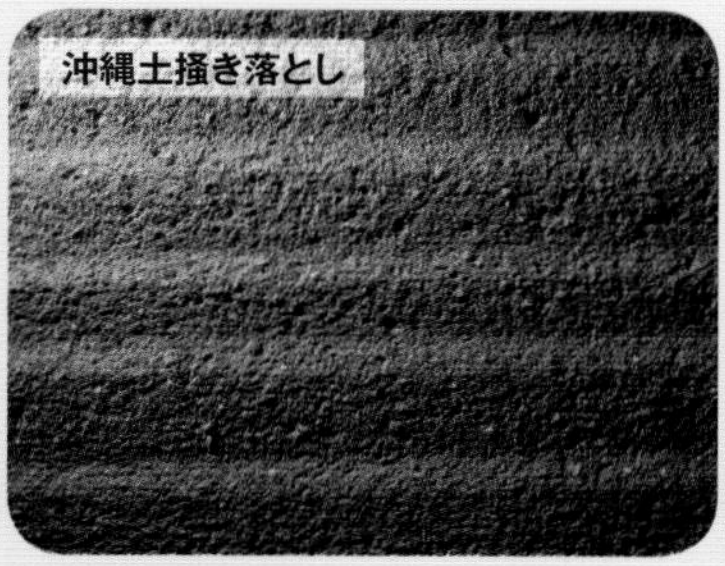

赤土を使用。段を付け、赤みをより強調

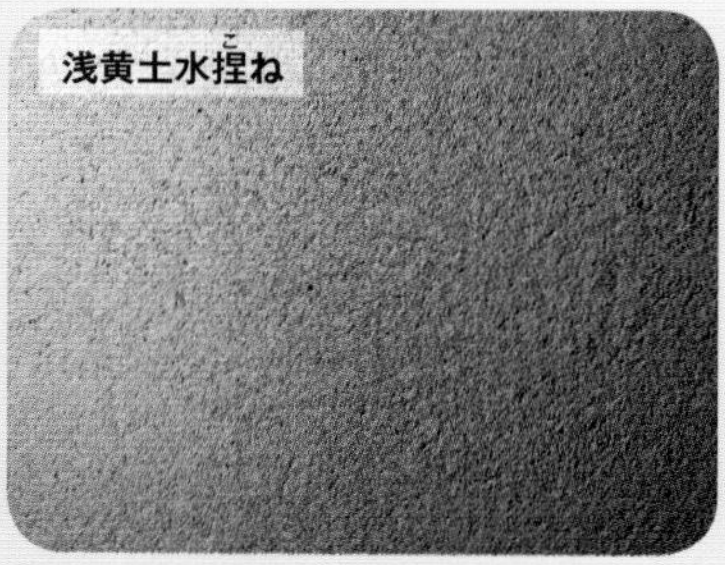

浅黄土に糊を入れずに仕上げたもの

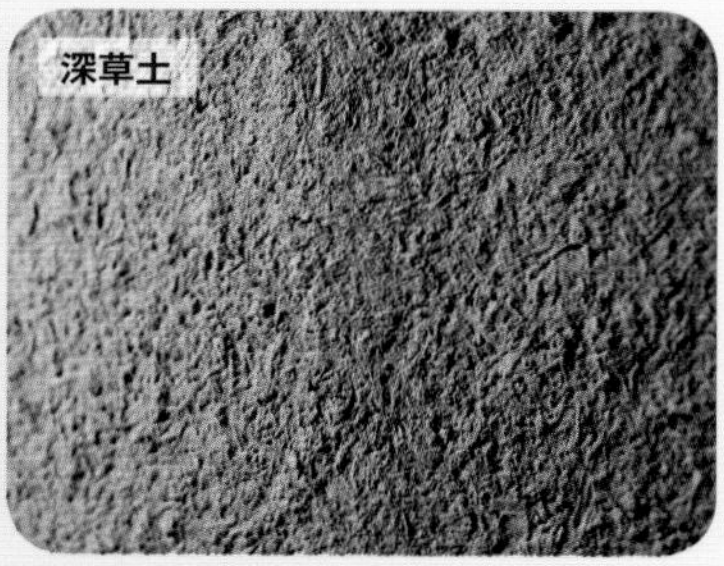

深草土にスサを入れ、壁用として仕上げたもの

白い塗り版築仕上げ

青いモルタル金鏝押さえ仕上げ

セメントモルタルを着色し、土に似せた仕上げ

和のイメージ

土や砂、石などが本来もつ色彩や質感を、繊細な仕上げ技術で表現。温かく、深みのある表情を演出できる

土壁

▲**施工例**（陰影をつけた土壁仕上げの店舗）

▲**京壁仕上げ**

凹凸感のある仕上げ

▲**土壁ひび割れ仕上げ**

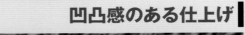

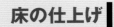

▲**掻き落とし仕上げ**

床の仕上げ

▲**土風モルタル仕上げ**

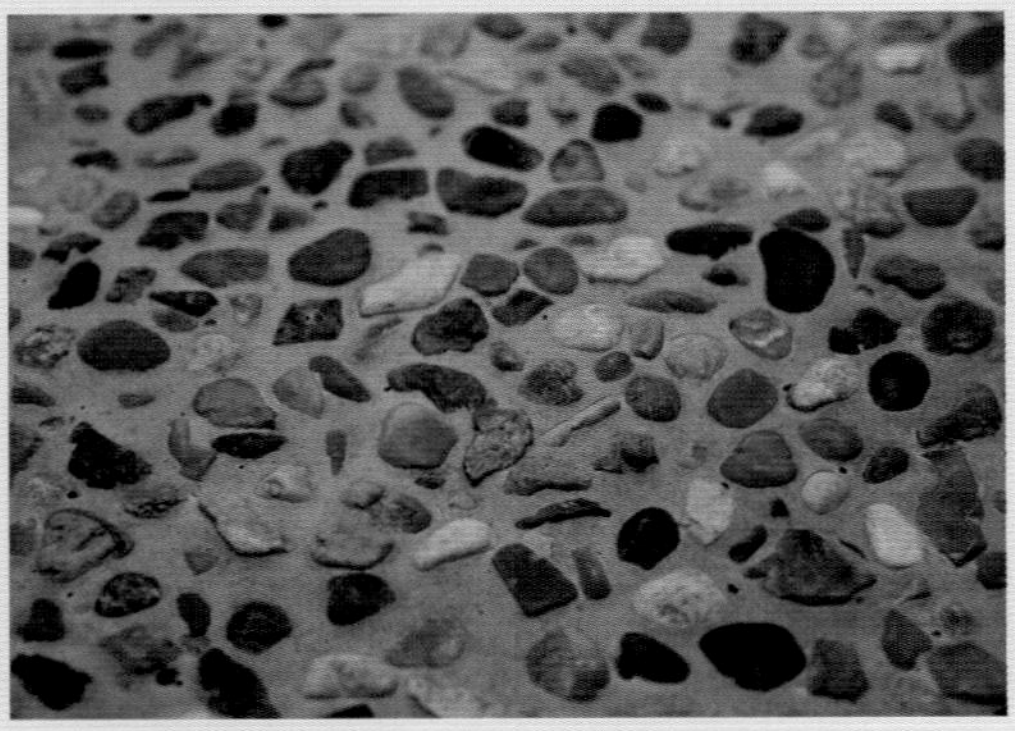

▲**玉砂利洗い出し仕上げ**

洋のイメージ

日本の仕上げにはない色合いやパターン、材料などにより、
個性的で洗練された雰囲気を表現できる

▲白セメント掻き落とし仕上げ

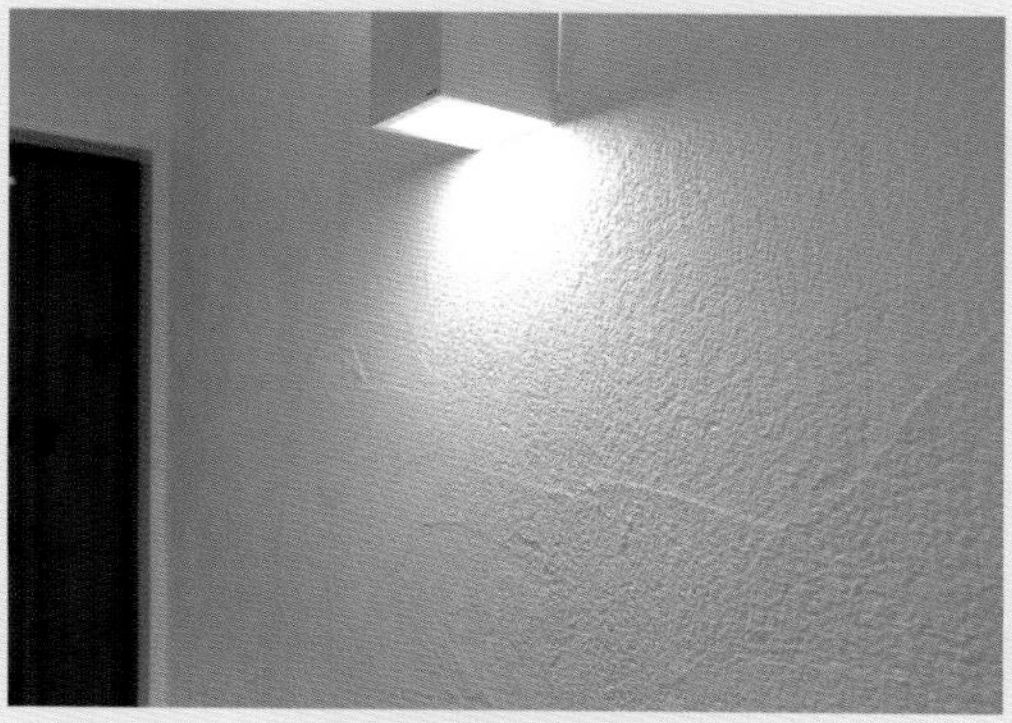

▲施工例（漆喰に骨材を入れて洋風に仕上げた住宅）

▲漆喰2色仕上げ

▲西洋風磨き壁仕上げ

▲カラーモルタル洗い出し仕上げ

▲珪藻土＋ガラスビーズ仕上げ

左官動作 INDEX

「塗る」以外にも、左官にはさまざまな動作がある。ここでは「磨く」「掻く」「研ぐ」「洗う」「埋める」という５つの基本動作と、それぞれのポイントを紹介する。これらの動作を駆使することで、さまざまな表情をつくることが可能である。

磨く

表面に光沢を出したい場合に用いる動作。美しい光沢が出るまでには時間がかかり、技術と根気が必要になる。

まず、仕上材を薄く塗り広げる。塗り厚のムラが出ると、乾燥の差が出て綺麗に仕上がらないので注意

▼

乾燥状態を見ながら、鏝押さえをする。力を入れすぎると材料がめくれてしまうため、力加減に気を配る

▼

光沢が出るまで、鏝磨きをくり返す。乾燥が進んできたら、手ごすりをしてさらに光沢を出す

仕上げ例

黒大津磨き仕上げ　**制作**：小沼　充

黄大津磨き仕上げ　**制作**：小沼　充

赤大津磨き仕上げ　**制作**：小沼　充

研ぐ

表面を研ぐことにより、石のような表情が出せる。

材料を塗り付けた後、翌日以降にオービタルサンダーを使って研ぐ。夏場は翌日、冬場は2～3日後がよい

石の目が綺麗に研ぎ出せた状態。石が飛んだり、石が入っていないところがある場合、補修材を入れる

掻く

材料を塗り付けた後、表面を引っ掻くことにより新たな表情が付けられる。

材料が完全に硬化する前に掻き落としを始める。材料が柔らかすぎると、壁を剥がしてしまうため、乾燥のタイミングを見極める

定木《じょうぎ》を使い、ワイヤーブラシを横に動かして筋を付ける。掻き残しのないよう丁寧に行う

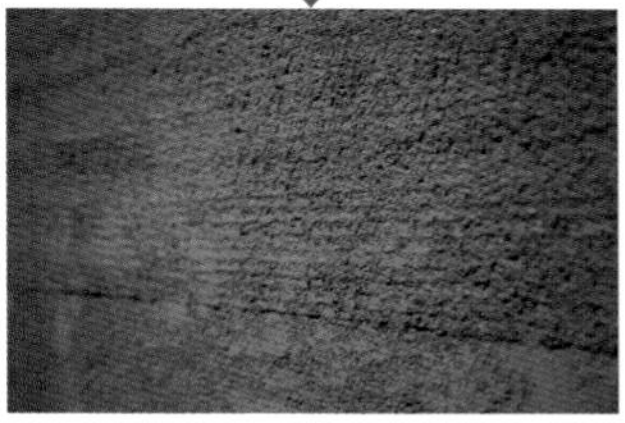

掻き落とされた状態。掻き落とした直後は細かい粉が残っているため、最後に軽くはたき落とす

埋める

石や貝殻、ビー玉など、さまざまなものを埋めることができる。

石の大きさや形状を選んで埋め込む

木などを当てて叩き、石が半分以上、埋まるようにする

石が埋め込まれた状態。石を隙間なく埋め込むことが、綺麗に仕上げるポイント

洗う

種石を混ぜた材料を塗り付けた後、表面を洗い、種石を表面に出す。

材料を塗り付け、よく伏せ込んだ後、水とブラシで表面のノロを洗い流す

洗い残しがないように作業を行う。ブラシではなく、スポンジを使ってもよい

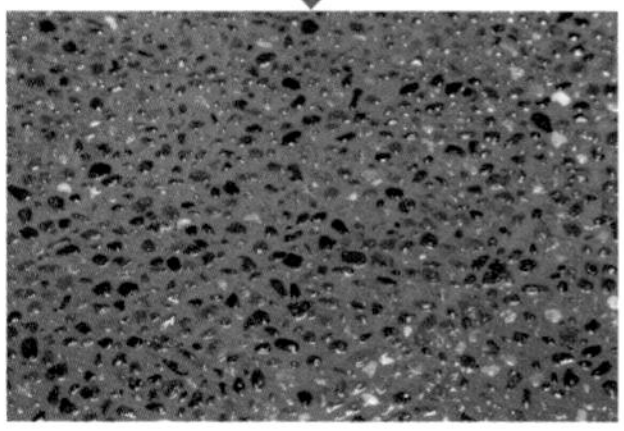

石が綺麗に洗い出された状態。水で洗い出せなかった場合は、後日、塩酸などを使って洗い出す

左官材料 INDEX

左官で使う材料は、固化材、骨材、スサ、顔料、糊などに大きく分けられる。ここでは、それぞれの代表的な材料を紹介する。

固化材

セメント系

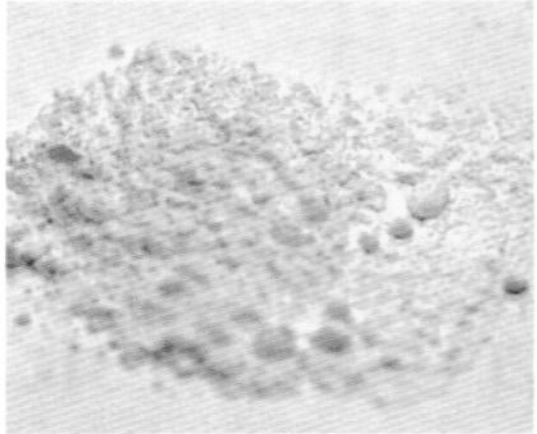

▲白セメント

普通セメントから鉄分を除き、白くしたもの

▲普通セメント

最も普及しているセメント。「普通ポルトランドセメント」とも呼ばれる

石灰系

▲生石灰クリーム

石灰石を焼き、クリーム状にしたもの

▲消石灰

石灰石を焼き、粉状にしたもの

▲ドロマイトプラスター

白雲石を焼き、粉末にしたもの

▲貝灰

貝殻を焼き、粉末にしたもの

石膏系

▲薄塗り用石膏プラスター

2 ~ 3㎜程度の塗り厚に適したもの

▲ボード用既調合プラスター

5~10㎜程度の塗り厚に適したもの

粘土系

▲本庄山土

愛知県の小牧市周辺で産出される色土

▲白土

漆喰よりもやさしい色合いをもつ、白い土

▲京錆土

あずき色に少し黄色が入っている、上品な色合いの土

▲本聚楽土

聚楽仕上げに使用。落ち着いた、味わいのある色合いが魅力

▲ハンダ土

淡路島で採れる土。土佐漆喰に混ぜて使用することが多い

▲中塗り土

非常に強度がある土で、主に中塗りに使用する

▲木節粘土

岐阜県多治見市で採れる。産出状況が木のかけらのようだったため、この名称になった

▲稲荷山黄土

黄土よりもやや赤味がある

▲浅黄土

寺の五線壁によく使用する色土

▲黄土（中内建材店）

京都産の黄土。落ち着いた黄色で、大津壁などに使用する

環境改善材・リサイクル材

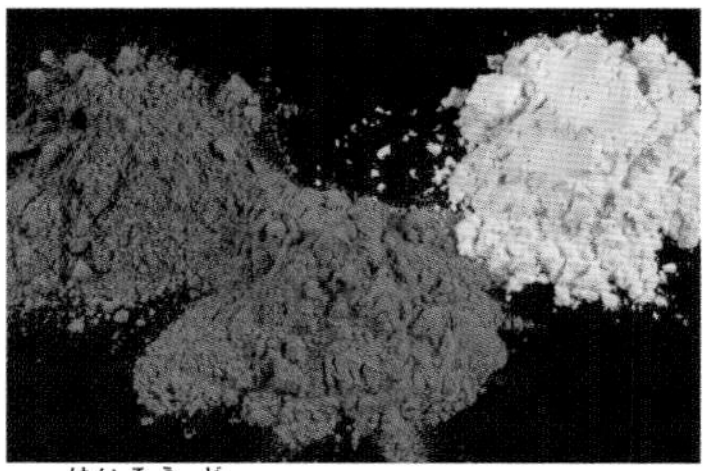

▲珪《けい》藻《そう》土《ど》（左は乾燥品、中は焼成品、右は融剤焼成品）

多孔質で吸水性が高く、調湿機能にも優れる

▲ゼオライト

吸湿性やイオン交換性がある。別名「沸石」

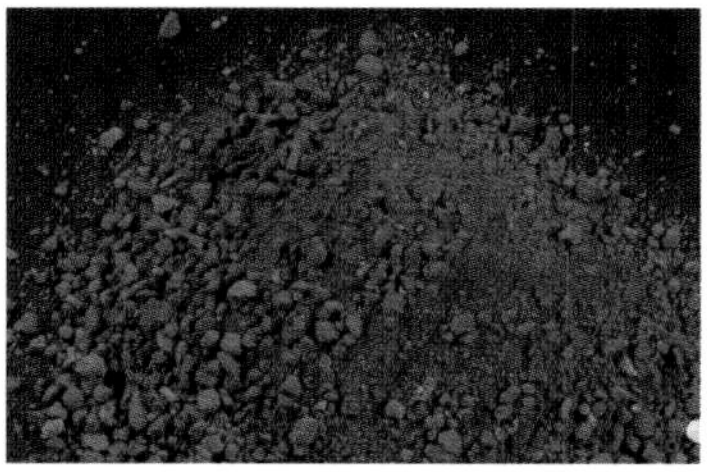

▲瓦砂

瓦を砕いて砂状にしたもの。多孔質で、室内環境を改善する働きがある。骨材として使用する

骨材

天然系

▲天竜砂

静岡県を流れる天竜川で採れる川砂

▲城陽砂

京都の城陽市で採れる鮮やかな色の砂

▲みじん砂

京壁などの仕上げに使用する

▲大磯

洗い出し仕上げに使用する種石

▲那智石

洗い出し・埋込み仕上げに使用することが多い

▲深草砂利

深草・三和土に使用する砂利

▲珪砂

仕上げにも、下塗りにも使用

▲ビアンコカララ

白い大理石の砕石骨材

▲アメジスト

宝石のアメジストの砕石を左官で使用

▲リフレクター粉剤骨材

ミラーの反射板を粉砕し左官の骨材用にしている

▲黒寒水

鉱物の精製時にできる副産物を骨材にしたもの。黒ダイヤともいわれる

▲寒水石

白い骨材。大きさの種類が豊富で、仕上げに使用する

▲ガラス骨材

色をミックスした左官骨材用のガラス

▲琉球石灰岩

沖縄で採れる珊瑚由来の骨材

▲博多砂

九州北部で採れる海砂

人工系

▲軽量発泡骨材

非常に軽量な骨材。セメントと合わせて使用することが多い

▲バーミキュライト

雲母質の鉱物を焼成してつくる。別名「ひる石」

▲パーライト

真珠石などを焼成し、膨張させた骨材

スサ

▲荒壁用スサ

荒壁に使用する大きいスサ

▲中塗りスサ

中塗りに使用する、中程度の大きさのスサ

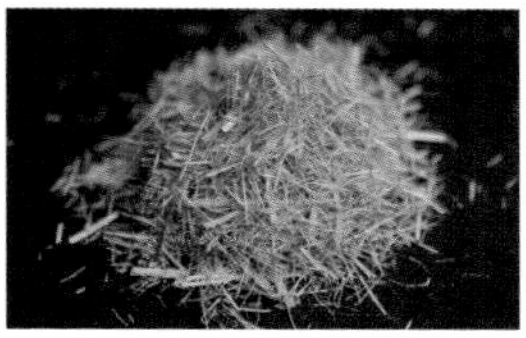

▲ひだしスサ

中塗りスサを精選したもの。切り返し仕上げによく使用する

▲みじんスサ

仕上げ用の細かいスサ

▲白毛スサ

マニラ麻を細かくしたもの

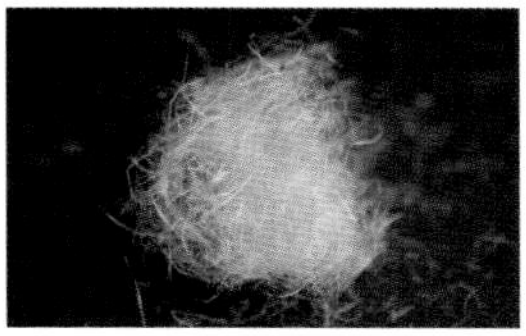

▲白雪スサ

黄麻を漂白して白くしたもの

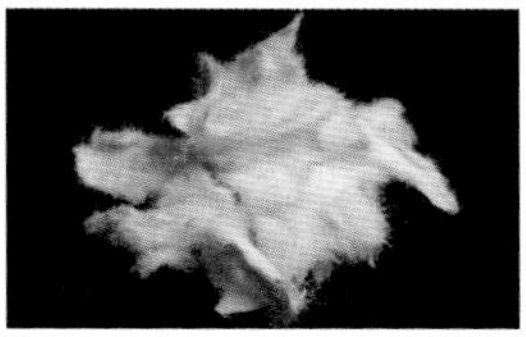

▲紙スサ

「こうぞ」や「みつまた」からつくられるスサ。大津磨きや土佐漆喰に使用する

▲化学繊維

ナイロンなどの化学繊維。天然のスサと同じ働きをする

顔料

▲弁柄《べんがら》

昔から使用されている赤系顔料

▲松煙

松を焼いたときに出る煙から煤《すす》をとり、顔料にしたもの

▲酸化黄

ベージュに色づけしたい場合によく使用する、黄色系の顔料

▲マイン青竹

マインとは左官用無機顔料のことで、青以外にもさまざまな色がある

接着増強材・吸水調整材

▲SBR

鉄部や塗装面に左官材を塗りたい場合に使用する

▲EVA

最も普及している接着増強材。吸水調整材としても使用する

▲アクリル

セルフレベリング材の接着増強材としてよく使用する

糊

▲粉ツノマタ

ツノマタを粉末にしたもの。煮詰める必要がない

▲MC（メチルセルロース）

工業製品としてつくられた糊

▲ツノマタ

海藻糊。煮詰めて使用する

左官道具 INDEX

左官の鏝は1,000種類以上あるといわれる。基本の鏝から、模様付け用、用途や部位別の鏝、特殊な鏝まで、代表的なものを特徴とともに紹介する。

鏝の種類

▼元首

鏝尻から首が出ている

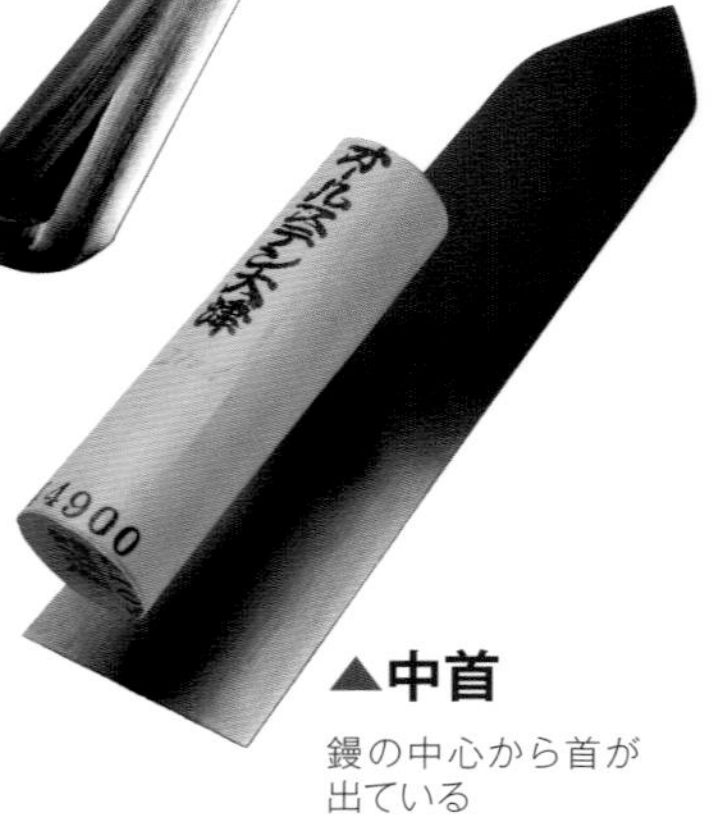

▲中首

鏝の中心から首が出ている

▶角鏝

四角い形状の鏝

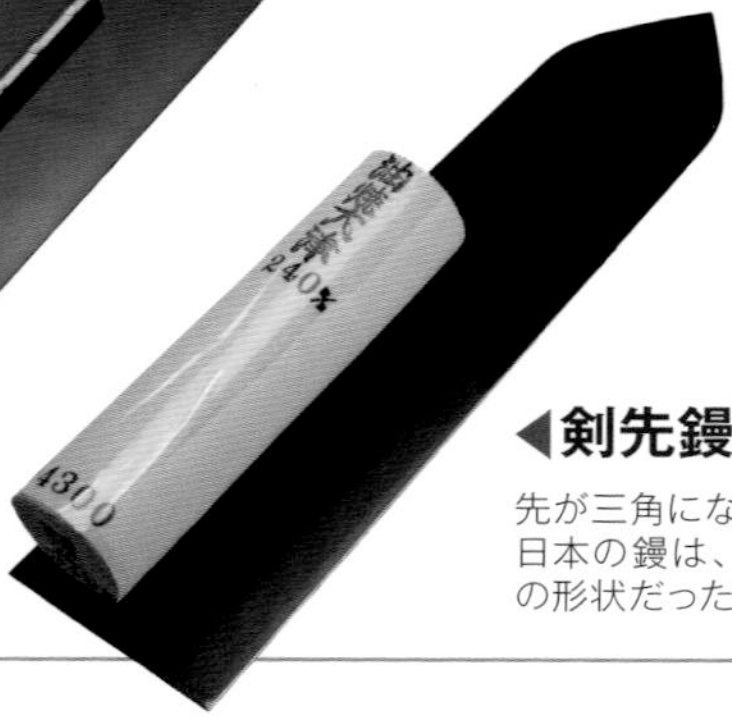

◀剣先鏝

先が三角になっている。日本の鏝は、もともとこの形状だった

基本の鏝

▶剣先鏝（厚）

土やモルタルなど、厚く塗る材料に適している

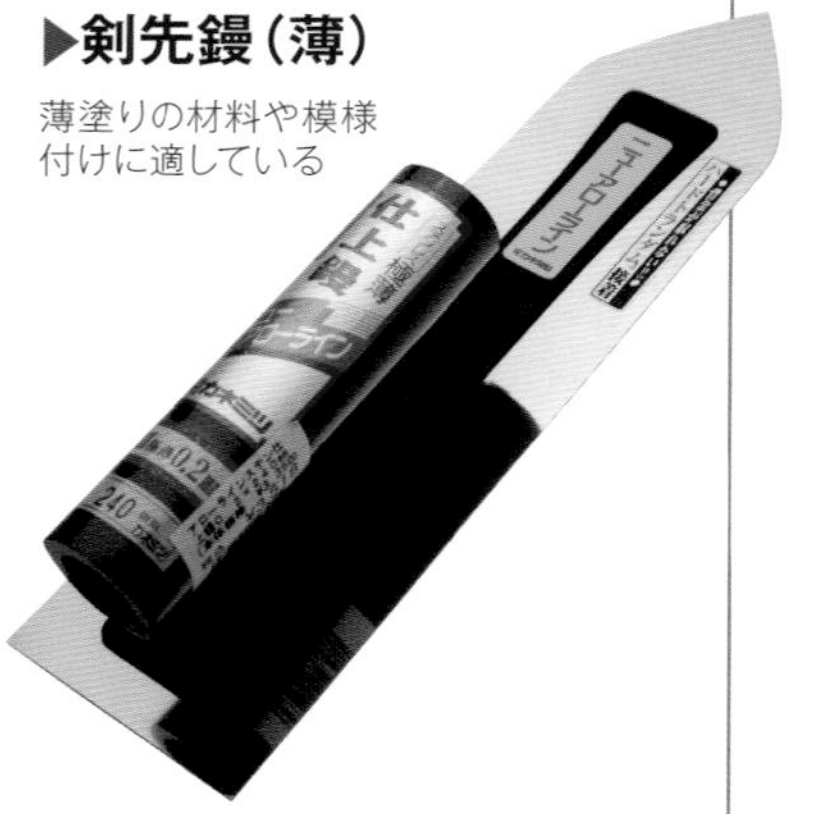

▶剣先鏝（薄）

薄塗りの材料や模様付けに適している

▼角鏝（厚）

厚塗り用の鏝。材料の重さに負けないよう、肉厚になっている

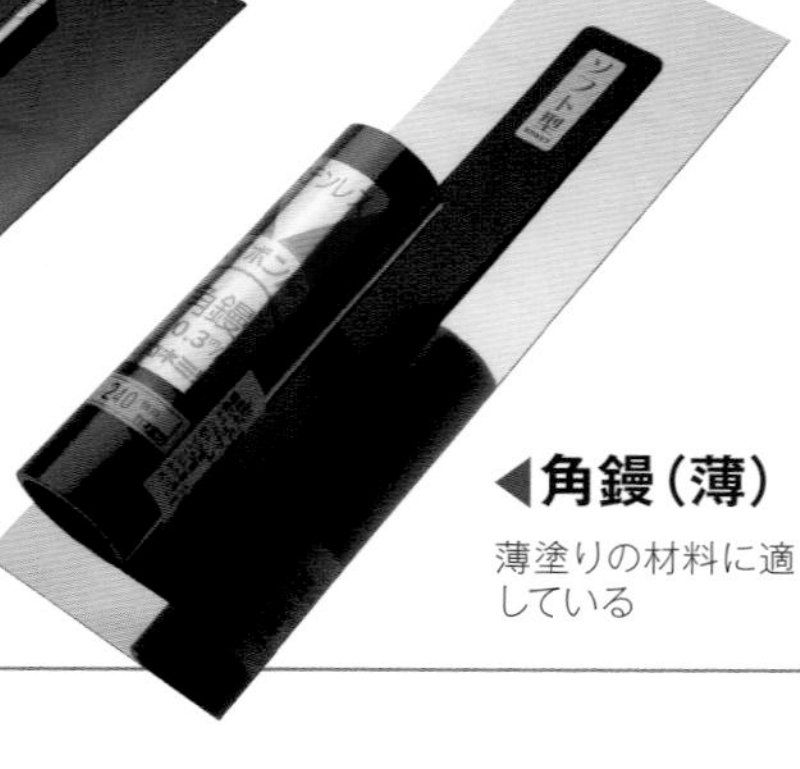

◀角鏝（薄）

薄塗りの材料に適している

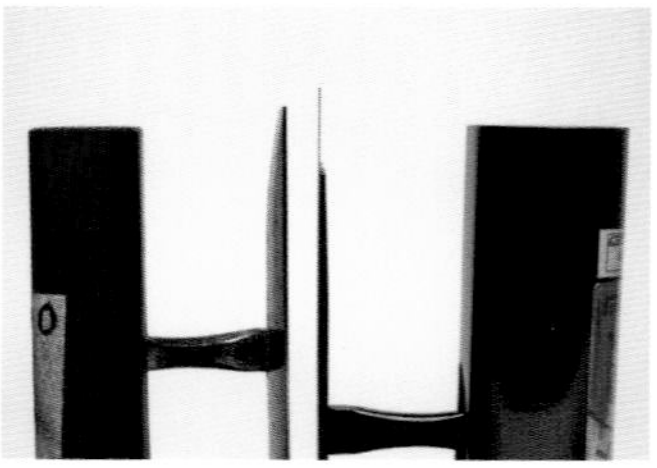

鏝の厚さには大きな差がある

模様付け用の鏝

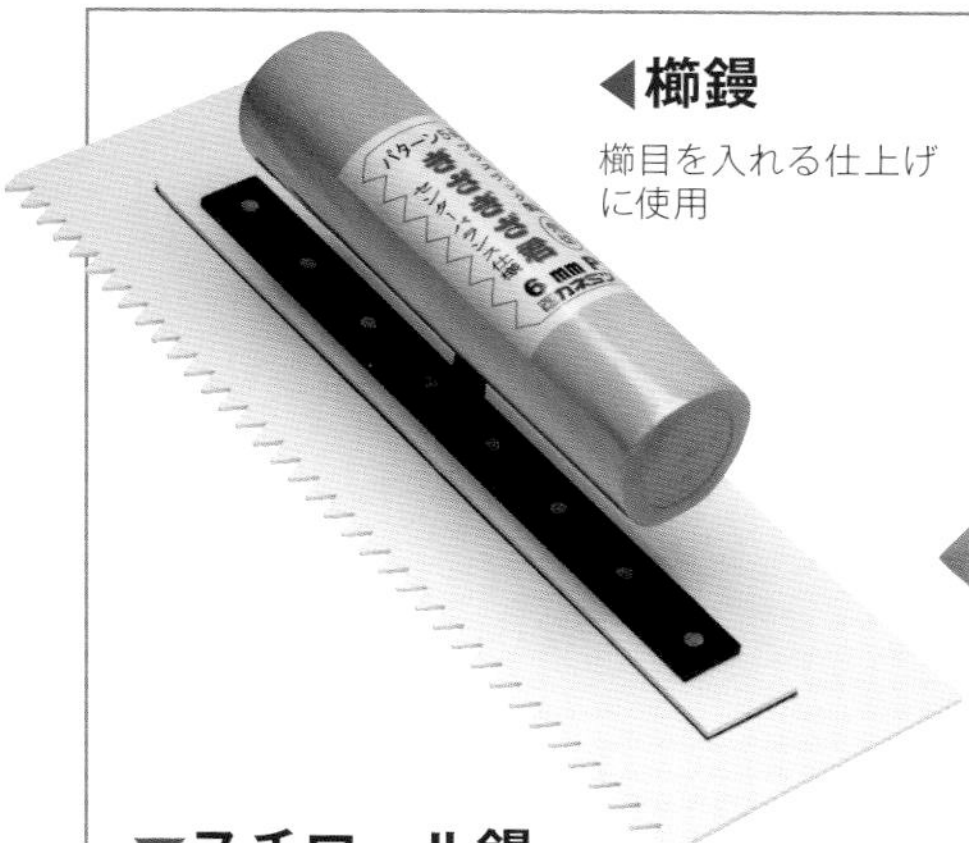

◀**櫛鏝**

櫛目を入れる仕上げに使用

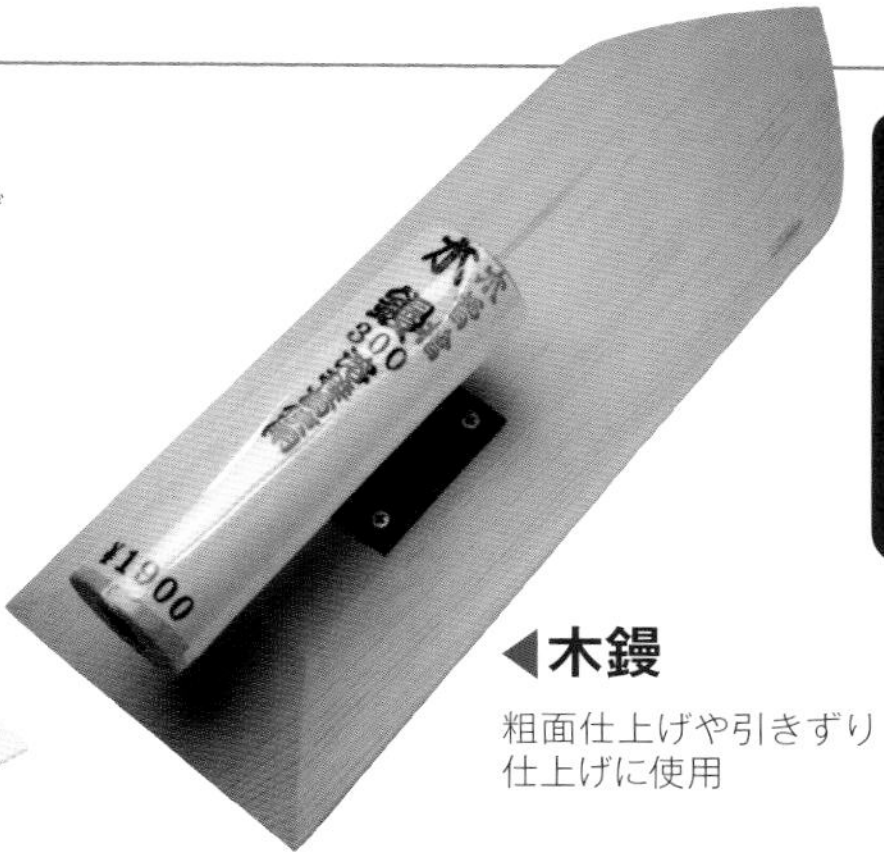

◀**木鏝**

粗面仕上げや引きずり仕上げに使用

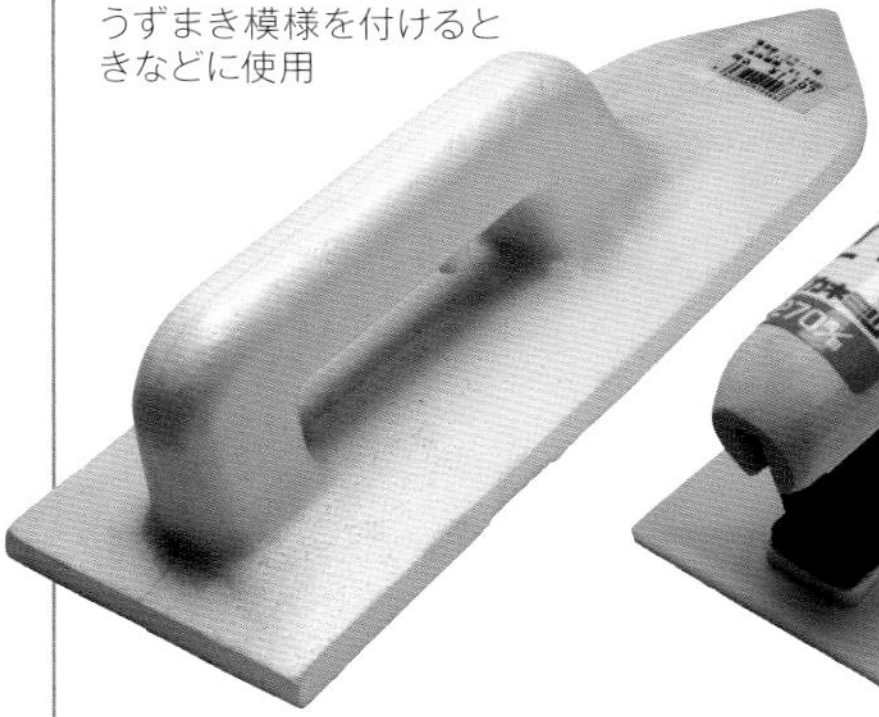

▼**スチロール鏝**

発泡スチロール製の鏝。うずまき模様を付けるときなどに使用

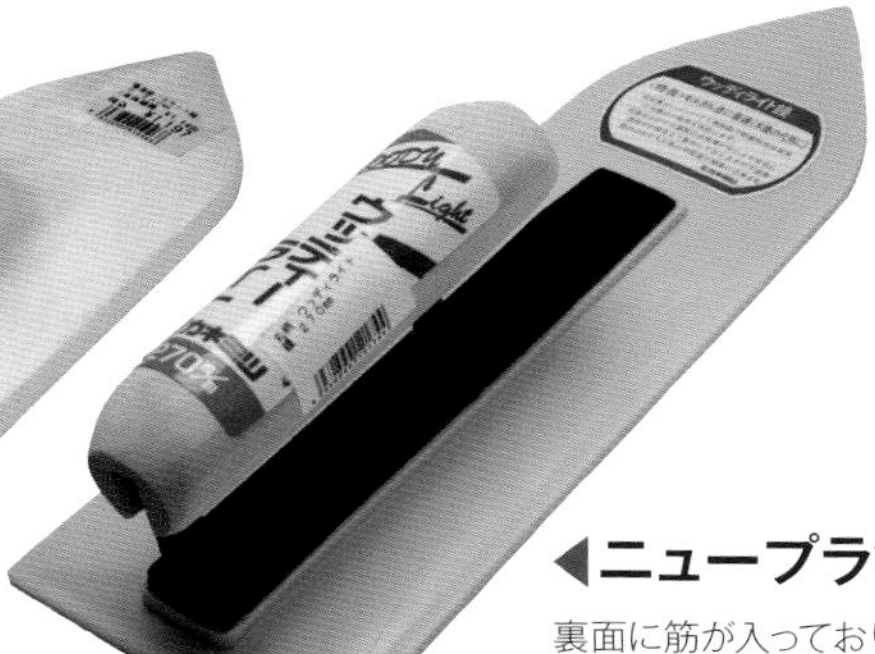

◀**ニュープラ鏝**

裏面に筋が入っており、骨材が転がるようになっている

▲**ゴム鏝**

タイルの目地詰めや、ガラスビーズ仕上げに使用

用途別の鏝

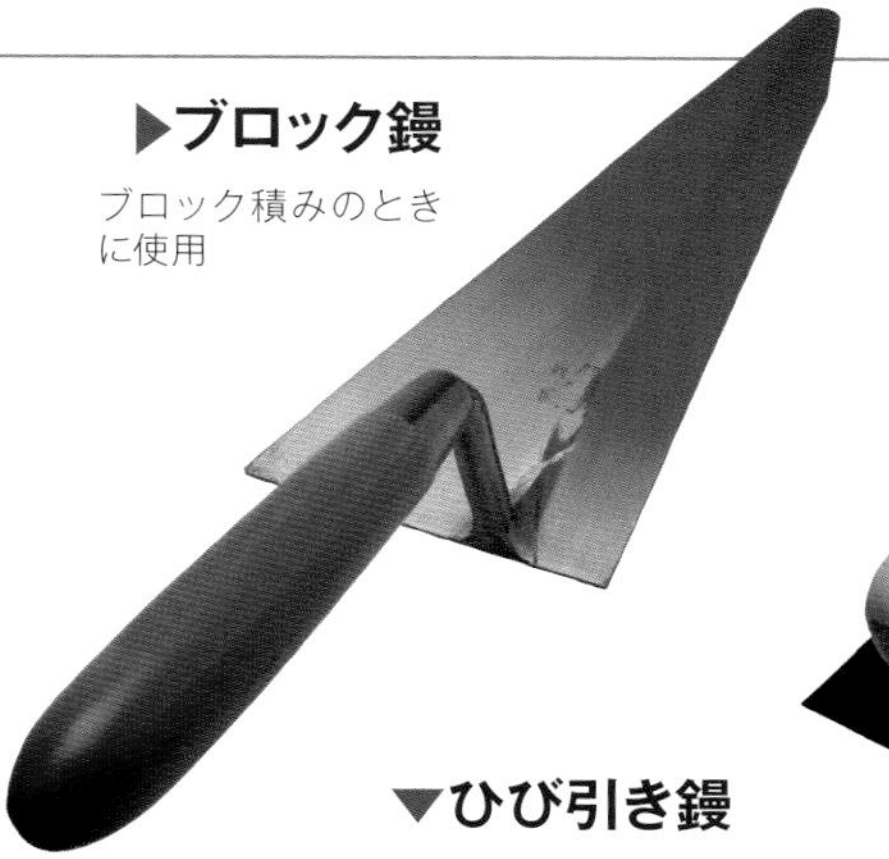

▶**ブロック鏝**

ブロック積みのときに使用

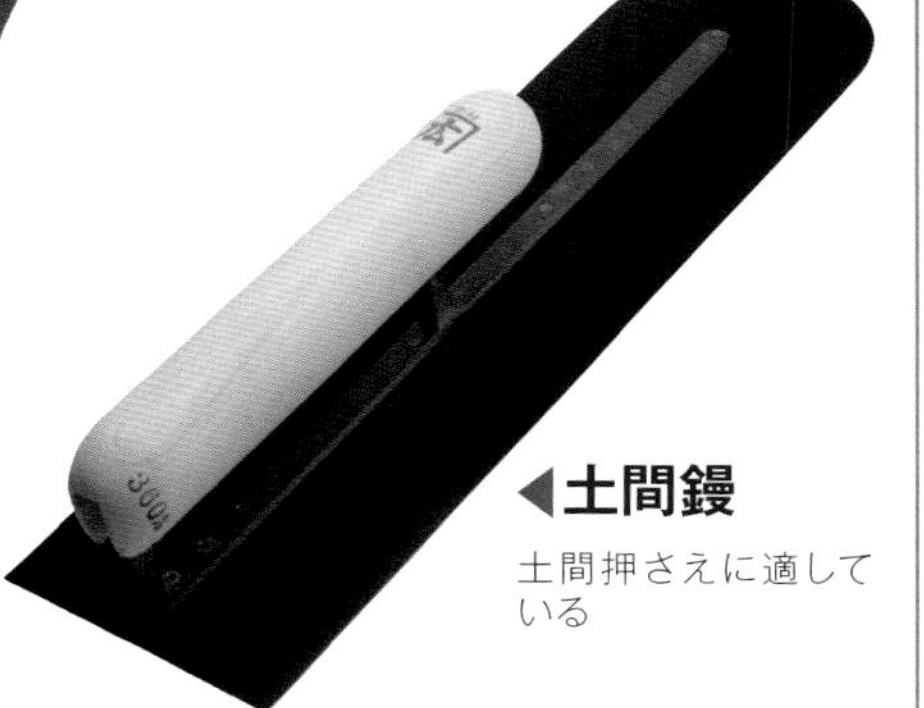

◀**土間鏝**

土間押さえに適している

▼**煉瓦鏝**

煉瓦積みや、材料をすくうときに使用

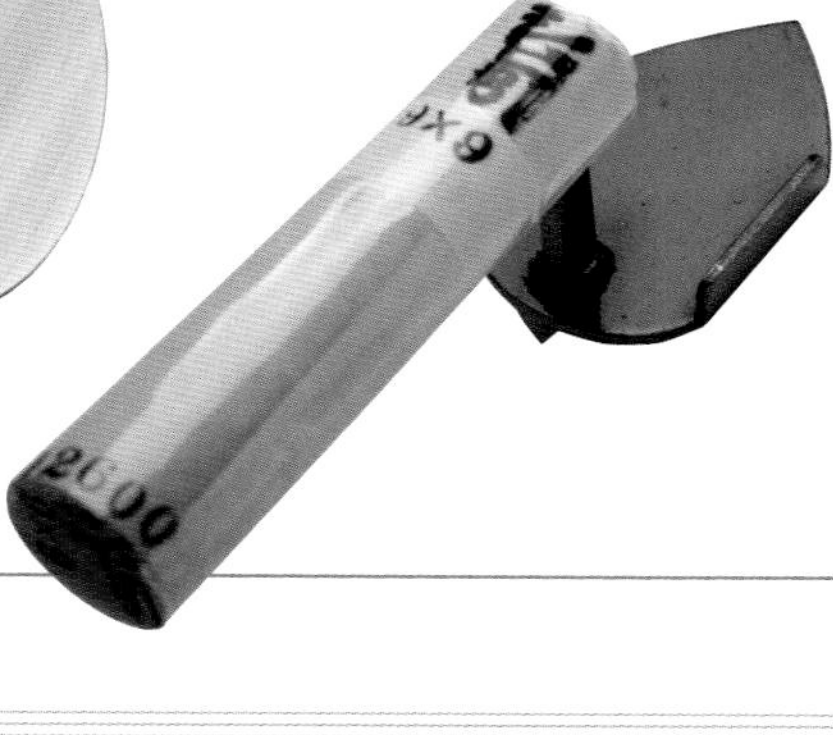

▼**ひび引き鏝**

裏面に筋が入っており、目地切りをする仕上げに使用

ひび引き鏝の裏面の筋

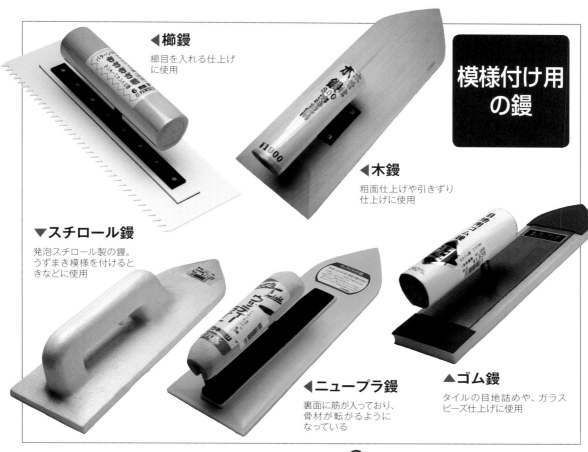

部位別の鏝

▼切付け鏝

入隅を仕上げる鏝。ピン角やRが付いているものがある

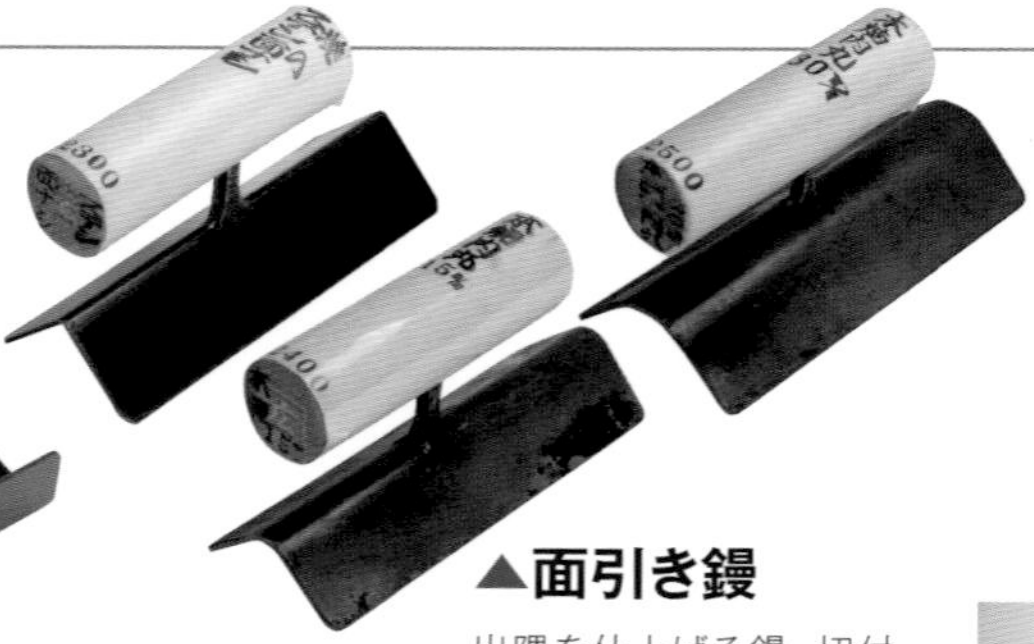

▲面引き鏝

出隅を仕上げる鏝。切付け鏝と同様に、さまざまな種類がある

切付け鏝と面引き鏝は、ピン角、2分面、3分面などの形状がある

▼四半鏝

昔、最も多く使用されていた鏝。ちり押さえ、なまこ壁など、オールマイティーに活躍する

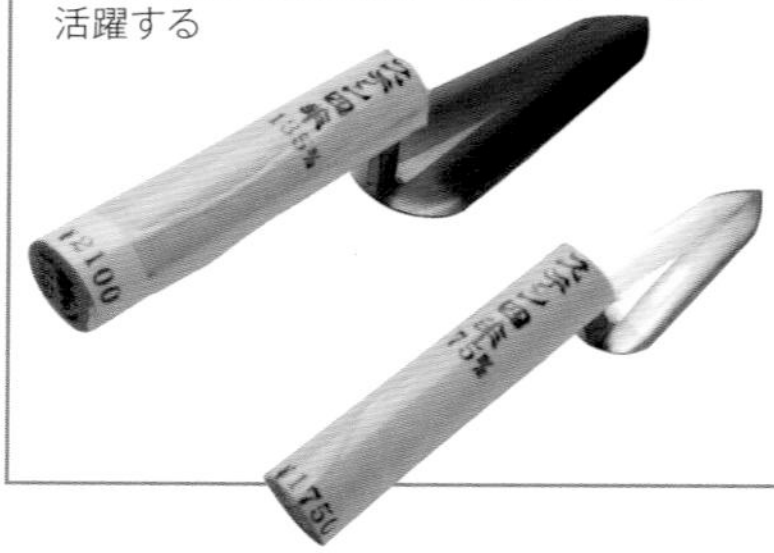

▼目地鏝

タイルの目地押さえ用の鏝

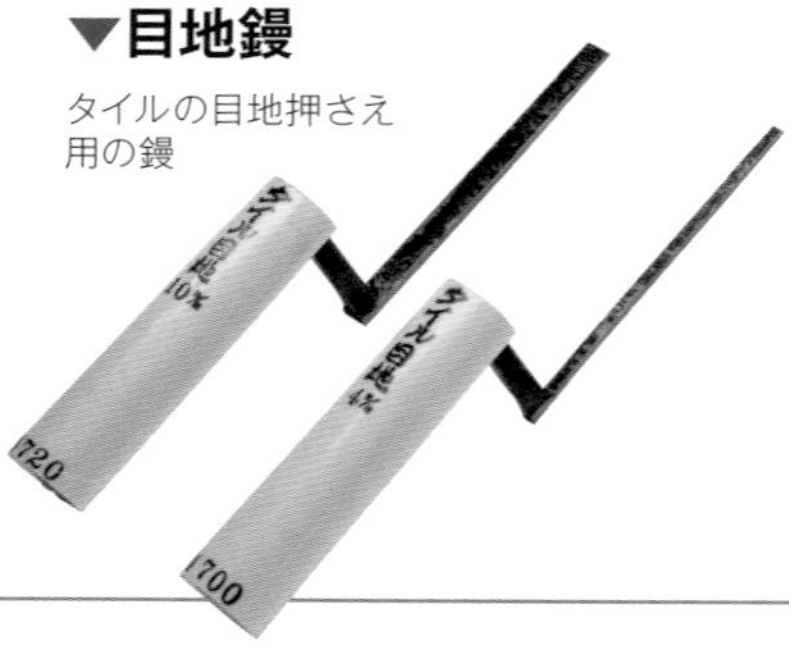

特殊な鏝

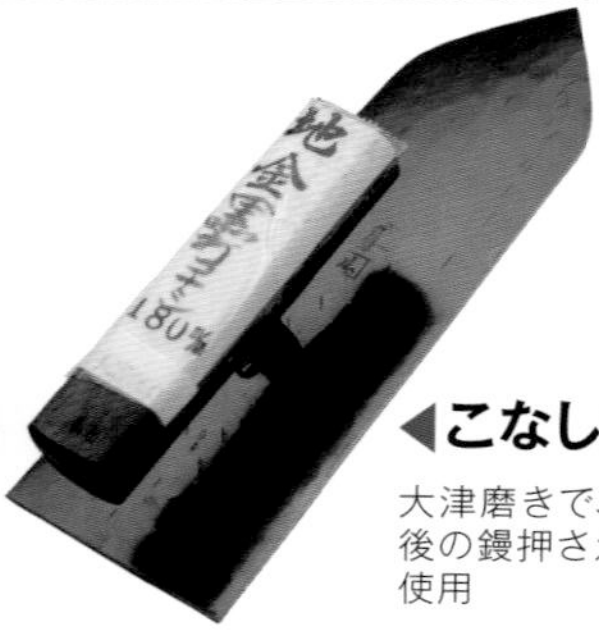

◀こなし鏝

大津磨きで、戻し作業後の鏝押さえのときに使用

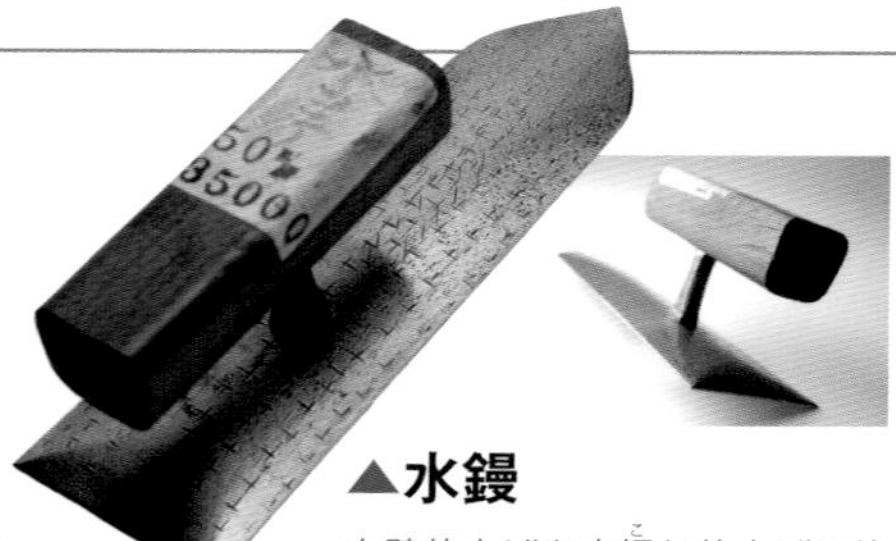

▲水鏝

京壁仕上げや水捏ね仕上げに使用。土の肌をそろえるため、肉厚となっている

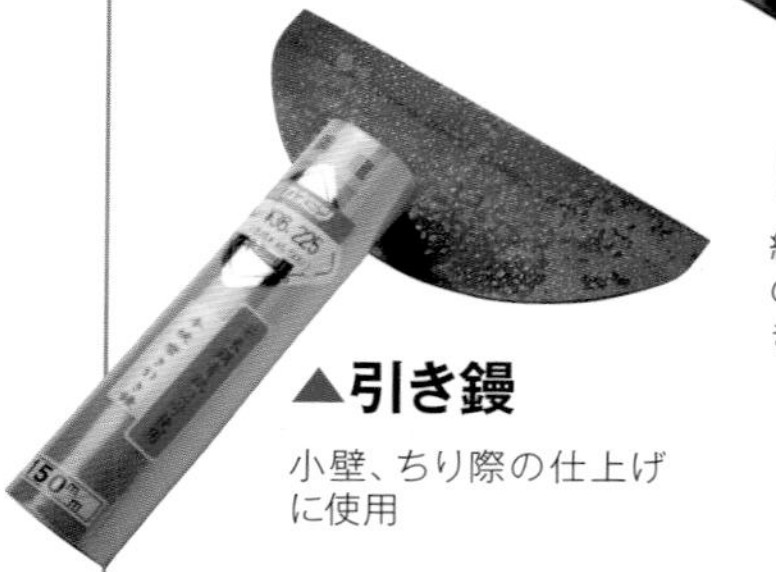

▲引き鏝

小壁、ちり際の仕上げに使用

▶トメサライ鏝

細かい部分や、柱・梁の留めを仕上げるときに使用

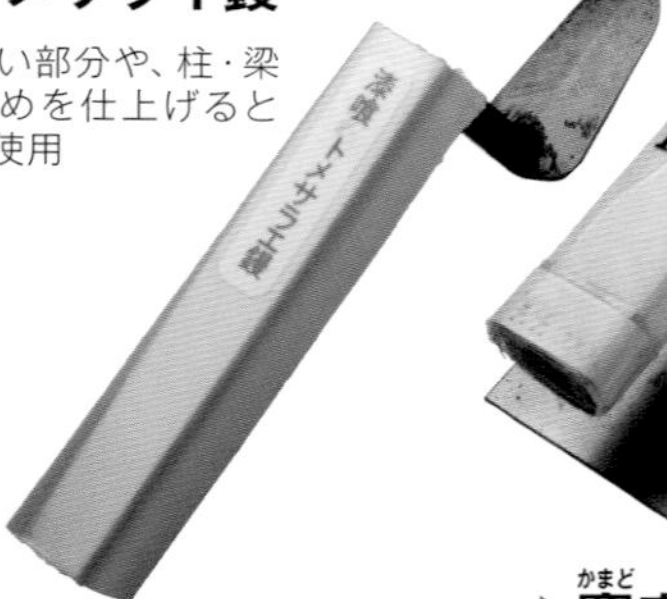

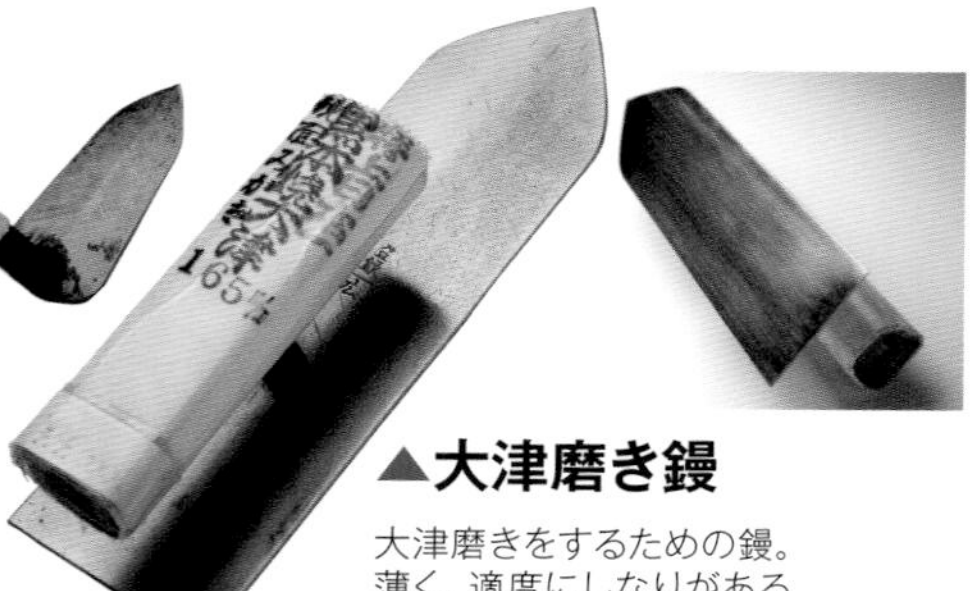

▲大津磨き鏝

大津磨きをするための鏝。薄く、適度にしなりがある

◀万能出隅押さえ鏝

90度以外の角度の出隅を塗るために考案され、角度が自在に調節できる

▶竈《かまど》磨き鏝

竈など、曲面の形状に対応する磨き鏝。しなるようになっている

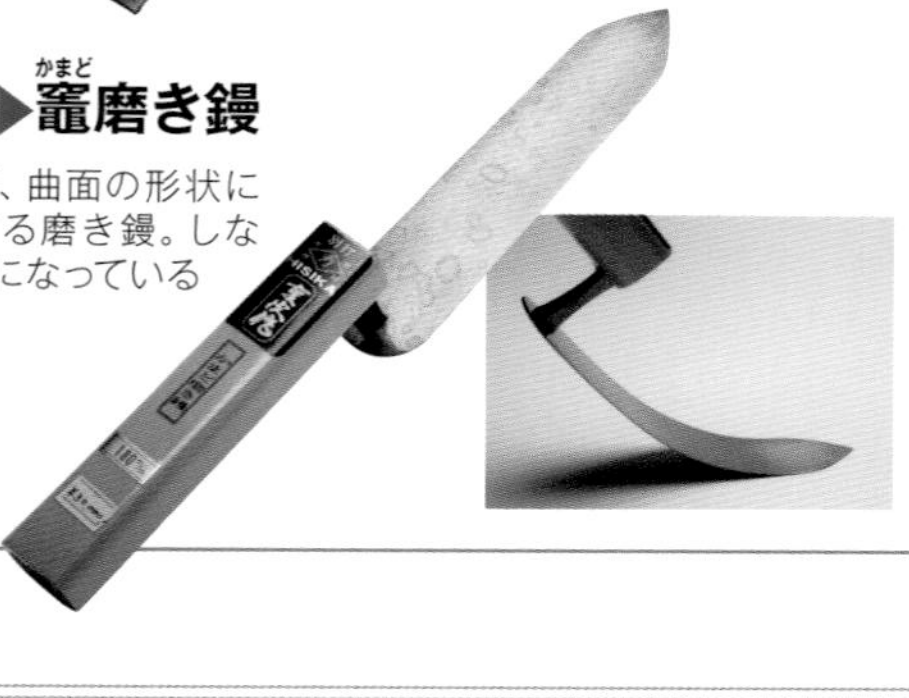

はじめに

現代の建築において、「左官」はどのように捉えられているのでしょうか?

明治から昭和初期は「鳶」「大工」「左官」は建築の中で非常に重要な部分を占めており、現場でも「左官」の地位が高く認められていました。古典落語の中にも「左官屋」はよく登場し、庶民にも身近な存在だったと思います。

江戸から昭和初期まで施主が職人に直接依頼をしていた建築物は、職人たちがそれぞれの技を競い合い、高度なものがつくられていました。現在残されているそれらの建築物は、未だに色あせず、当時の職人の気持ちが伝わってくる気がします。

いつからか職人仕事は施主とは切り離され、精度とスピードと価格のみが重視されるようになりました。建築の中でも湿式工事である左官は、工期が掛かり、精度も施工者に頼る部分が大きく、工業化されていく建築の中では徐々に外されていき、左官は一般の人からは遠い存在になってしまいました。

時代は変わり、健康やエコロジー、デザインの観点から左官が見直されており、再評価しようとする動きが多くあります。しかし、一時期、短工期を目指す建築の中で、できるだけ除外しようとされてきた左官工事を、もう一度、今の建築様式に昔のまま取り込もうとすると、左官と元請との間でお互いの感覚の歪みやズレがあり、「やはり、左官は難しい。扱いにくい。」という意見が出て、再び遠い存在に追いやられてしまうのではないかと危惧しています。また、湿式工法のため工期がかかり、職人の技量の差が大きく出るためクレームが起きやすく、単価が高いという過去のマイナスイメージだけが先行して、なかなか左官を取り入れない人が多いのも現状です。

本当に左官は、「工期がかかる」「難しい」「値段が高い」ものなのでしょうか?

現在標準になっている施工法や下地にマッチし、工期や単価に柔軟に対応できる左官施工法は多くあります。左官の良さを皆様に理解していただくのは大変重要ですが、その次には左官が取り入れやすいもの、扱いやすいものという認識を持っていただきたいと強く思っています。

振り返れば、左官とは古代、土を手で塗ったことが始まりであり、非常に原始的で人間らしい行為であったと思います。左官は人間の感性に訴えるものであり、高級品でもなければ、芸術品でもなく、もっと身近なものだったのです。土の温かさや漆喰の硬質さに手に触れて、左官の素材が持っている質感を直接手で触れて感じていただきたいと思います。そしてもう一度、左官工事の良さとポイントを理解していただき、左官を身近なものとして感じていただきたいと願っています。

本書は、左官が再度注目されている今、左官工事をできるだけわかりやすく解説することを目指しました。左官に初めて触れる人には入門書として、左官を知っている人にはその良さを再認識していただく一冊として、本書がお役に立てれば幸いです。

令和5年9月吉日

原田 宗亮

目次

Part 1 仕上げ編

Part 2 材料編

Part 3 施工編

Part 4 左官を知る編

編集協力　キャデック
本文デザイン・イラスト　川上明子
DTP　ユーホーワークス
長谷川健太
撮影　文田信基（fort）

※ 本書は、「世界で一番やさしい　左官　最新改訂版」（2020年3月刊）を加筆・修正のうえ、再編集したものです。

Part 1
仕上げ編

01 漆喰

Point!

- 殺菌・防カビ・調湿効果が高い
- 練り置きができ、材料の保存が可能
- 模様付けや色付けなど、仕上げのアレンジが容易

漆喰とは

漆喰とは石灰が主成分の左官材料。日本の伝統的な漆喰は消石灰にスサ（繊維）、糊分（海藻糊等）を加え、練り混ぜて作る。

漆喰の歴史は非常に古く、石灰の使用という部分で考えれば、奈良の高松塚古墳（７００年頃築造）の壁画にも漆喰の原型となる材料が使われている。

日本に漆喰が広まったのは仏教伝来と同じ時期と言われている。強固で雨風や火災にも強い特徴から城郭建築にも使われ、江戸時代には土蔵の仕上げとして使われるようになった。

住宅に使われ始めたのは明治以降で、よい色土が取れなかった関東では主に漆喰仕上げが普及していった。昔は施工店が材料配合して漆喰を作っていたが、現在は既調合の漆喰材料も販売されている。既調合漆喰の定義として消石灰がドライベース換算で上塗り用は50wt%以上、中塗り用は30wt%以上含有されているものと日本漆喰協会が定義している。

予算は６０００～８０００円／㎡程度（材工共）［※］。

広がる仕上げ方のバリエーション

漆喰と言えば従来は金鏝で押さえたフラットな仕上げが主流であった。平らにムラなく仕上げるには左官の技量が必要であり、硬く押さえて仕上げた漆喰は表面強度があり汚れにも強い。

従来の漆喰も根強い人気があるが、現在の洋間にも合うような漆喰の仕上げ方が増えつつある。（一社）日本左官業組合連合会が現代の空間にも合うような模様を付けた漆喰を「現代しっくい」と名付け、漆喰の普及を推奨している。

「現代しっくい」とは漆喰の機能はそのままに、現代の空間にも合うようなテクスチュアを付けた模様付けの漆喰仕上げの総称。従来の漆喰とは区別するため平仮名表記の「しっくい」とし、柔らかなイメージを持たせている。

漆喰の仕上げは機能面と意匠面で見直されており、日本の漆喰だけでなく、海外の漆喰で仕上げることも増えている。

※　予算は100㎡基準、下塗り別途の場合。金額は業者や地域によって異なる（ほかの仕上材も同様）

■漆喰のつくり方

●石灰

●スサ（繊維）

藁スサ

紙スサ

化学繊維のスサ

●糊分（ツノマタ、ギンナン草、フノリなどを煮て、糊分を抽出したもの）

ツノマタ

注　化学糊（メチルセルロース）を入れる場合もある

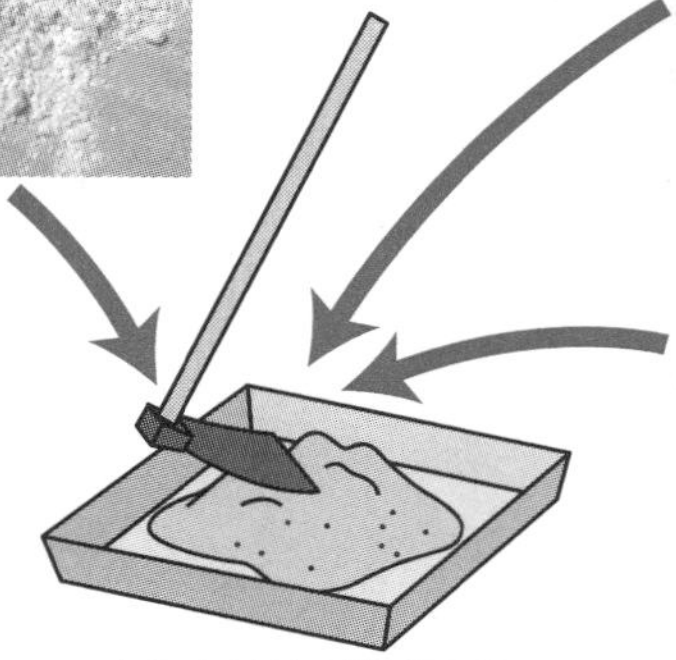

これらの材料を練り混ぜて
漆喰をつくる

■テクスチュアのバリエーション（一部）

●ラフフラット

金鏝で表面を軽くなでて仕上げる

●扇

鏝で扇状に筋模様を付ける

●アートランダム

鏝を8の字に動かし、鏝波が一方向に付かないようにする

●うずまき

スポンジなどを使用し、円を描くように動かして模様を付ける

●その他のアレンジ

写真は櫛鏝を使用した扇仕上げ

平滑に仕上げる金鏝仕上げが基本だが、鏝だけでなく、ローラーや刷毛、スポンジなどを使い、多彩な模様が付けられる

■施工の注意点

●漆喰は強アルカリ性のため、直に触れると肌がかぶれる場合がある。セルフビルドの場合は手袋をしたほうがよい

●濃い色での漆喰仕上げをする場合、色ムラに注意。押さえ仕上げでは、鏝の通った部分で色の濃淡が出やすく、パターン仕上げでは乾燥ムラによる色ムラが発生しやすい

●色を付ける場合は、材料に混ざりやすい液体顔料の使用がお薦め

●漆黒や真っ赤（弁柄《べんがら》）の漆喰をムラなく仕上げるには、非常に高い技術が必要

02

土佐漆喰

Point!

- 通常の漆喰よりも強度があり、雨風に強い
- 通常の漆喰との材料における違いは、糊分を入れないこと
- 施工当初の色は薄いベージュだが、時間とともに白になる

土佐漆喰とは

土佐漆喰と通常の漆喰との違いは、①糊を入れない、②色が薄いベージュ、③雨風に強い、の3つである。土佐地方(現在の高知県)で独自につくられていた漆喰であり、土佐では江戸時代から石灰岩が採掘され、また、台風が多く通るという地域性もあり、雨風に強い漆喰が発展していった。つくり方は、石灰岩に塩を入れて焼成したもの(塩焼き石灰)に、発酵させた藁を入れ、練り混ぜる。

厚塗り仕上げが基本

土佐漆喰は、金鏝押さえ仕上げや磨き仕上げにすることが多い。通常の漆喰より強度があるため、しっかりと鏝押さえをすることで、台風にもびくともしない壁にできる。塗り方は厚塗りが基本で、下塗りに5㎜以上、上塗りに7㎜程度を塗る(それ以上の場合もある)。材料の硬化が強いため、薄塗りだと下地を引っ張って剥がしてしまう恐れがあるためである。

色は、藁スサが発酵した液体が混入するため薄いベージュだが、硬化するにしたがって白に近づいてくる。予算は1万2000~1万5600円/㎡。

磨き仕上げの手順

土佐漆喰の最高級の仕上げは、表面に光沢のある磨き仕上げである。金鏝押さえをした上塗りの上に、ノロ(材料を濾《こ》してペースト状にしたもの)を薄く塗り(ノロがけ)、何度も鏝で押さえ込む。このとき、材料の乾き具合を確認しながら、必ず一方向に押さえ込むことで色ムラ・押さえムラを防ぐことができる。表面が乾き始めたらキラ粉(雲母)を散布し、手のひらで拭き取りながら、また鏝押さえをする。最終的に鏝押さえができなくなったら、手のひらでこすり(手ごすり)、艶を出す。

施工後、1週間程度は表面に水分が出てくるため、柔らかい布で拭き取り、また手ごすりを行う。非常に根気がいる作業だが、完成すると顔が映るくらいの鏡面の仕上げになる。

■土佐漆喰のつくり方

塩焼き石灰に発酵させた藁を入れ、練り混ぜてつくる

■仕上げ例

水切り瓦を付け、土佐漆喰の磨き仕上げとした住宅。水に強い土佐漆喰の表面にノロがけを行い、保護層をつくることで、通常の漆喰と比べてより強固で艶のある壁ができる

■磨き仕上げ

●施工手順

1

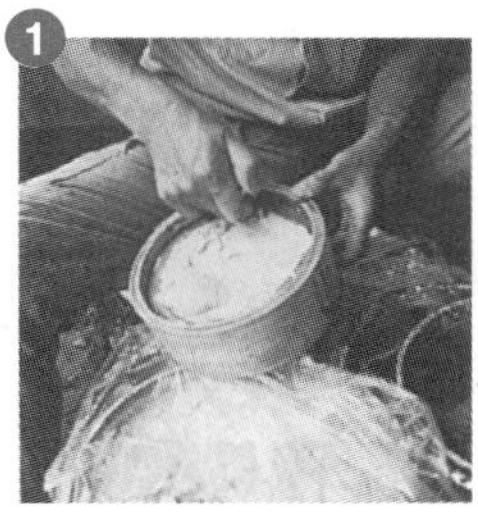

土佐漆喰のノロをつくる

2

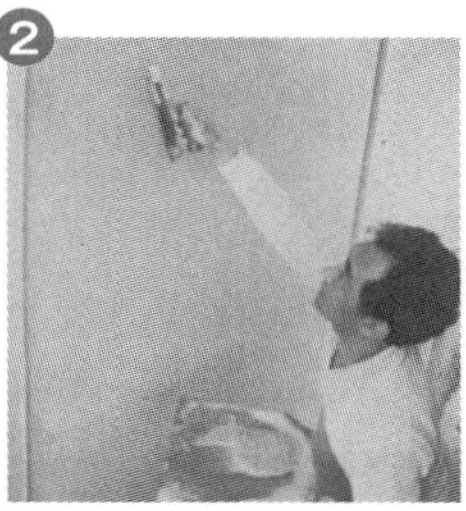

ノロを薄く塗り付ける

3

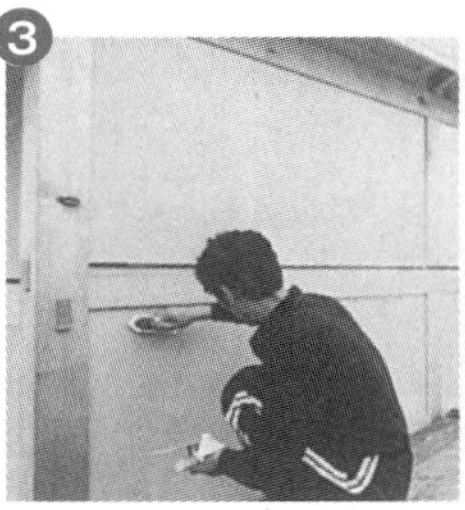

鏝で押さえて磨く

4

キラ粉（雲母）を散布して磨く

5

表面の水滴を拭き取る

完成

●塗り工程

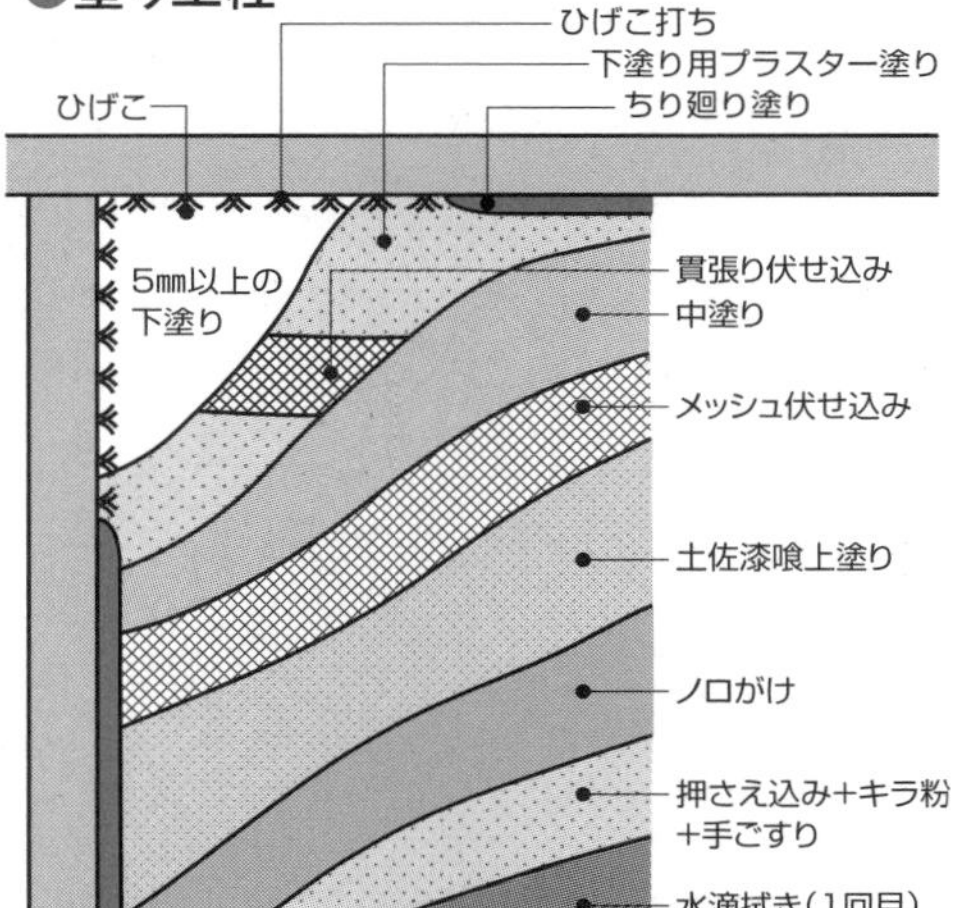

03 大津壁

大津壁とは

大津壁は滋賀県・大津地方で生まれた壁の仕上げ技法で、紙一枚くらいの厚みしかない、極々薄く繊細な仕上げが特徴である。最高級の仕上げ技法として全国的に広まっている。

材料は、粘性のある左官用色土をベースに石灰を少量入れ、水によく溶けるスサを混ぜてつくる。施工者が材料をつくることがほとんどで、技術と経験から実際の壁に適した材料を調合する。予算は2万4000~3万6000円/㎡。

施工個所は、雨が直接掛からない外壁部分をはじめ、化粧室、廊下の一部、床の間など、建物内外のポイントとなる壁が多く、また、竈《かまど》など立体的な造形の仕上げとして用いられることもある。

仕上げの種類と施工手順

大津壁仕上げの種類には、ぼんやりと光る「並大津仕上げ」「中大津仕上げ」と、顔が映るくらいの鏡面仕上げになる「大津磨き仕上げ」がある。単色でツルツルした壁を均一に仕上げるのは、左官のなかでも大変技量が問われる仕事で、名人と呼べるベテランの職人1人でも1坪程度の大きさの壁を1日かけて仕上げるほどである。

施工手順は、まず灰土《はいつち》と呼ばれる下塗りを行い、次に引土《ひきつち》という上塗り土を塗り、タイミングを見ながら磨き、鏝を当てる。その際、鏝は専用のものを使用する。乾燥が進み、鏝で押さえても状態が変わらなくなったらビロードの布を表面に軽く当ててこすり、光沢を出していく。そして、最後に手のひらで磨く手ごすりを行う。

光沢を長く保持できる

大津壁仕上げの壁は、固くしぼった綺麗な布で拭き（雑巾戻し）、手ごすりなどで再度、磨きをかけることで光沢を長く保つことができる。

また、最近は糊を入れてアレンジされた「現代大津磨き」という手法もあり、灰土を塗る必要がなく、曲面を仕上げることができる。

Point!

- 大津磨きは、日本の塗り壁における最高級の仕上げ技法の1つ
- 手入れをすれば長年、美しい艶を保持できる

■大津壁仕上げの塗り工程

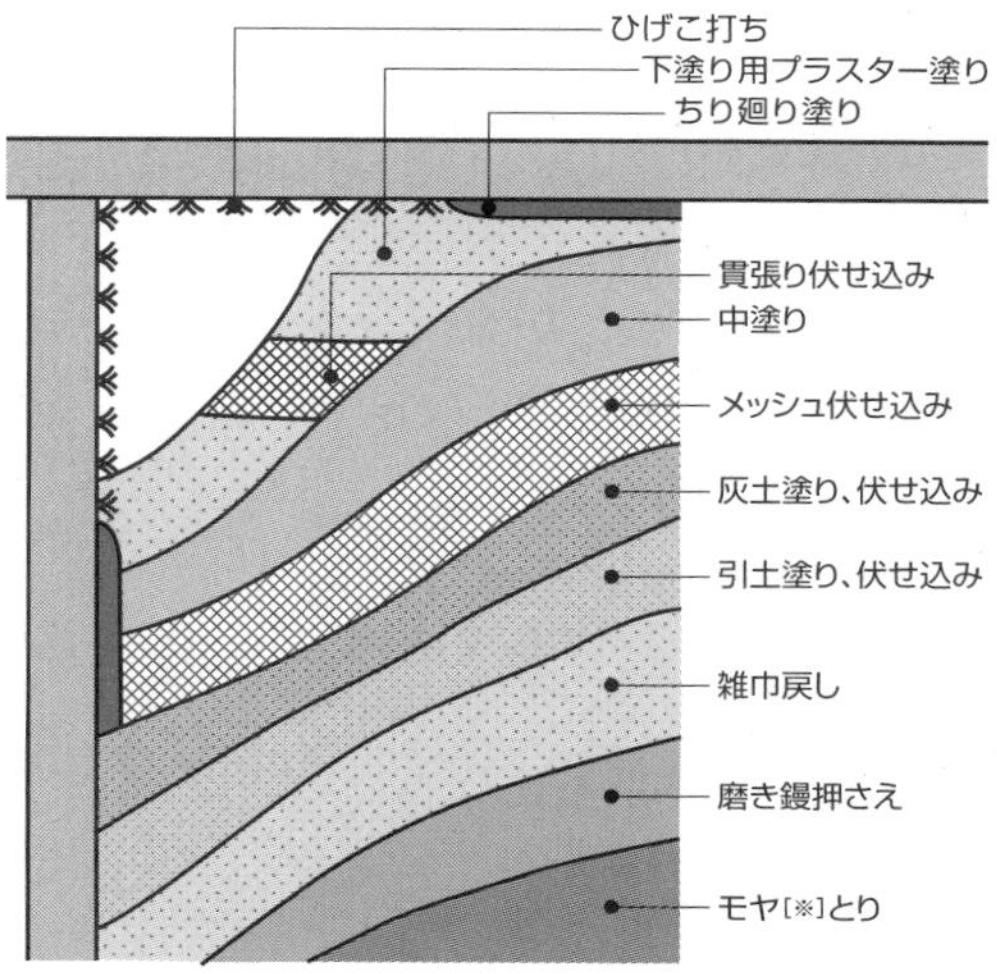

水引きの加減が重要になるため、下地は中塗り土がよい

※　くもりのこと

施工中の様子。色は赤や黄が多い。大津壁仕上げは、技術力（腕と経験）、材料（材料づくりの技術も含む）、専用の鏝がそろわないと実現できない

■施工手順（大津磨き仕上げ）

1

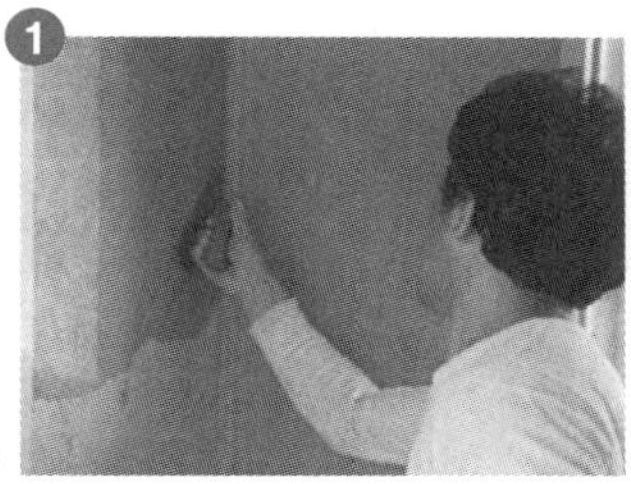

灰土を塗って下塗りを行う

2

引土を塗り、光沢が出たら雑巾戻しを行う

3

さらに鏝磨きを行うと、鏡面のような仕上がりになる

■現代大津磨き

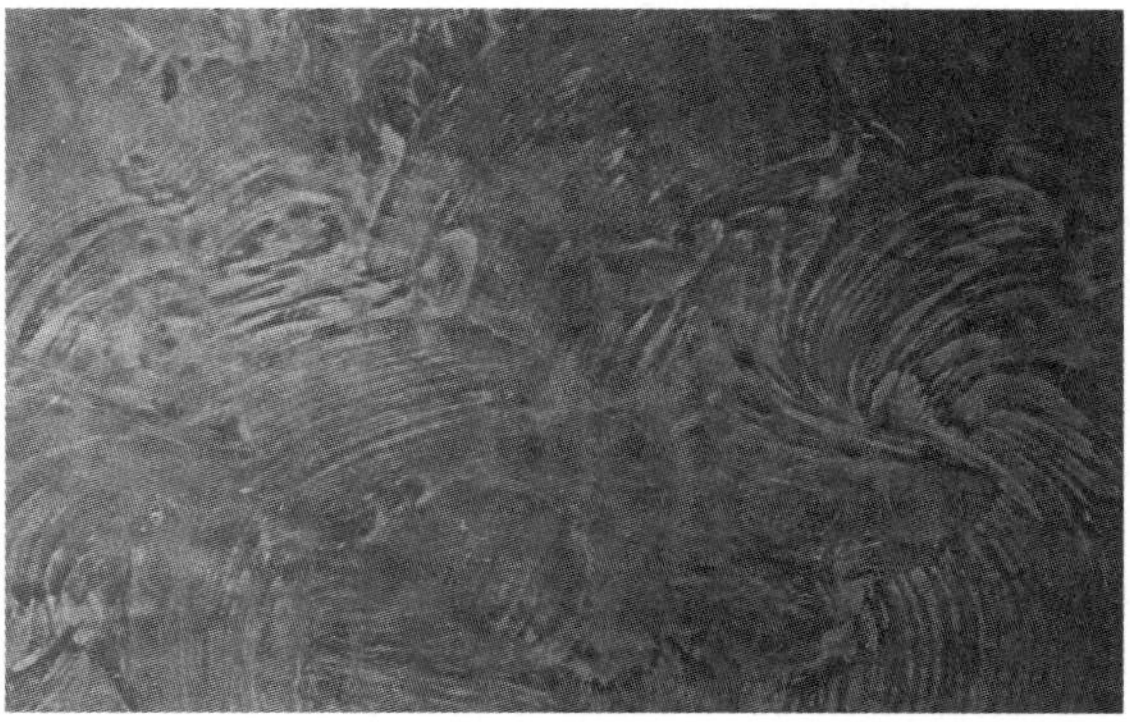

糊を入れてアレンジされた現代大津磨き。材料に保水性があるため、曲面仕上げに向いている

04

珪《けい》藻《そう》土《ど》

Point!

●固化材に何を使用するかによって、塗りやすさや乾き方などの性質が変わる

珪藻土とは

珪藻土は固化材ではなく、骨材に近いものである。珪藻土自体は固まらないため、どんな固化材で固めているかが重要となり、それによって塗りやすさや乾き方などの性質が変わる（固化材の性質は「Ｐａｒｔ２　材料編」Ｐ94参照）。

もともと珪藻土は、海などに生息する珪藻というプランクトンの死骸が堆積したもの。主成分は珪酸質（シリカ）で、直径0.1～１ミクロンの超微細な穴があいており、そこに水分や空気を取り込むため、調湿や脱臭、遮音の効果がある［※］。珪藻土は古くから七輪やろ過材、研磨剤などに使用されていたが、左官材料としての歴史はまだ浅い。珪藻土単体では手に入りにくく、一般的には既調合のものが多く流通している。予算は３６００～６０００円／㎡。

固化材の成分と特徴

固化材が樹脂系の珪藻土は色ムラが少なく、鏝だけでなく、刷毛やヘラでも塗れる。漆喰（石灰）・石膏系は色ムラが出やすいため、濃色は避けたほうがよい。セメント系は、セメントの硬化に合わせた作業手順が必要になる。

珪藻土に限らず、固化材の成分を知りたい場合は、材料メーカーのホームページで調べるか、電話などで問い合わせてＭＳＤＳ（安全データシート）や成分表を取り寄せる。ほとんどの固化材がＦ☆☆☆☆をクリアしており、低ホルムアルデヒドの製品だが、気になる場合は現場で調合する方法がお薦めである。

漆喰の調湿効果を高める

珪藻土の使い方の一例として、室内に漆喰を塗る際に加えると調湿効果の向上が期待できる。その場合は、まず試験施工を行う。珪藻土を多く入れたほうが効果は上がるが、仕上がりや強度に影響するため、漆喰に対して体積比10％程度を添加して試験する。見本板をつくり、乾燥してから触ってみて、強度やひび割れが出ないかを確認してから施工することで失敗を防げる。

※　調湿や脱臭、遮音の効果は塗り厚によって異なる

■珪藻土の特徴

海などに生息する珪藻というプランクトンの死骸が堆積したもの

多孔質で、調湿・脱臭・遮音の効果がある固まらない

珪藻土単体では固まらない

▶

固化材が必要
＝
固化材によって塗りやすさや乾き方などの性質が変わる

■固化材の種類と仕上げ方のバリエーション

樹脂系

- 作業性が高いものが多い
- 鏝だけでなく、刷毛やヘラで塗れるものもある
- DIYにも向いている

仕上げ例

ウェーブ仕上げ

扇仕上げ

漆喰（石灰）・石膏系

- 漆喰と同様の作業性がある
- フラット仕上げにするには技術が必要
- 濃い色は色ムラになりやすい

仕上げ例

漆喰風仕上げ

スタッコ仕上げ

セメント系

- 珪藻土以外の骨材が入っており、モルタルと同様の作業性がある
- 厚塗りになるため、DIYには不向き

仕上げ例

掻き落とし仕上げ

櫛引き仕上げ

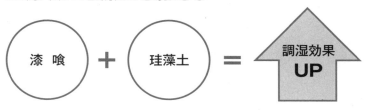

■漆喰に珪藻土を加える

漆 喰 ＋ 珪藻土 ＝ 調湿効果UP

調湿効果のある漆喰に珪藻土を加えると、さらなる効果が期待できる。ただし、入れすぎると硬化不足になるため、試験施工することが重要

05

セメントモルタル

Point!

●セメントが硬化するタイミングを見極める
●色付きのモルタルをつくることもできる

セメントモルタルとは

セメントモルタルとは、モルタルのなかでセメントを固化材として使用しているもののことである。通常、現場ではセメントモルタルのことをモルタルと呼び、下地材として広く使われている。一見、無味乾燥な印象があるが、仕上げ方によってさまざまな表情が出せる。

●素地金鏝押さえ仕上げ　モルタルそのままの色である薄いグレーに仕上がるが、塗装のような単色にはならず、乾きのムラ、鏝跡のムラが自然に出る。若干の濃淡があるほうが柔らかい印象になり、物販店などでは商品が映えるため、さまざまな店舗の床や壁に採用されている。予算は約５４００円／㎡（厚み20㎜程度）。

●刷毛引き仕上げ　モルタルを金鏝でならした後、刷毛を引いて筋を付けると、引いた方向に砂が転がり、ザラッとした肌合いになる。予算は約４８００円／㎡（厚み20㎜程度）。

●木鏝仕上げ　本来はタイル下地など粗面の状態をつくる工法だが、モルタル面に木鏝を当てると砂がランダムに転がり、ザラザラした肌合いになる。スチロール鏝などで模様を付けてもよく、また、骨材や藁などの装飾材を添加してもおもしろい表情になる。予算は約４８００円／㎡（厚み20㎜程度）。

これらの仕上げを行う際は、セメントが硬化するタイミングを見極めることが重要になる。セメントは気温によって硬化状況が異なり、気温が低いと反応が遅くなるため、押さえやテクスチュアを付けるタイミングも遅くする。

カラーモルタルもつくれる

モルタルに粉末顔料や練り墨などを入れ、色を付けることもできる。着色の際は、白色ポルトランドセメントを使用すると白ベースから色をつくることができ、より鮮やかに見える。

また、モルタルは硬化に伴い色が薄くなるので、目標の色がある場合は事前に試験を行い、乾燥後、色が合っているかを確認するとよい。

■道具とテクスチュア

●素地金鏝押さえ仕上げ

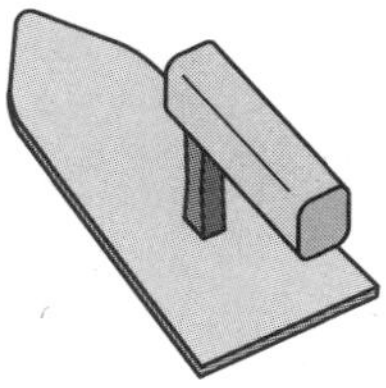

ツルッとした滑らかな仕上がりになる

●刷毛引き仕上げ

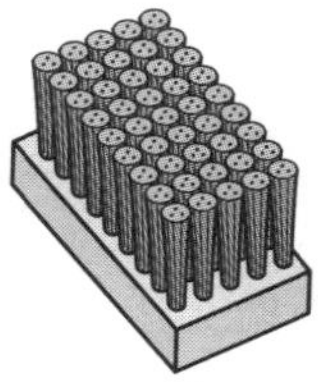

刷毛目が入り、ザラザラした仕上がりになる

●木鏝仕上げ

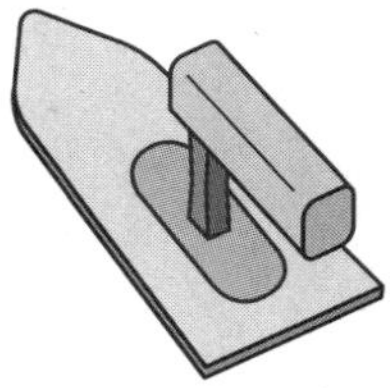

●スチロール鏝仕上げ

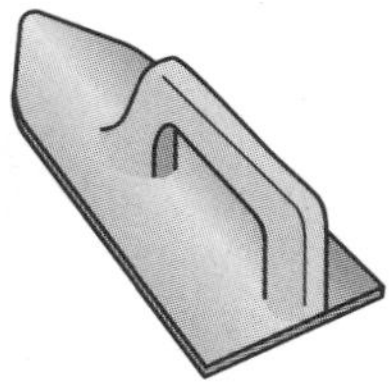

砂が転がり、ザラッとした仕上がりになる

■装飾材によるアレンジ

●骨材入り

寒水石が入り、凹凸のあるザラザラした仕上がりになる

●藁入り

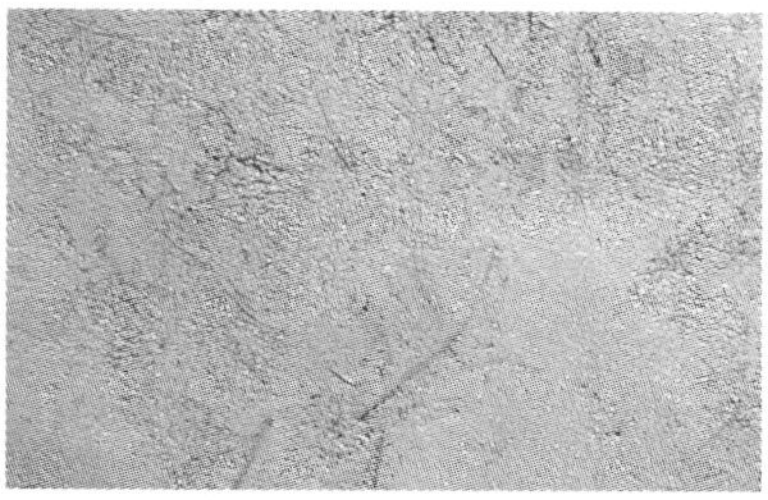

柔らかい表情の仕上がりになる

■顔料の配合

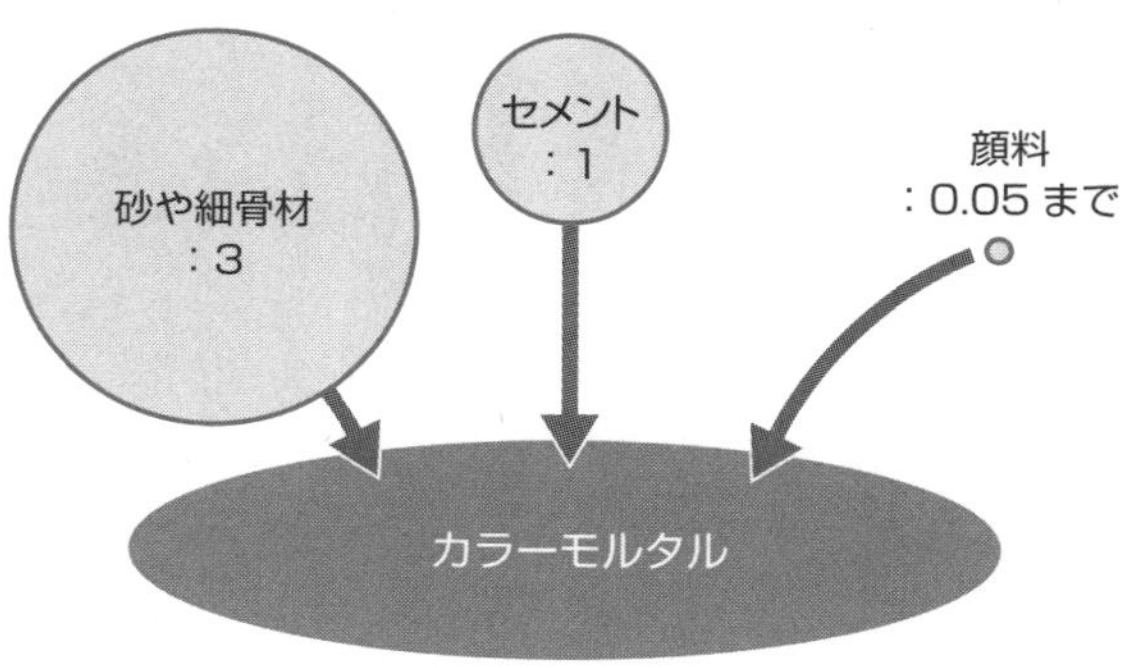

顔料は、セメント重量比の5%までにとどめる。それ以上入れると強度不足となり、また、5%以上入れても色が濃くなることは少ない

●カラーモルタル配合の試験

配合比を変えたものをつくり、乾燥後、目標の色と比べる（写真は墨モルタル配合の試験）

06

掻き落とし

Point!

- 大きなクラックが入りづらい
- 古くなるほどに味わいが出る

掻き落としとは

　掻き落としは、材料を塗り付けた後、文字どおり表面を引っ掻いて仕上げる技法である。主にセメントや石灰で材料をつくる。硬化を遅らせるため、セメント1に対して石灰を1～2配合し、適度な大きさ・量の骨材を入れる。歴史的には、日本にセメントが入ってきた明治以降に普及し、屋敷や料亭の外壁を仕上げる際の定番だった。予算は６０００～７２００円／㎡。

クラックが発生しづらい

　この技法は、主材にある程度の大きさの骨材が入るため、モルタルよりも強度のある仕上げになる。また、表面の凸凹に微細なクラックが発生するため、それが逃げ道となり、大きなクラックが入りづらい。掻き落としをはじめとする無機系の凹凸仕上げの場合は、極端に汚れることが少なく、古くなるにつれて味わいが出る。

硬化状況を見極める

　施工は、剣山のような掻き落とし器を円状に動かして均一な肌をつくるのが一般的だが、ワイヤーブラシを一方向に動かし、立体的な筋を付ける方法もある（横ライン仕上げ）。骨材の大小によって粗さが変わるため、おとなしめ～粗めの仕上げをコントロールできることも特徴である。また、仕上げのアレンジとして、出隅に直線的なラインがほしい場合は、すべて掻き落としをせずに縁を残し、線を出すことができる。このほか、掻き残した部分をわざとつくる方法もある。

　作業のポイントは材料の硬化状況を見極めることで、柔らかいうちに引っ掻くと上塗り全体を剥がしてしまい、硬化しすぎると引っ掻く作業が困難になる。また、白華現象［※］が起きやすいため、屋外では施工後2～3日は仕上面に水が掛からないようにするほか、気温が低い場合（5℃以下）や、施工後に気温が低くなる恐れがある場合は施工を避けたほうがよい。

※　表面に白い生成物が浮かび上がること

■掻き落としの作業

●掻き落とし器を使用

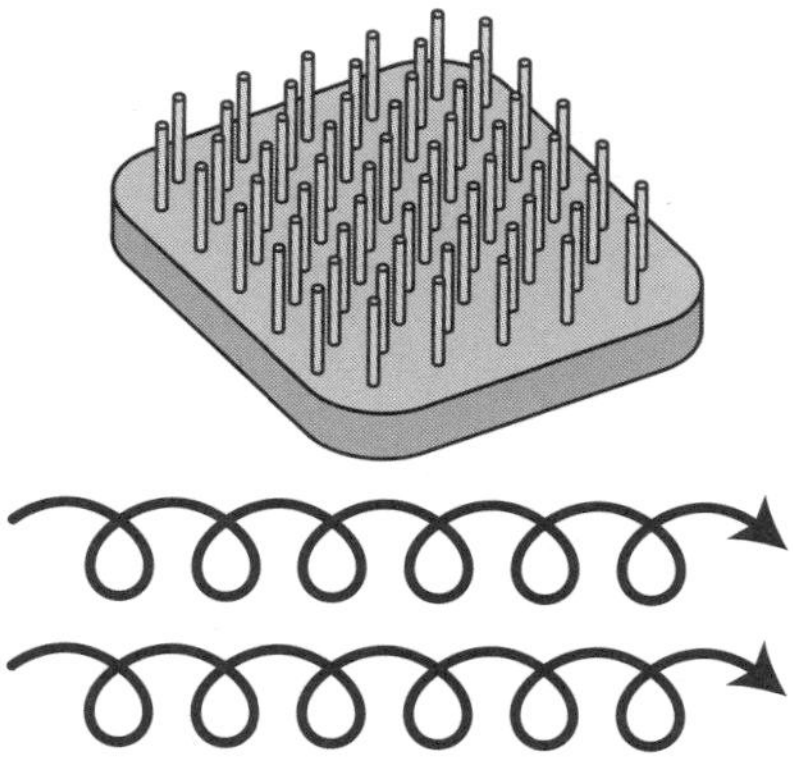

円状に掻き落として仕上げていく

通常の掻き落とし仕上げ

●ワイヤーブラシを使用

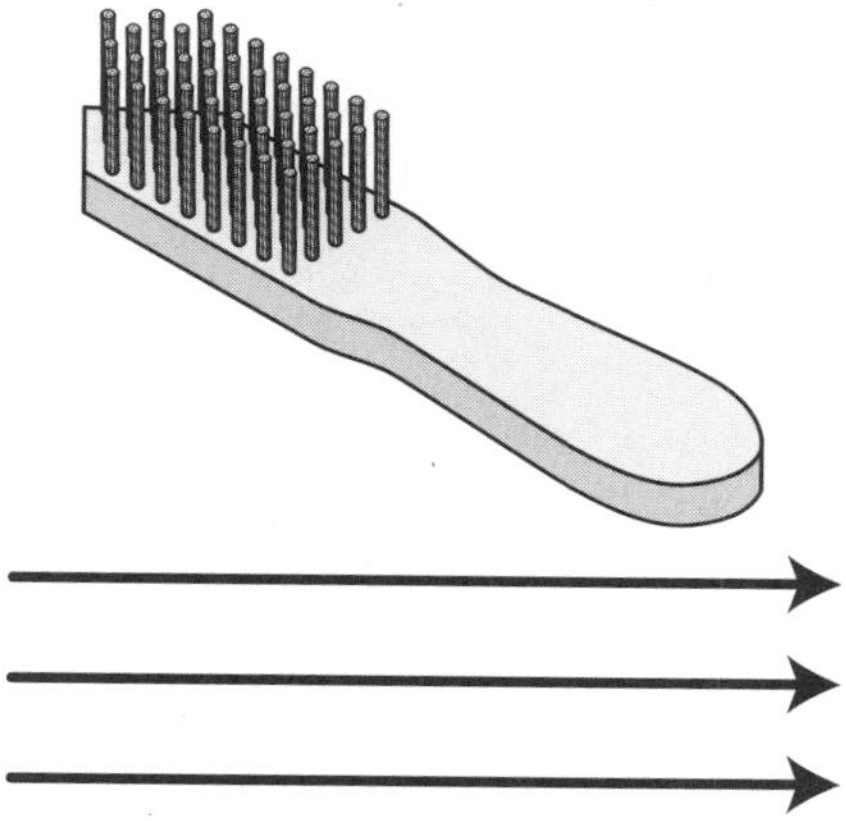

一方向に動かして仕上げる

横ライン仕上げ

■掻き落としのアレンジ

すべてを掻き落とし
とせずに、部分的に
横に掻き落とし、掻
かない平らな部分と
対比させ、壁の模様
をつくる

07

石膏系左官仕上げ

Point!

●防火性は高いが、水に弱いため、水廻り以外の内装に向いている
●収縮がほとんどなく、クラックが入りづらい

石膏系左官材料とは

石膏系左官材料といえば、下地材に使用する石膏プラスターが一般的だが、石膏の特徴を生かし、仕上げ材として使うこともある。

石膏は防火性が高く、弱酸性で水に弱いため内装に向いており、乾燥が速く、収縮が少ないためクラックが入りづらいという長所もある。また、針状の結晶になって硬化するため、下地との食い付きもよい。

短所は、水和反応の一種によって硬化するため、材料の練り置きができないこと。また、モルタル下地の場合は十分な乾燥が必要であり、乾燥していないモルタル下地に塗ると剥離の原因になることがある。予算は3600～4800円／㎡。

種類と特徴

●石膏系下塗りプラスター

もともと下地材としてつくられたものだが、仕上げに使うこともできる。主にラスボードや石膏ボードへの下塗り材として使用され、中性のため自由に仕上材を選ぶことができ、土（中性）と漆喰（アルカリ性）のどちらにも対応可能である。また、骨材や顔料を加えたり、藁などの装飾材を入れたりすることで意匠性が高まり、仕上材としても十分活用できる。

●石膏系仕上げ材

石膏を基材にし、そこに珪藻土などを添加した仕上げ材。珪藻土や火山灰などの多孔質で調湿効果のある材料を添加することで、同様の効果が得られる。薄塗りの材料のため、鏝パターン仕上げやローラー仕上げが可能である。施工の際は、急激に乾燥させると色ムラの原因になるため注意する。

●石膏系セルフレベリング材

セルフレベリング材は、流動性が高く、材料自体がある程度、平坦になる性質がある材料のこと。通常はセメント系を使用するが、石膏系は収縮が少なく、乾燥も速い（流し込んだ当日に軽歩行が可能）などの利点がある。

■石膏系左官材の特徴

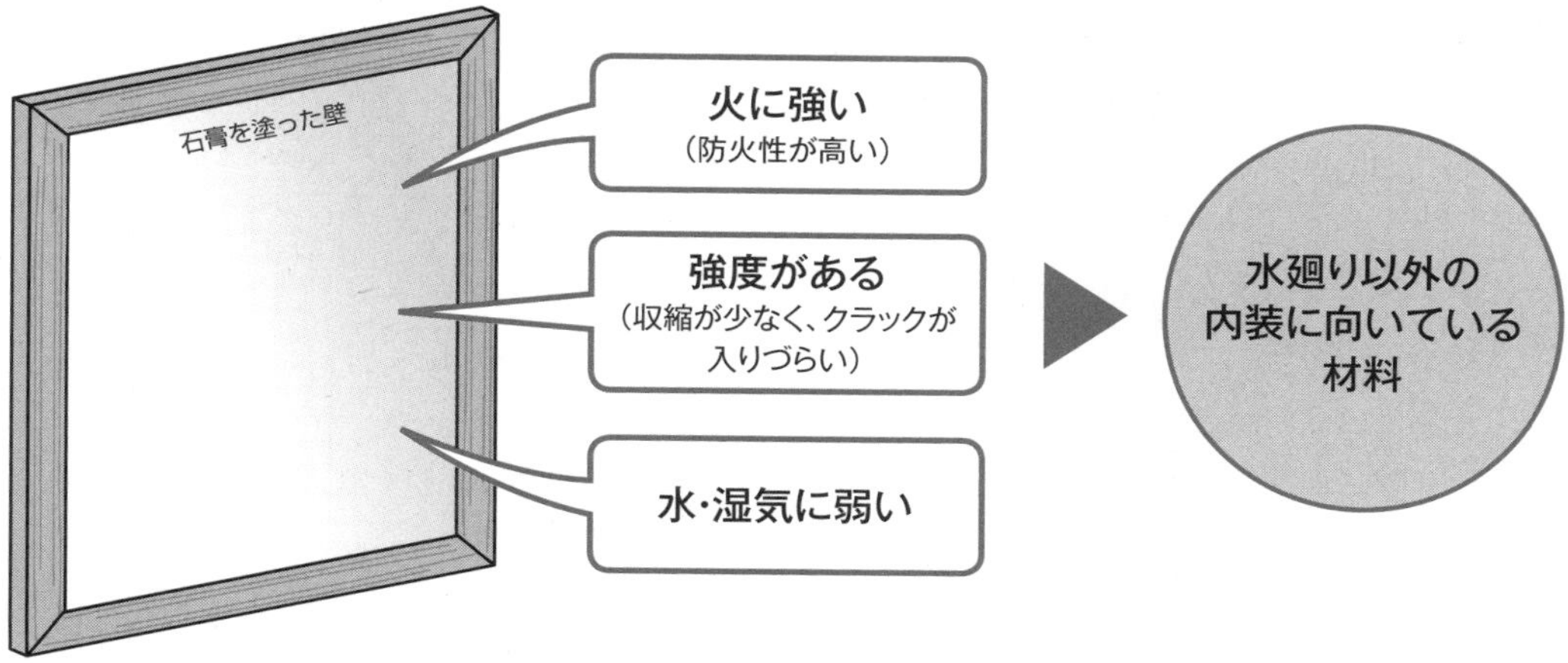

■石膏系左官材の種類

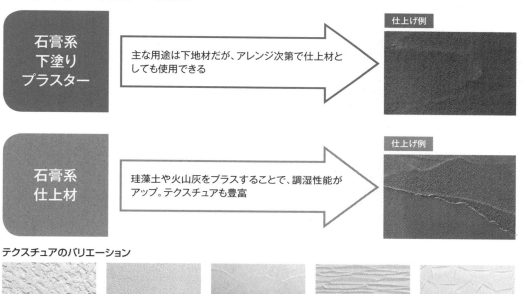

石膏系下塗りプラスター

主な用途は下地材だが、アレンジ次第で仕上材としても使用できる

仕上げ例

石膏系仕上材

珪藻土や火山灰をプラスすることで、調湿性能がアップ。テクスチュアも豊富

仕上げ例

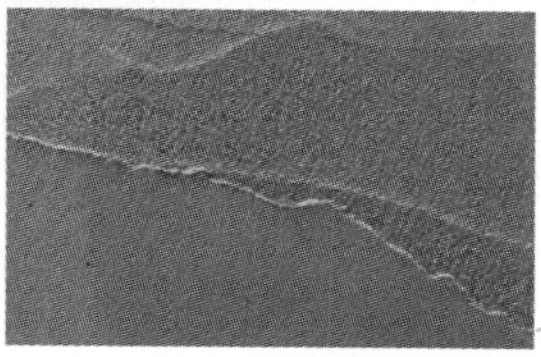

テクスチュアのバリエーション

スタッコ

刷毛引き

鏝塗り放し

鏝引きずり

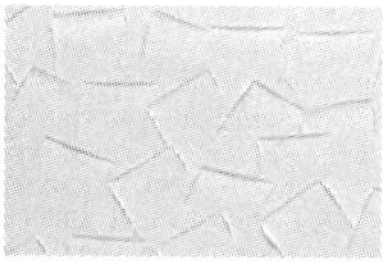
スパニッシュ

石膏系セルフレベリング材

収縮が少なく、乾燥も速いという石膏の利点を生かしたセルフレベリング材

施工例

08 樹脂系左官仕上げ

Point!

- 従来の左官材の壁材としての性能や施工性の欠点をカバーしているものが多い
- 自然素材に近い風合いのものもある

樹脂系左官材とは

樹脂系左官材は、アクリルやウレタン、エポキシなど樹脂の力によって固める左官材である。天然素材による従来の左官材に多かった色ムラが出にくいように改良されたものや、クラックの発生を低減させるものなどがある。

種類と特徴

●アクリル系

アクリル樹脂の乾燥により硬化する。多彩な色があり、フラットな吹付け仕上げから骨材を入れた鏝仕上げまで幅広いテクスチュアがある。主に外壁仕上げに使用される。性質が塗料に近いため、骨材を入れない基材だけの厚付けをすると、乾燥によるひび割れが発生する。予算は３６００～６０００円／㎡。

●ウレタン系

ウレタン樹脂の乾燥により硬化する。壁材や床材に使用されるほか、透明タイプのものに乾燥砂利を塗り固め、種石洗い出し仕上げ（▼P56参照）にすることもできる。予算は９６００～１万４４００円／㎡。また、色付きの塗り床タイプなどもあり、パターンカートリッジで石模様やタイル模様を付けることも可能。予算は３６００～７２００円／㎡。

●エポキシ系

エポキシ樹脂の化学反応により硬化する。主に床材に使用され、基材と硬化剤を攪拌し、反応させるものが多い。配合は、はかりなどを使用して正確に行い、硬化不良を防ぐ。耐熱性、耐薬品性、帯電防止、超速乾など、さまざまなタイプがある。予算は３６００～１万４４００円／㎡。

部位・用途に合わせて使う

樹脂系左官材は、近年開発された材料のため、長い期間での耐候性や汚れ具合などの評価が出るのはこれからといえる。昔から「左官＝自然素材に近いもの」という考え方があるが、樹脂系左官材には自然素材の風合いに近いものもあり、部位や用途によっては従来の左官材より効果的に使用できる。

■樹脂系左官材の特徴

- 色ムラが発生しにくい
- 作業性が向上する
- クラックが発生しづらい
- 作業後の排水が少ない
- 表面強度がある
- 水洗いできる

▶ 従来の左官材の欠点をカバーする、さまざまなメリットを備えている

■種類と特徴

アクリル系

- 樹脂の乾燥により硬化
- 多彩な色と、幅広いテクスチュアがある
- 弾性タイプもある

仕上げ例

鏝パターン仕上げ

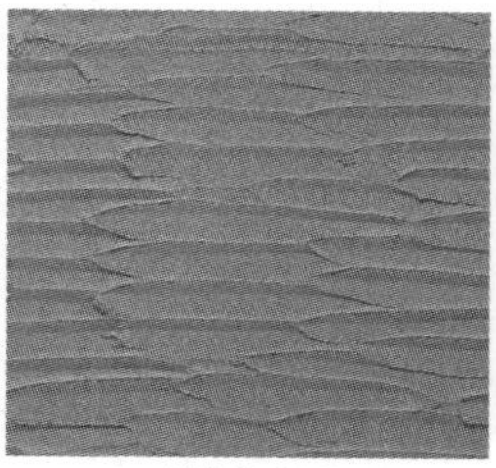

剣先仕上げ

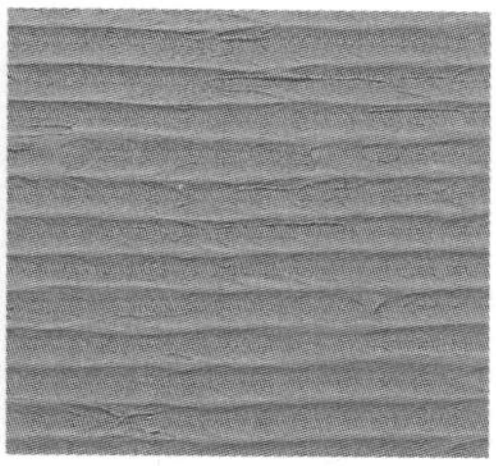

ローラー仕上げ

ウレタン系

- 樹脂の乾燥により硬化
- 洗い出し風の仕上げも可能
- 石模様やタイル模様も付けられる

仕上げ例

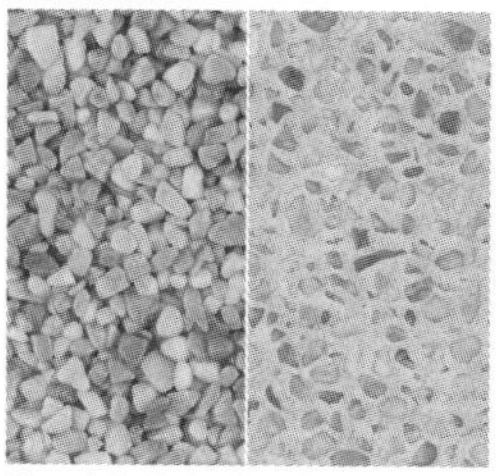

洗い出し仕上げ　（目地入り）

塗り床材として使用

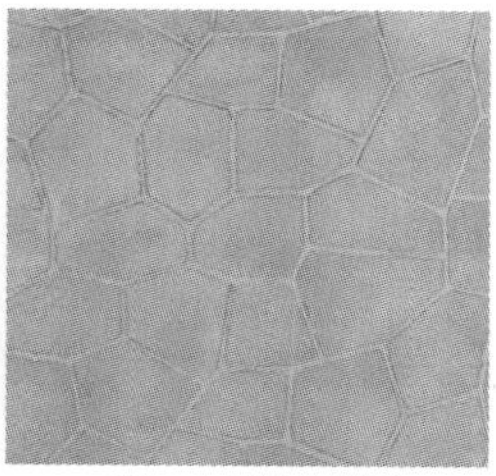

パターン目地を使用

エポキシ系

- 樹脂の反応により硬化
- 配合比に注意が必要

施工例

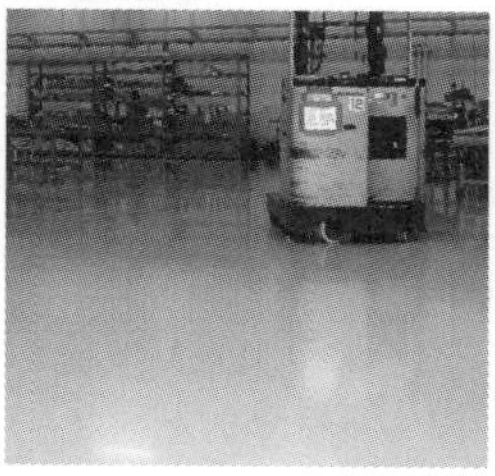

工場や実験室、クリーンルームなどの床材

09 ヨーロッパの漆喰

Point!

- 生石灰がベースのものが多い
- 防水性を備えた材料もある

日本の漆喰との違い

日本の漆喰は消石灰が中心だが、ヨーロッパでは生石灰がベースのものが多い。ほとんどがクリーム状（石灰クリーム）で、刷毛やヘラでも塗ることができ、セルフビルドに向いている。ヘラや鏝で磨き仕上げを行えば、イタリア磨きのような光沢も出せる。ただし、色付きの単色仕上げや、平滑な仕上げは難易度が高く、職人に任せたほうがよい。予算は、ローラー・刷毛仕上げが約３６００円／㎡、鏝仕上げが約４８００円／㎡、磨き仕上げが約１万２０００円／㎡。

一般的に生石灰のほうが消石灰よりも強度があるといわれるが、石灰クリームの場合、クリーム状のため薄塗りになり、下地の動きを受けやすく、クラックが入りやすいという短所がある。

ヨーロッパの漆喰の種類

●スイス漆喰・ドイツ漆喰・スペイン漆喰

スイス、ドイツ、スペインの漆喰は、生石灰クリームが主体のものや粉体で骨材が既調合されているもの、クリーム状のものなどさまざまなタイプがある。予算は４８００〜７２００円／㎡。

●タデラクト

モロッコの漆喰で、現地の言葉で「タ＝仕事・方法」「デラクト＝磨く」という意味がある。水硬性石灰という、石灰とセメントの中間の性質をもち、塗り付けた後、小石などを当てて円を描くように動かし、磨いていく。独特の発色と凹凸感がありながら、ツルツルに仕上がる表情が魅力である。また、表面にオリーブ石鹸を浸透させることで防水性をもつため、モロッコでは洗面ボウルやシンク、浴槽にも使用されている。予算は約３万６０００円／㎡。

●カルチェラザータ

粗い骨材入りの材料を下塗りし、その上にグラッセロというイタリアの漆喰を塗り、磨き仕上げをする手法。下塗りの骨材が表面に出て、凸凹感があるのにツルツルした仕上がりとなり、「髭剃り後の肌」のような表情になる。予算は１万２０００〜１万４４００円／㎡。

■石灰クリームの仕上げ

●鏝塗り

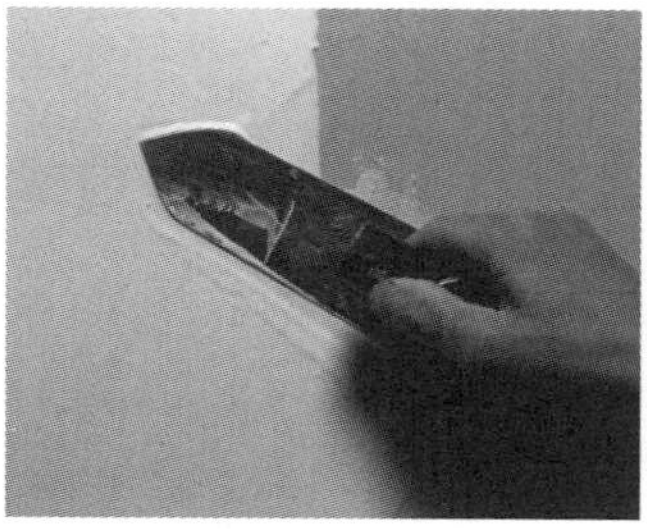

●刷毛塗り

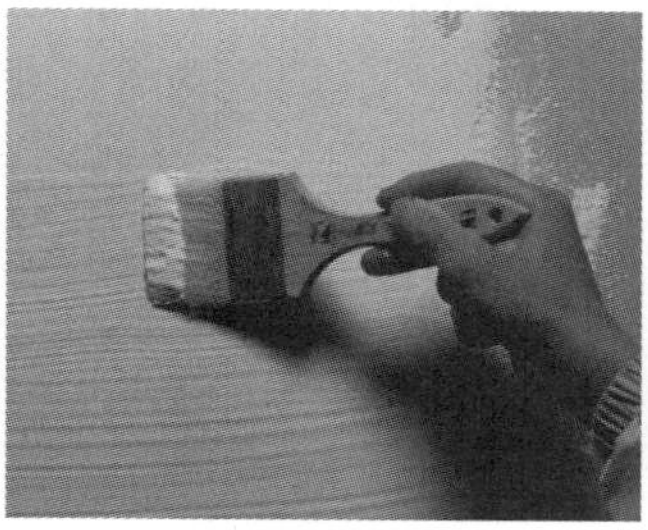

●ローラー塗り

ヨーロッパの漆喰に多い石灰クリームは扱いやすく、鏝のほか、刷毛やローラーでも塗ることができる

■ヨーロッパの漆喰の種類

●スイス漆喰・ドイツ漆喰・スペイン漆喰

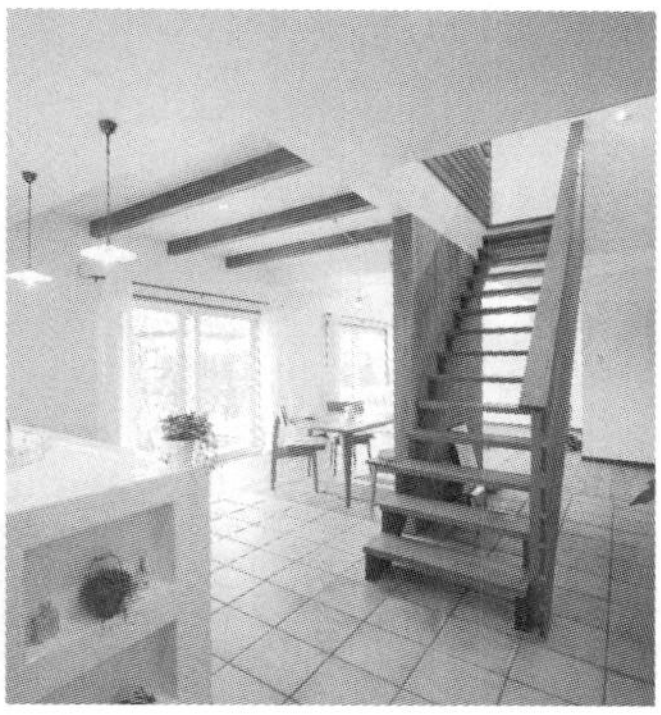

スイス漆喰の一例。日本の漆喰に比べて硬さがあり、より純白に近いものもある

●タデラクト

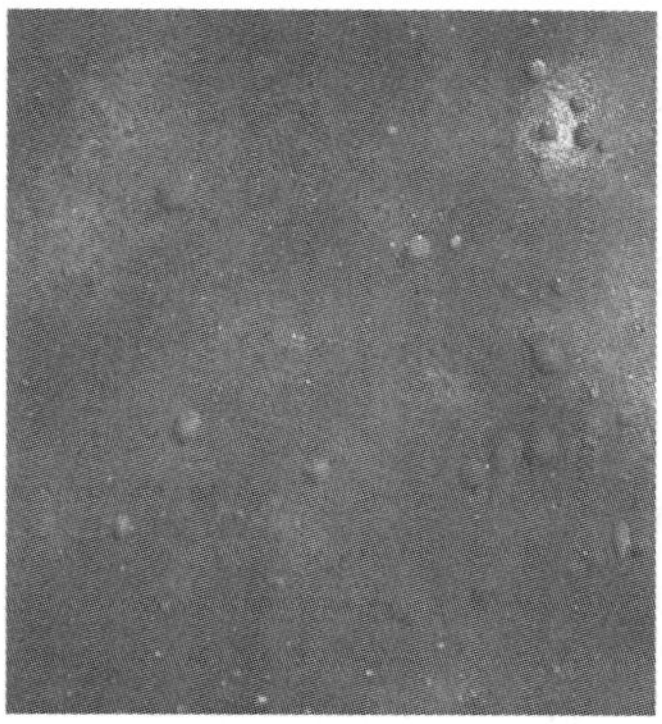

独特の発色と凹凸がある。防水性を備えたものもある

注　タデラクトは撥水性がある

●カルチェラザータ

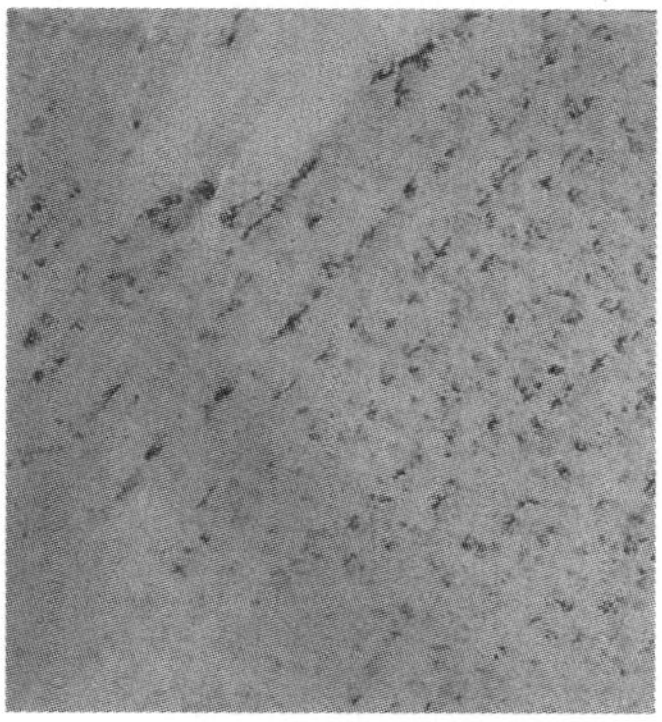

下塗りの骨材が表面に出て、凹凸感があるのにツルツルしている

10 種石洗い出し

Point!

- 洗い出したとき、表面の石がそろうようにしっかり伏せ込む
- 種石やモルタルの色の組み合わせで、仕上げのバリエーションが広がる

種石洗い出しとは

種石洗い出しは、セメントモルタルに砂利・色石などを入れた上塗り材を塗り付け、完全に硬化する前にブラシや噴霧器で水洗いをし、石の頭を出す仕上げである。床と壁の両方に施工でき、砂よりも大粒の種石が入るため強度が増し、丈夫な仕上げになる。予算は1万8000~2万4000円/㎡。

綺麗に仕上げるポイント

施工の際は、まず塗り付け時に種石の目がしっかり詰まっているかを確認する。部分的に種石が入っていなかったり、偏りがあったりすると、洗い出し時に石が均一に出てこないため、綺麗に仕上がらない。

洗い出し用の塗り付け鏝は厚みがあり、重いが、力を入れて伏せ込むことが重要である。しっかり伏せ込みをすると、表面にセメントペースト分（あま）が浮き出てくる。セメントの硬化を見計らいながら、このあまを洗い出していくが、洗い出しの仕方が甘いと種石の表面にあまが残ってしまう（これを「焼き付き」という）。特に夏場はセメントの硬化が速く、あまが残りやすい。

また、塗り付けの厚みは、種石の大きさの2倍程度とする。塗り付けの厚みには限界があるため、種石が大きい場合は、モルタルを塗った後に種石を埋め込む仕上げを選んだほうがよい。

豊富なバリエーション

種石にはいろいろな種類があるが、丸みを帯びている石のほうが施工しやすい。また、ガラスやビー玉、砕いた瓦など、塩分がなく、素材自体が収縮しないものであれば、種石のかわりに混入することもできる

さらに、カラーモルタルを使用すれば、同じ種石でも表情を変えることが可能。最近は、モルタルのかわりにエポキシやウレタンの樹脂で種石を固める工法があるほか、従来のモルタルを使用してブラシでかき出す「ドライウォッシュ」という施工法もある。

■種石洗い出しの施工

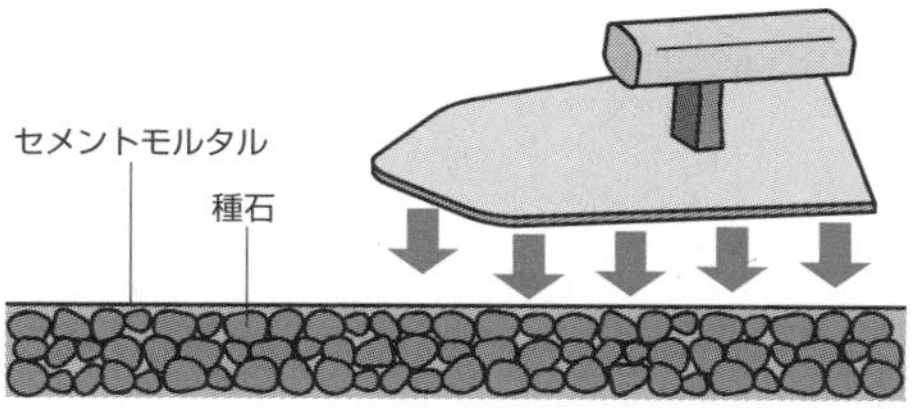

隙間ができないようにして、鏝でしっかりと材料を伏せ込む

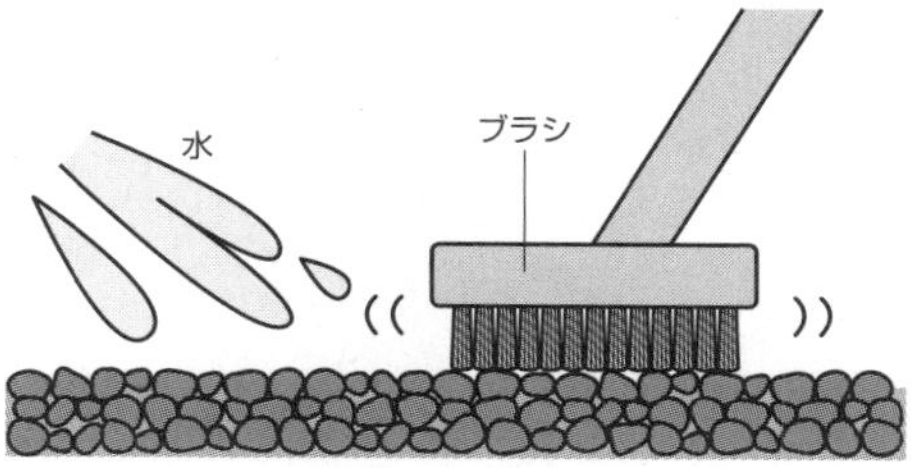

セメントの硬化具合を見ながら、水をかけてブラシなどで洗い出し、あまを拭き取って骨材を表していく

■施工手順

セメントモルタルに砂利·色石などを入れ、上塗り材をつくる

上塗り材を壁に塗り付けた後、しっかりと伏せ込みを行う

水を掛けながらブラシなどで洗い出し、あまが残らないようにする

■仕上げ例

●黒い種石

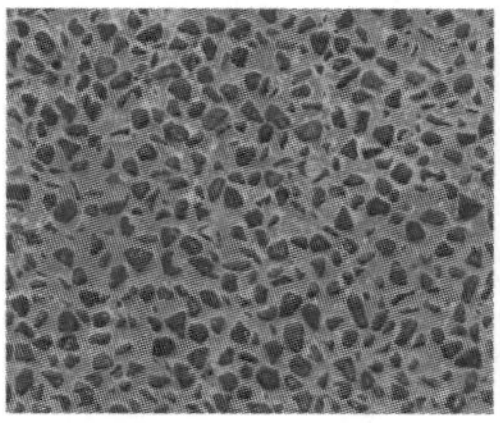

●カラフルな種石

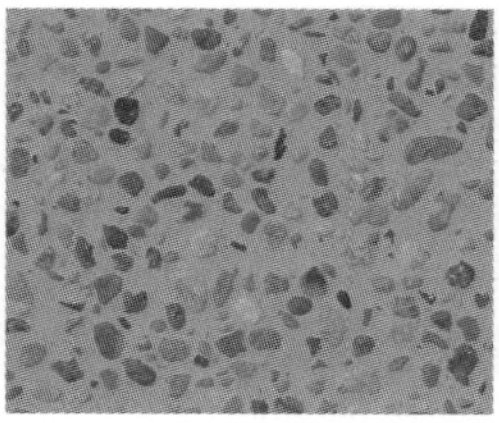

●ガラス入り

●ドライウォッシュ

種石の種類と、モルタルの色の組み合わせによって、多彩な表情を演出できる

11

種石埋込み

種石埋込みとは

種石埋込みは骨材を表面に出す仕上げ手法の1つで、モルタルをならした後、那智石などの種石を1つずつ埋め込んでいく。モルタルの硬化が進むと、埋め込んでも石が入り込まないため、玄関の床など小面積の施工に向いている。予算は3万~3万6000円/㎡（種石の種類によって増減がある）。

多彩な演出が可能

白やベージュの種石を使えば、洋風建築にマッチする仕上げにできるほか、種石のかわりにビー玉や焼き物のかけら、宝石のような石などを埋め込み、個性的な表情をつくることもできる。最近は、石を縦方向に並べて床に埋め込み、表面の凸凹で足ツボを刺激する効果があるものなどもある。

有名な事例としては、京都にある修学院離宮の一二三石《ひふみいし》がある。赤・青・黒の小石が、赤1つ・青2つ・黒3つの組み合わせで飛び飛びにバランスよく埋め込まれ、仏教の思想である「一心三観《いっしんさんがん》」（空観《くうがん》・仮観《けがん》・中観《ちゅうがん》）が表現されているといわれる。

綺麗に施工するポイント

施工の際は、まず種石を確認し、斑点やまだら模様が入っているもの、形の悪いものは事前に取り除いておく。床に埋め込むときは、石の平らな部分を表面にそろえて並べると綺麗に見える。種石は大きさの2分の1以上を埋め込み、それ以下だと施工後にとれてしまう恐れがあるので注意する。また、埋め込んだときにモルタルが盛り上がったり、ほかの種石にくっついたりするときは、鏝押さえや拭き取りをする必要がある。

最近では種石をネット状のシートに貼り付けた新しい商品も出てきている。これを使えば、従来よりも床や階段施工が手軽になるため、様々なシーンで種石埋込みを取り入れやすくなる。さらに壁に大きい石の洗い出し仕上げ（外壁全面も可能）も可能になるため、より多彩な演出ができるようになる。

Point!

- 石の平らな部分を表面にそろえて並べると綺麗に仕上がる
- 石の2分の1以上を埋め込まないと、施工後にとれる恐れがある

■種石埋込みの施工

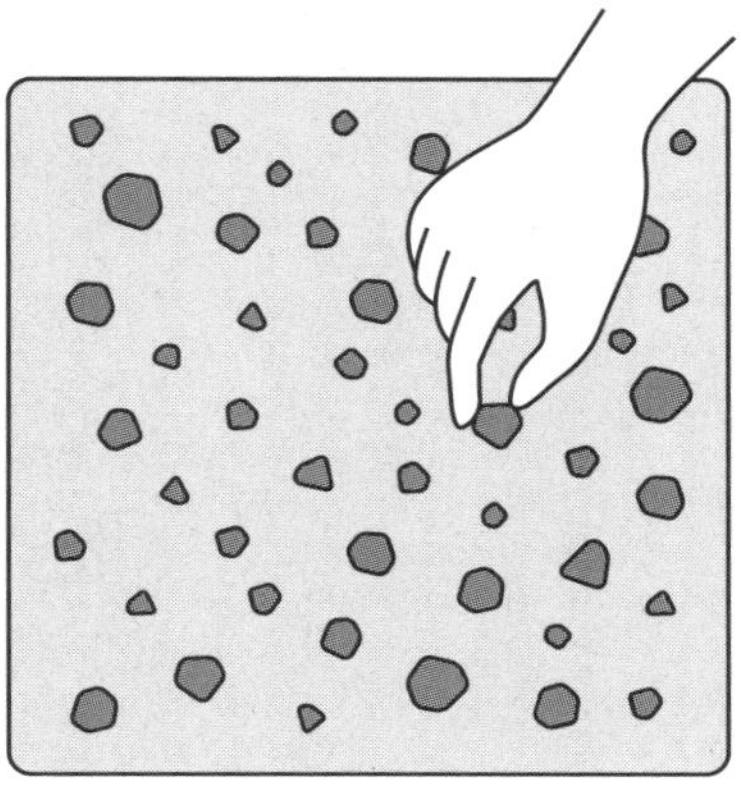

モルタルをならした後、種石を1つずつ埋め込んでいく

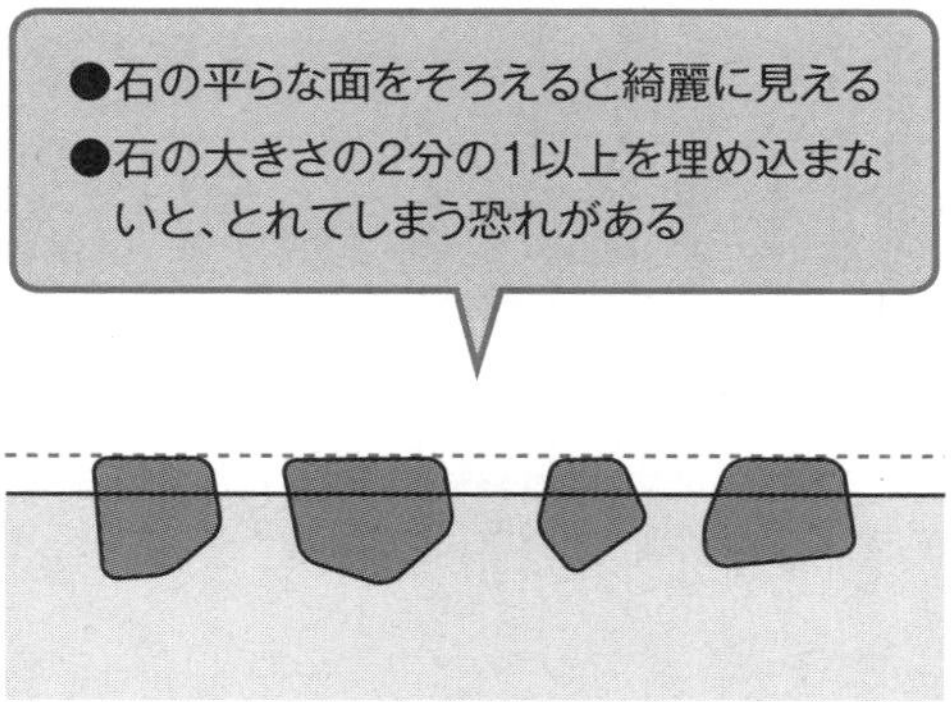
●石の平らな面をそろえると綺麗に見える
●石の大きさの2分の1以上を埋め込まないと、とれてしまう恐れがある

■多彩な演出方法

●ビー玉

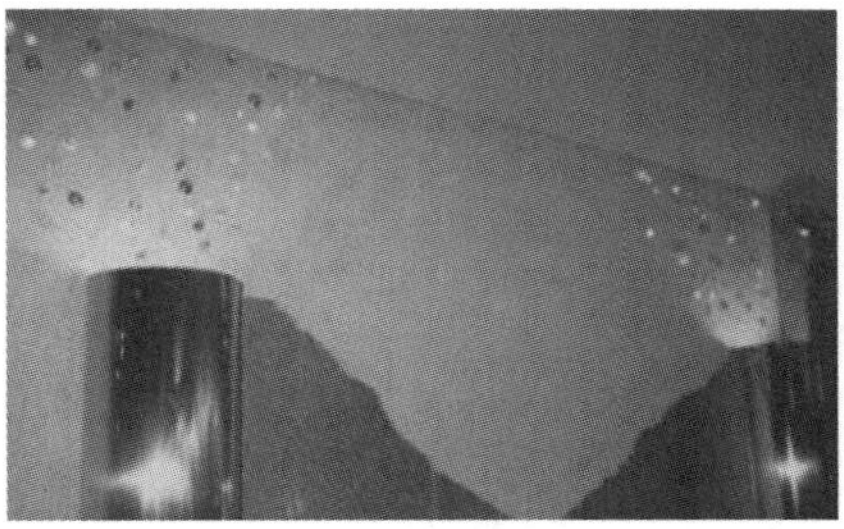

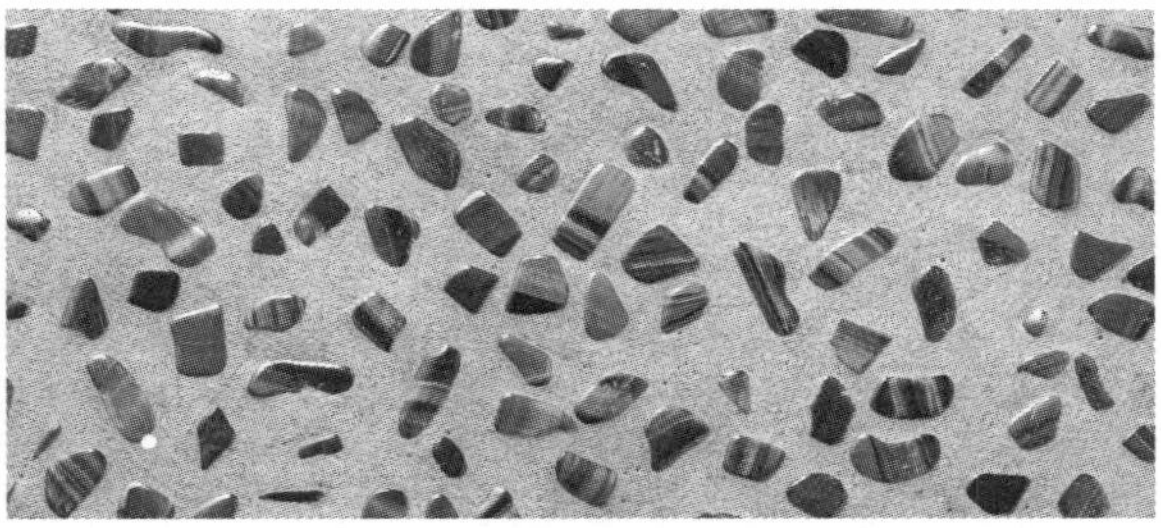

石をまばらに埋め込んで模様とする方法や宝石になる石を埋め込むなどアイデア次第で様々な仕上げ方ができる

●足ツボ

石を縦方向に並べて配置し、表面の凸凹で足ツボを刺激する

■ネットストーン工法

種石の配置を考えず、手軽かつスピーディーにデザイン性の高い施工ができる

施工：台湾　冠昀企業

12 研ぎ出し

Point!

- 継目がなく、石の磨き調の仕上げができる
- 3次曲面の施工が可能

研ぎ出しとは

研ぎ出しは、セメントと種石を混ぜたものを塗り付け、硬化状態を見ながら砥《と》石《いし》やオービタルサンダーという工具で研ぎ出す工法である。最後に、表面にワックスなどを塗って艶を出すことが多く、学校の足洗い場や流し、公園のすべり台などに用いられている。厳密には、種石が5〜10㎜の場合は「研ぎ出し工法」といい、12㎜以上と大きい場合は「現場テラゾー工法」という。

硬化反応を見極める

作業手順は、材料を塗り付け、種石の伏せ込みを行い、あまをとるところまでは「洗い出し」(▼P56参照)とほぼ同じである。研ぎ出しでは、その翌日以降に荒研ぎをし、徐々に砥石の目を細かくしながら仕上げ研ぎを行う。セメントの硬化反応は温度によって異なり、夏場は施工の翌日に研げるが、冬場は2〜3日後に研ぐ場合がある。研ぐ時期が早すぎると種石が飛んでしまい、遅すぎると硬化が進みすぎて作業が難しくなる。研ぎ出しの際は、から合わせ(水を混ぜない)の上塗り配合材を用意しておき、石が飛んだり、巣穴が出たときにすり込み、補修をする。

デザインの自由度が大きい

昔は石の価格が高かったため、石の風合いに近い研ぎ出し仕上げが盛んに採用された。最大の魅力は、デザインの自由度が高く、3次曲面のものもつくれることであり、石と同程度の耐久性もある。こうした利点が見直され、現在はカウンターの天板や浴槽、水受け台、床、腰壁など、さまざまな場所で使用されている。大面積の床で使用する場合は適度に目地をつけるとクラックが入りにくい。予算は4万8000〜7万2000円/㎡。

最近では、より強度が出る研ぎ出し専用のセメント材や樹脂を入れてより割れにくくした専用材料もある。骨材も従来の砕石だけでなく、ガラスや鏡など新しいものが増えており、今見直されている左官仕上げのひとつである。

■研ぎ出しの施工

セメントと種石を混ぜたものを、鏝でしっかりと塗り付ける

砥石やオービタルサンダーで荒研ぎ→仕上げ研ぎを行い、何工程もかけて研ぎ出していく

■施工手順（飲食店カウンターの例）

カウンターの表面に砕石を塗り付ける

砕石塗り付け完了。ここから研ぎの作業を行っていく

石磨きならではの自然な重厚感があり、美しい艶も出ている　写真提供：中屋敷左官工業

■施工例

左官工法のため、曲面への仕上げも可能

このような複雑な形状もひとつの塊のように見せることができる

13

三《た》和《た》土《き》

Point!

- 土を叩き締めて固める床仕上げ
- 日差しの照り返しがないため、ヒートアイランド現象の防止にも有効

三和土とは

三和土は、土・にがり（塩化マグネシウム）・消石灰の3種類の材料を合わせるため「三和土」と書き、これらの材料を練り混ぜて床に塗り広げ、小槌や平たい棒で叩き締める工法である。材料の土は、各地域のものを利用することが多いが、有名なものに京都の「深草砂利」、愛知の「三州三和土」がある。セメントのなかった時代には、神社や仏閣の床に広く使われていた。予算は2万4000～3万6000円／㎡。

施工のポイント

材料をつくる際は、土は粘性の少ない山砂利が向いており、それににがりと消石灰を加え、少量の水で練る（配合比は地域差がある）。材料がパサパサの状態になったら床にならし、表面に水が浮いてくるまでよく叩き込む。叩くことで材料が圧縮されるため、最初の塗り付け厚は1.3～1.5倍と考えておき、100㎜の厚みに仕上げたい場合は、最初の塗り付け厚を130～150㎜とする。

仕上がりは、均一に叩き締めただけでもよく、また、ノロ（材料を濾《こ》してペースト状にしたもの）を表面に掛け、刷毛で拭き取って小石を表したり、種石を飛び飛びで埋め込んで、おもしろい表情にしてもよい。

強度は歩行に耐える程度なので、車が通る場合は、セメントを少し配合して強くする。最近はセメントが既調合の三和土風の材料も発売されており、既存の土の上にも施工でき、ならして水を掛けると固まるタイプもあるのでセルフビルドにも向いている。

ヒートアイランドを防止

三和土はアスファルトやコンクリートとは違い、日差しの照り返しがないため、土の水分の気化熱で路面温度が下がり、ヒートアイランドの防止に役立つ。また、吸水性があるため水溜りができにくく、土を叩き締めるので雑草が生えないほか、土の質感が柔らかく、足腰にやさしい仕上げになる。

■三和土の特徴

●材料のつくり方

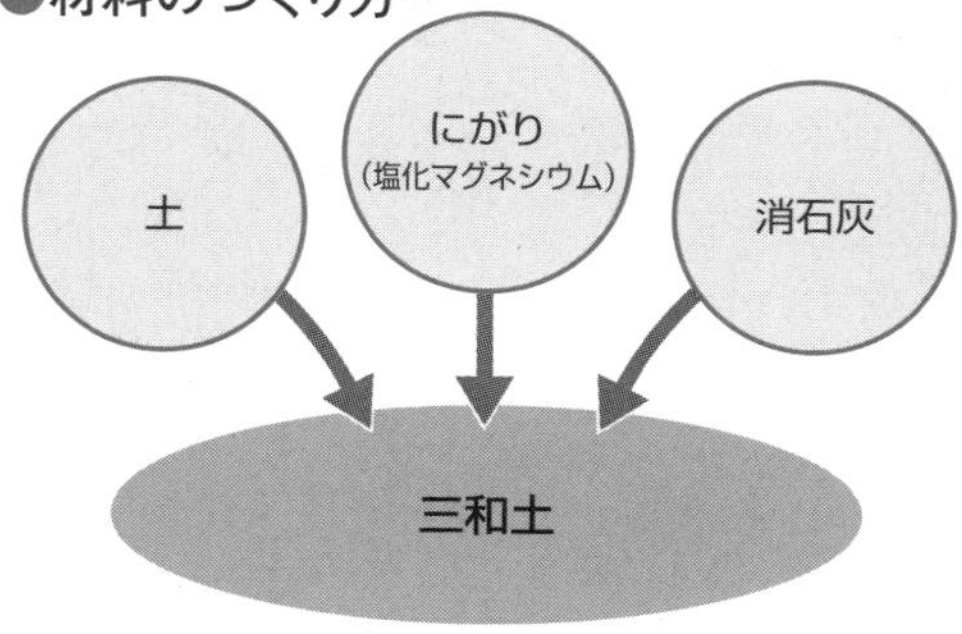

3つの材料を練り混ぜてつくる

●メリット

- 日差しの照り返しがなく、ヒートアイランド現象の防止に有効
- 吸水性があり、水溜りができにくい
- 土を叩き締めるため、雑草が生えない
- 無機材料のため、廃棄の際も環境に負担をかけない

■施工のポイント

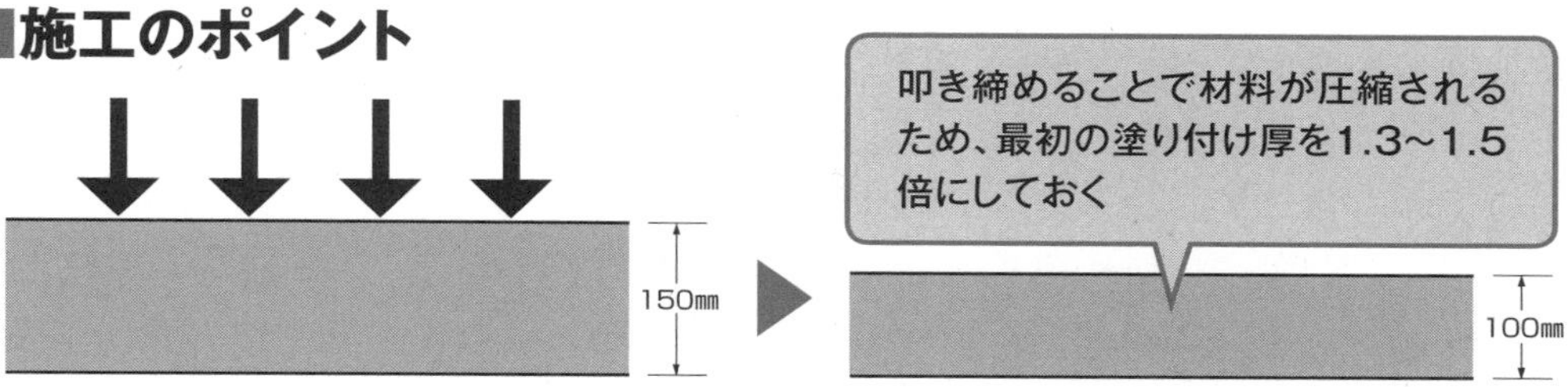

材料を叩き締めて圧縮する

■施工例

1 材料がパサパサの状態で床に塗り広げ、均一にならす

2 小槌や平たい棒で叩き締める

完成

■セメントが既調合の材料

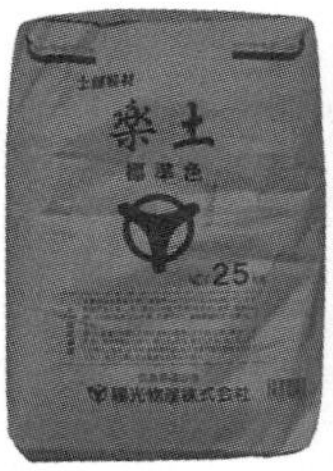

セメントが配合されている、三和土風の材料

水を掛けるだけで、簡単に施工できる

14 ドロマイトプラスター仕上げ

Point!

- 戦後の一時期に普及した、漆喰に似ている材料
- 漆喰との違いは、糊を混ぜずに作業できること

ドロマイトプラスターとは

　ドロマイトプラスターの主成分であるドロマイトは苦灰石《くかいせき》ともいい、炭酸マグネシウムと炭酸カルシウムからなる。消石灰とよく似ているが、炭酸マグネシウムの成分が多いとドロマイトになる。硬化のメカニズムは消石灰と同じで、乾燥と炭酸化によって固まり、水で練っても空気に触れなければ硬化しないという特徴をもっている。予算は３６００～６０００円／㎡。

　マグネシウムとカルシウムがバランスよく配合されているため、建材以外の用途も多く、健康食品や薬、肥料、土質安定剤などに使用されている。また、殺菌効果が高いため、医療用品のマスクにも使われている。

　歴史的には、戦後の一時期に普及した材料で、東京の旧丸ビルや国会議事堂のほか、住宅公団の壁などにも使用されていた。

漆喰との共通点・相違点

　ドロマイトプラスターは漆喰とよく似ており、優れた調湿効果や殺菌効果をもつ。また、保水性が高いため塗りやすく、比較的安価で手に入ることも特徴である。

　漆喰との最大の違いは、糊を混ぜずに塗り作業ができること。その理由は、ドロマイトに入っているマグネシウムが水と反応し、コロイド状になるとそれ自体が粘性をもつためである。また、漆喰に比べて乾燥が速く、強度や表面硬度が大きい。

　デメリットは乾燥による収縮が大きいことで、亀裂・ひび割れが生じやすい。そのため、現在はあまり使用されていない。

現代風にアレンジ

　過去の材料のように扱われているドロマイトプラスターだが、収縮亀裂の対策として骨材を入れたり、色付けをしたりして、現代風にアレンジして使用されている例もある。まだまだ可能性のある材料である。

■ドロマイトプラスターの採用例

●旧丸ビル

●国会議事堂

戦後の建物の内装に、ドロマイトプラスターが多く採用されていた

■漆喰との違い

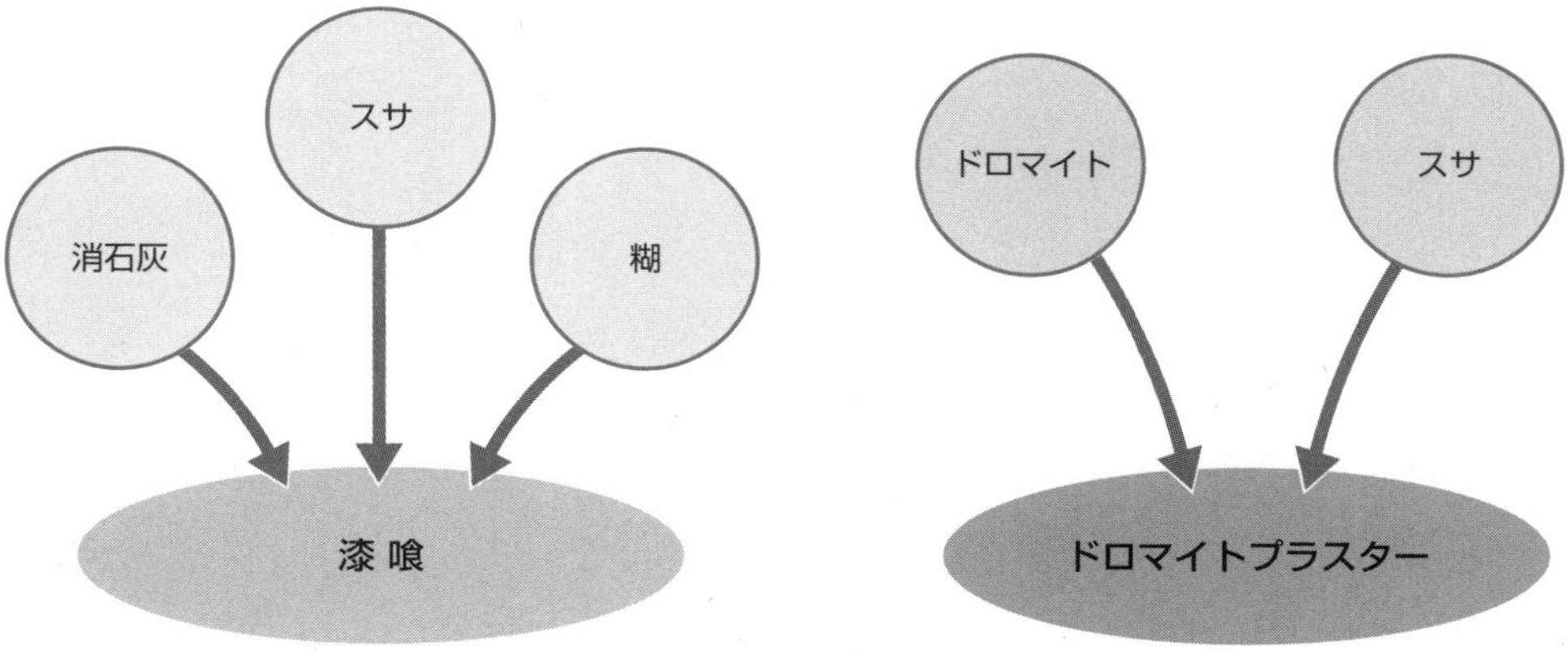

漆喰との最大の違いは、糊を混ぜずに塗り作業ができること

●ドロマイトプラスターのメリットとデメリット

○メリット

- 糊を入れなくても作業可能
- 乾燥が速い
- 強度がある
- 材料が安価

×デメリット

- 乾燥による収縮が大きく、
  亀裂・ひび割れが発生しやすい

15 マグネシアセメント仕上げ

Point!

- 純白に近い、白い仕上げが可能
- 収縮クラックが入りづらい

マグネシアセメントとは

マグネシアセメントは、酸化マグネシウムを主成分とするセメントを使用した仕上げ材である。色が純白なことが特徴（白セメントの場合は、白に少し青みがかかる）で、普通のセメントに比べて速硬性がある。

練り混ぜるときの水分量がセメントの約半分で済み、水分の蒸発による体積の減少が少なく、収縮クラックが入りづらい。そのため、セメントを使用した仕上げ材よりも軽く、強度がある。強度は大理石と同じくらいあり、人工大理石の材料としても使用されている。

現在、材料メーカーより既調合のマグネシアセメントが販売されているが、建材用としては一般的ではない。建材以外の用途としては、歯科医院で使う詰め物などに使用されている。予算的には、マグネシウムが鉱物として高価なため、普通のセメントよりも高い。

リソイド仕上げ

リソイドは、マグネシアセメントを使用した左官仕上げである。建築物の採用例としては、大正～昭和初期に建てられた東京（青山・江戸川）の同潤会アパートが有名で、外壁に「リソイド仕上げ」が施されていた。骨材を表面に出した、リシンに似た粗面の仕上げが特徴で、防水性もあり、このアパートは70年間補修が不要だったといわれている。予算は７２００～１万８００円／㎡。

仕上げ材の種類

●床仕上げ材

セルフレベリングタイプの床仕上げ材。マグネシウムの色を生かした真っ白な床を仕上げることができ、強度があり、磨耗に強く、収縮クラックも発生しない。予算は８４００～１万２０００円／㎡。

●珪藻土入り仕上げ材

マグネシアセメントに珪藻土を入れた仕上げ材。強度の高い仕上げになるほか、骨材が混入してあるため、模様付けにも向いている。予算は４８００～６０００円／㎡。

■マグネシアセメントの特徴

- 色が純白に近い（マグネシウムは白の基準色とされている）
- 速硬性がある
- 強度が高い
- 軽量
- 収縮クラックが入りづらい

■リソイド仕上げ

東京（青山）の同潤会アパートの外壁に使用されていた（現在は取り壊されている）

写真提供：読売新聞社

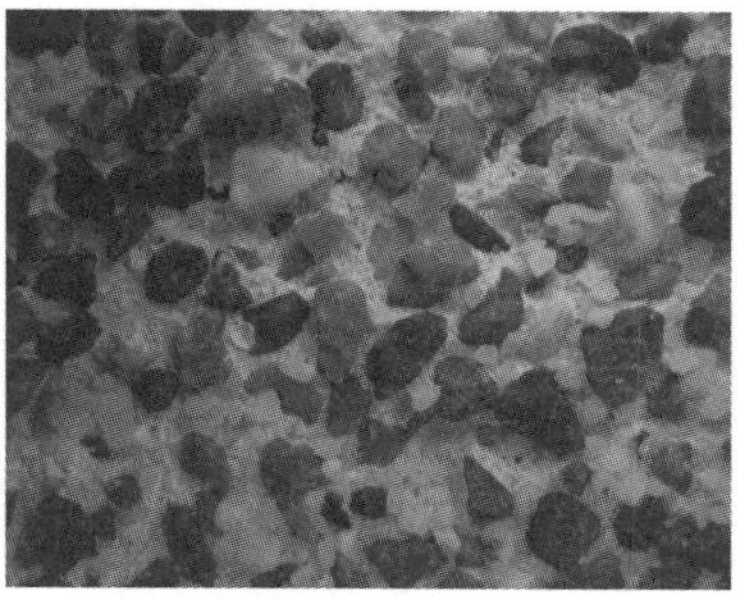

リソイド

●粗面に仕上がる
●防水性が高い

■仕上げ材の種類

●床仕上げ材

セルフレベリング性をもたせた材料。真っ白な床仕上げが可能

●珪藻土入り仕上げ材

マグネシアセメントに珪藻土が入ったもの。さまざまなテクスチュア付けができる

16

版《はん》築《ちく》

Point!

- 土が層を成している意匠が特徴
- 版築風仕上げは、商業施設など、さまざまな場所で注目されている

版築とは

版築は土を突き固めてつくる仕上げ技法で、土塀の一種だが、土が層を成している意匠が特徴である。本来は土と小石に少量の石灰などを混ぜて突き固めるが、厚さ10cm以上の分厚い壁になり、工期もかかるため、現在は手軽に版築の意匠を表現する方法（版築風仕上げ）が活用されている。

施工のポイント

土そのものか、砂などを練り合わせたもの（石灰を配合する場合もある）を材料とし、施工箇所の両側に板（堰板）を立てた枠のなかに入れ、叩いた後、棒で突き固めていく。一度に突き固める高さは板の高さによって決まるが、おおむね10cm以内が望ましいとされている。土を高くしていく際は、断面が台形になるようにして安定させ、倒れないようにする。また、強度を出す場合は、小石や藁、粘土を混ぜたり、板をはずした土の表面に石などを叩き埋める方法もある。予算は６万円以上／㎡（時価。壁の高さ・厚みによっても異なる）。

版築風仕上げ

版築風仕上げは、版築の風合いを５cm以内の薄塗りで表現する方法である。土のみを使う場合は強度が出ないため、セメントを配合することが多く、セメント掻き落としと同じような配合の材料を枠のなかに入れ、突き固めていく。コンクリートなど下地の壁がある場所への施工が多く、下地のモルタルなどを下ごすりしたり、目荒しして食い付きをよくしたりするほか、ラス網を留めておくなど、下地から剥がれないように密着させることがポイントになる。予算は２万４０００円以上／㎡（時価。高さ・厚みによっても異なる）。

また、版築の風合いを鏝塗りで表現する方法もある。作業手順は、色違いの材料を用意し、一層ごとに塗った後、つなぎ目の違和感がないように小石などを埋め込み、風合いを近づけていく。予算は１万８０００～３万６０００円／㎡。

■版築のつくり方

倒れないように、断面を少し台形になるようにする
土などでつくった材料を突き固めて、土台や壁をつくっていく
一度に突き固める高さは、10㎝以内が望ましいとされる

■版築が見られる場所

●INAX「土・どろんこ館」(愛知県常滑市)

巨大な版築を見ることができる

■版築風仕上げ

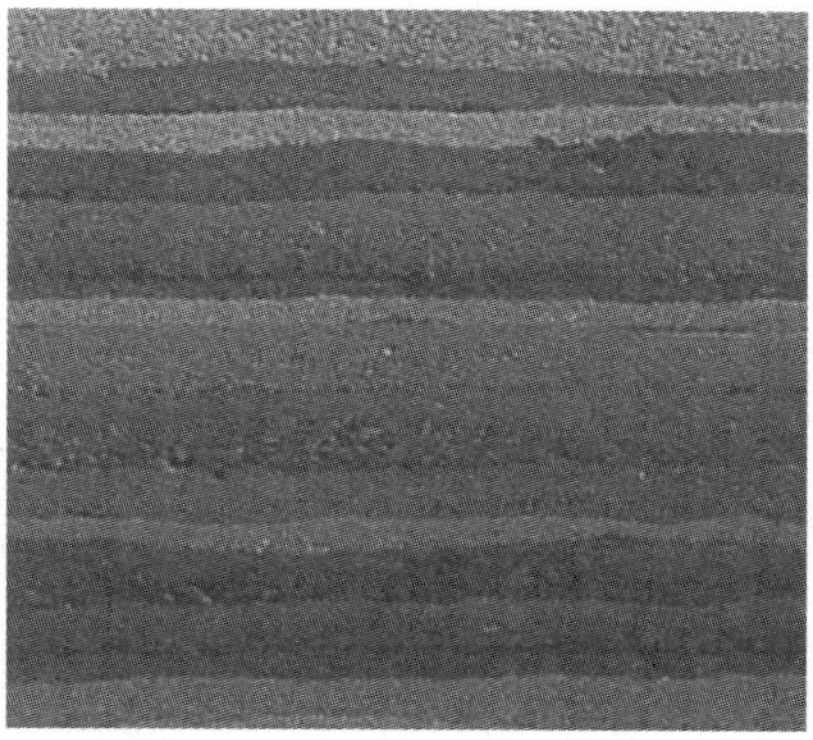

- ●版築の風合いを5㎝以内の薄塗りで表現する方法
- ●コンクリートなど下地の壁があるところで施工が可能
- ●セメントを入れて、強度を上げる必要がある
- ●コンクリート打ち放し風の表現にアレンジしたタイプもある

■版築風塗り仕上げ

- ●鏝塗りにより、版築の風合いを表現
- ●つなぎ目の違和感がないように仕上げることがポイント

17

築《つい》地《じ》塀《べい》

Point!

●寺院などに見られる土塀の一種
●瓦や平石を埋め込んだものなど、意匠的におもしろいものが多い

築地塀とは

築地塀は粘土を築き上げて塀をつくる工法で、仏教とともに中国から日本に伝来し、主に寺社などに用いられている。基本的なつくり方は、石垣などの基礎に一間ほどの間隔で柱を立て、板を両面に添え、そのなかに土を流し込み、叩き込む。標準的なものは、表面を土壁仕上げとし、上を瓦や板葺きの屋根とする。倒れにくい構造にするため、断面で見ると台形になっており、規模の大きいものは「大垣」と呼ばれる。

「版築」（▼P68参照）も築地塀の一種だが、最近は意匠的に土の層を見せているものを版築といい、土塀で瓦などを埋め込んだものを築地塀という傾向がある。予算は4万8000〜6万円／㎡。

日本三大土塀

●信長塀

織田信長が、桶狭間の戦いに勝利したお礼として、名古屋の熱田神宮に奉納した築地塀を「信長塀」という。土と石灰を油で練り固め、瓦を厚く積み重ねているのが特徴である。

●大練塀《おおねりべい》

兵庫にある西宮神社の築地塀（大垣）。境内の東側から南側を巡り、全長が247mある。1カ所の長さが4m弱の築地塀を62カ所連ねたもので、柱の見えない構造となっている。

●太閤塀

京都の三十三間堂の南大門に残っている、豊臣秀吉によって寄進された築地塀。瓦に豊臣家の桐紋の文様が使われていることから、「太閤塀」と呼ばれている。国の重要文化財にも指定されている。

このほか、京都御所にも築地塀が採用されている。

さまざまな意匠

表面を土壁仕上げにするだけでなく、繁栄や権力を表すものとして、瓦や平石を埋め込んだ築地塀もある。これらの築地塀は、意匠的に独特な表情をもつものが多く、また、古くなるにつれて味わいが出てくる。

■信長塀

土と石灰を油で練り固め、瓦が厚く積まれた意匠が特徴

■大練塀

全長が247mあり、雄大なスケール感のある築地塀

■京都御所の築地塀

土壁仕上げに、白い筋模様が入っている

18 日干し煉瓦

Point!

- 身近な土で作成可能
- 強度と施工場所には注意が必要

日干し煉瓦とは

日干し煉瓦は、粘土質の土を木枠などに入れて型をとり、天日に干して乾燥させて固める、手づくりの煉瓦である。原始的な煉瓦づくりの工法で、アフリカや中東など、雨の少ない地域では今でもこの工法で家をつくっている。

材料が土のみだと収縮が大きくなるため、砂や藁スサを配合して強度を出すことがあり、こうして乾燥させた煉瓦は非常に硬くなり、ドリルやハンマーでも壊れないほどの強度になる。

身近な土で作成可能

材料となる土は、粘土質であればよいので、どこでも土を掘り出して使用できる。木枠をつくって土を流し込めば、同じ形の煉瓦を大量に作成できるほか、フリーハンドで１つずつ作成することもできる。その場合は、角を丸くするなど形のアレンジがしやすく、味のある煉瓦ができる。

大きさは自由だが、通常の煉瓦のサイズ（277×108×60㎜）程度でつくったほうが手になじみ、積むときの作業性もよい。また、砂や色土などを使って煉瓦に色を付けることもできる。予算は約３万６０００円／㎡（時価）。

積むときのポイント

日干し煉瓦は、つくったときと同じ配合の土を張り材とし、焼煉瓦と同じ要領で積んでいく。煉瓦の重みで材料がへたらないように、砂を少し配合して硬くするとへたらないうえ積みやすくなり、作業効率も向上する。

また、日干し煉瓦の素材はあくまでも粘土なので、水に弱く、雨ざらしになる場所では長持ちしないので注意したい。土塀として外部に施工したい場合は、庇を付けて直接雨が掛からないようにするか、仕上げに漆喰などを塗り、強度を増す必要がある。

このほか、地震などの揺れへの対策も必要であり、積む前に煉瓦に穴をあけ、鉄筋などの骨材を入れるか、揺れ止めの控えをとる必要がある。

■日干し煉瓦のつくり方

●木枠の型に入れてつくる

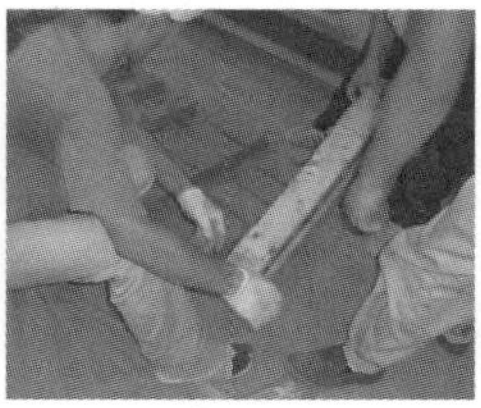

同じ形の煉瓦を効率的に量産できる

●フリーハンドでつくる

形はふぞろいだが、味のある煉瓦ができる

■煉瓦に鉄筋を入れた例

施工中、煉瓦に穴をあけ、鉄筋を入れて組むことで、地震の揺れにも強い煉瓦塀ができる

2005年 竹中大工道具館「大工を支えた工人たち 左官とその道具展」会場より

19 スタンプコンクリート工法

Point!

- ●コンクリートと同時施工のため工期が短く、耐久性のある仕上げができる
- ●石畳、タイル、フローリングなど、さまざまな模様が付けられる

スタンプコンクリート工法とは

スタンプコンクリート工法は、コンクリート打設と同時に専用の材料を散布し、硬化する前にパターンマットで型押しを行い、天然石の割り肌模様や煉瓦模様、木目模様などを表現する工法である。コンクリートの強度が生きるため、駐車場に使用しても長持ちするほか、最近はショッピングセンターの共用通路やテーマパークなど、さまざまな場所に施工されている。

工期が短く、耐久性がある

この工法は、コンクリート打設と同時に模様を付けるため、タイル張りや天然石張りに比べ、工期が短い。コンクリートと仕上げ材が一体化していることも特徴で、摩耗に強く、耐久性があり、耐候性にも強い床仕上げができる。また、パターンマットは種類が多く、色や模様の豊富なバリエーションがある。予算は約２万４０００〜３万６０００円／㎡。

施工の際は、クラックを防ぐため、等間隔で伸縮目地を設けるほか、コンクリートの乾燥に合わせて施工を進める必要があり、夏場と冬場で施工のスピードや人数を調整する。

工法の種類

●薄塗り工法

樹脂モルタルなどを使い、厚さ10㎜でスタンプコンクリートの仕上げを行う。改修工事など、床の仕上げ厚が決まっている場合に有効である。予算は約１万８０００円／㎡。

●スタンプウォール工法

スタンプコンクリート工法の壁版で、専用のモルタルを塗り、壁にパターンマットを押し当てる。床と同様に、仕上げの豊富なバリエーションがあり、厚さ６〜10㎜で仕上がる。

●ステンシル（型紙薄塗り）工法

パターン型紙を使用し、模様付けをする。３㎜程度の薄塗りで仕上げることができ、床・壁ともに施工可能。ワンポイントのアクセントを付けることもできる。予算は約1万２０００円／㎡。

■スタンプコンクリート工法

●パターンマット

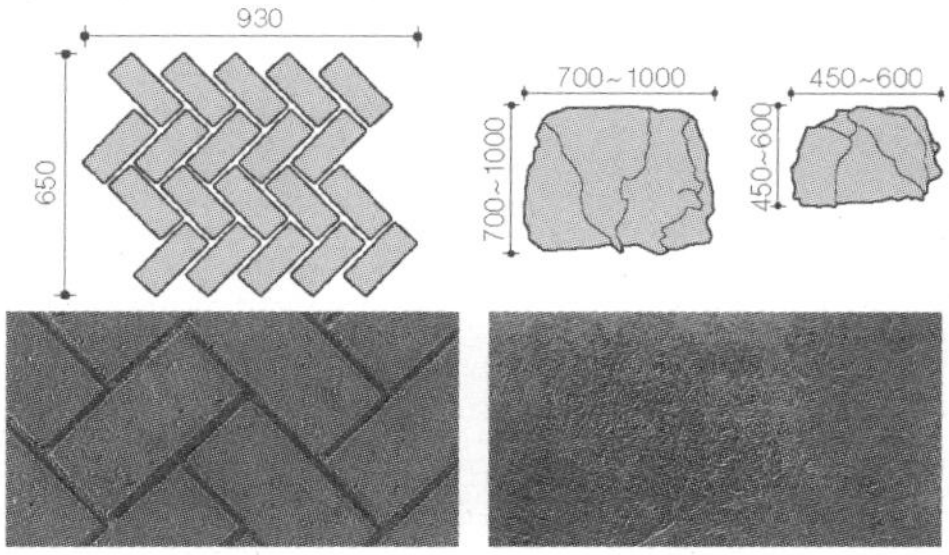

色や模様の豊富なバリエーションがある

●施工例

■スタンプウォール工法

●パターンマット

壁にパターンマットを押し付け、模様をつくる

●施工例

■ステンシル（型紙薄塗り）工法

●ペーパー壁紙

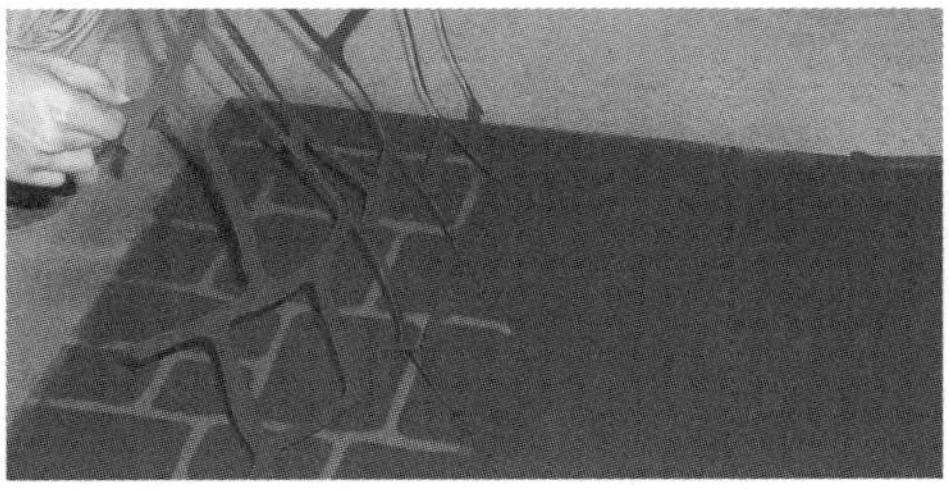

ペーパー壁紙で目地を付け、模様をつくる

●施工例

■壁へのワンポイント模様付け

●施工例

パターンを壁に当てて塗るだけで、
簡単に模様が付けられる

20

土壁 不燃認定と仕上げ

Point!

●土壁が不燃認定を取得し、使用範囲に広がりが出るようになった
●セメントや樹脂を入れて土の風合いを活かした仕上げバリエーションが増えている

不燃認定を取得

土壁の組成はほとんどが土と砂のため、燃えないものであったが、不燃材として認定されていなかった。不燃材料を定める件の一部を改正する件（令和４年国土交通省告示第５９９号）が令和４年5月31日に施行され、土壁が不燃材料として認定された。

「厚さが10㎜以上の壁土」が不燃材料として認定に必要な点である。下地材の上に現場で10㎜以上土壁を確保するためには鏝で塗る左官の技術が必要になる。

不燃認定のポイントとして、既存の土壁も不燃材として算入できる点がある。既存の土壁も10㎜以上塗られていれば不燃材として算入できるため、古民家の改装で既存の壁を活用するなど土壁を活かす方法への広がりが期待されている。

もう一つのポイントとして、現場調合の土壁が不燃材料として認定されている点がある。そのため、地域を限定せず、その場所の壁土を不燃材料として使用することができ、地場の土を使いたい、特定の地域の土を使いたいという要望に応えることができる。

土壁を10㎜以上塗るにはある程度の知識と技能が必要となるため、信頼のおける左官を探すことも重要である。どんな土でも土壁にできるわけではなく、収縮や強度をテスト試作して確認する必要もある。

仕上げの種類

土の仕上げはＰ78の京壁・聚楽壁のような土の肌を楽しむ繊細な仕上げから、Ｐ82の中塗り・切り返し仕上げのようなざっくりとした土を感じる仕上げの他、鏝でフラットに押さえた仕上げもある。

不燃認定の観点からは外れてしまうが、下地に竹を埋め込み小舞壁を思わせるような凹凸を見せた仕上げ方やセメントを混入した土の掻き落とし仕上げなど土を使った仕上げ方は幅が広がっている。

また、最近では水性の樹脂を混入して強度を増し、テーブルや床などに土を仕上げる方法も開発されている。

■土壁の不燃認定の概要

厚さ10m/m以上の壁土が不燃材料として認定された

▶

●既存壁も10m/m以上の土壁であれば不燃材として算入できる
●さまざまな土の活用した仕上げも10m/m以上あれば不燃材となる

▶

土を仕上げられる左官の技量と知識が必要

■広がる仕上げの種類

●竹貼りの模様

下地の竹貼りの模様を浮きだたせた土壁仕上げ

●中塗り仕舞仕上げ

ワラや砂を混ぜてざっくりとした肌を見せた仕上げ

●墨で煤けた表現

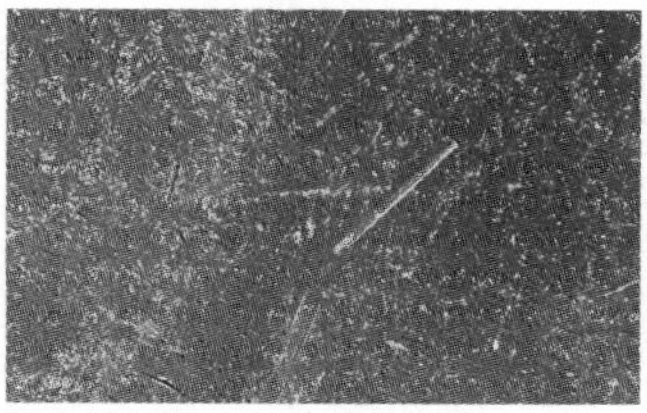

墨を塗り煤けた土壁を表現した仕上げ

●土壁押さえ仕上げ

土を金鏝で押さえた仕上げ。大津壁ともいう

●家具の仕上げに土を活用

地元の土を仕上げに使ったテーブルや椅子も近年注目されている

デザイン：アーキブレイン
店舗名：石舟庵 熱海店

21

土壁 中塗り・切り返し

Point!

- 京壁に比べ、ざっくりとした肌合いが特徴
- 土壁仕上げのコストダウンが図れる

中塗り・切り返しとは

　土壁仕上げの工程には、大きく分けて、荒壁・中塗り・上塗りの３つがある。京壁（▼P80参照）のように上塗りまで仕上げた繊細な肌合いではなく、中塗りの状態のざっくりとした肌合いをそのまま仕上げとする工法を「中塗り仕上げ（中塗り仕舞）」または「切り返し仕上げ」という。

　昔、新築の建物では、土壁の乾燥によるちり（隣接する２つの平面のズレ）廻りの収縮などがあり、中塗りの状態をいったん仕上げとし、１～２年先に上塗りを施工する例もあった。それが発展し、中塗りをそのまま仕上がりとする工法として定着した。

　現在は石膏ボードやラスボードの上に下塗りをして施工することが一般的で、ラフなイメージの土壁がほしい場合は、中塗り仕上げとリクエストすると施工者に伝わりやすい。また、京壁仕上げは高級なため、中塗り仕上げにすることでコストダウンが図れる。予算は約７２００円／㎡。

仕上げのポイント

　材料の土は、本来は中塗り仕上げ用のものを使うが、ざっくりとした土壁の肌合いにしたい場合は、別の種類を選んでもよい。土には、みじん砂（または細めの砂）と藁スサを混ぜて配合し、その土と砂の量・大きさによって肌合いが変わってくるのがポイント。全体的には、凹凸感が出て、土の温かみが感じられる仕上げになる。

荒壁仕上げ

　最近は、店舗などで土壁の荒々しい仕上げが用いられることがある。荒壁そのままでは、乾燥後に粉が飛ぶなどの問題があり、使用しづらいが、表面にトップコートを塗るなどして防塵を施せば、インパクトのある仕上げ表現の１つになる。

　また、荒壁が乾かないうちに鏝で刻み目を入れ、模様を付ける「檜垣」という仕上げもある。

■中塗り仕上げの塗り工程

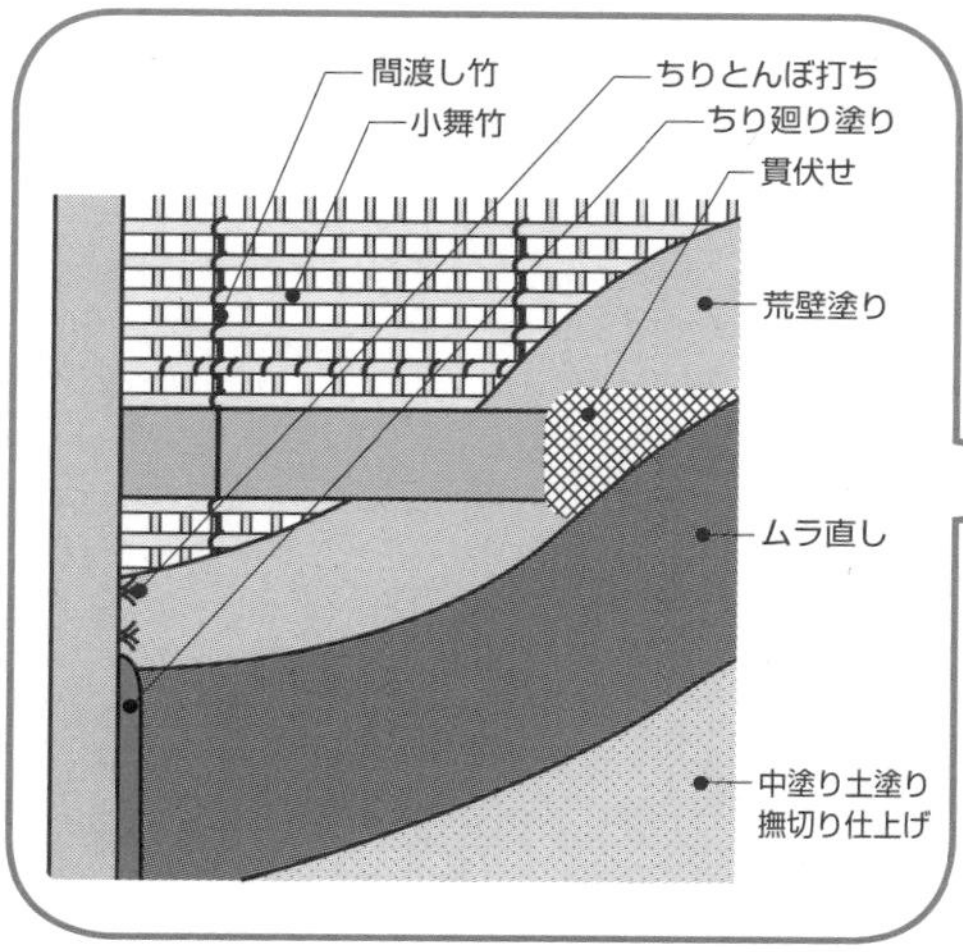

ざっくりとした肌合いと、凹凸感のある温かい雰囲気の仕上がりが特徴

■土壁仕上げの種類

●藁を入れた土壁

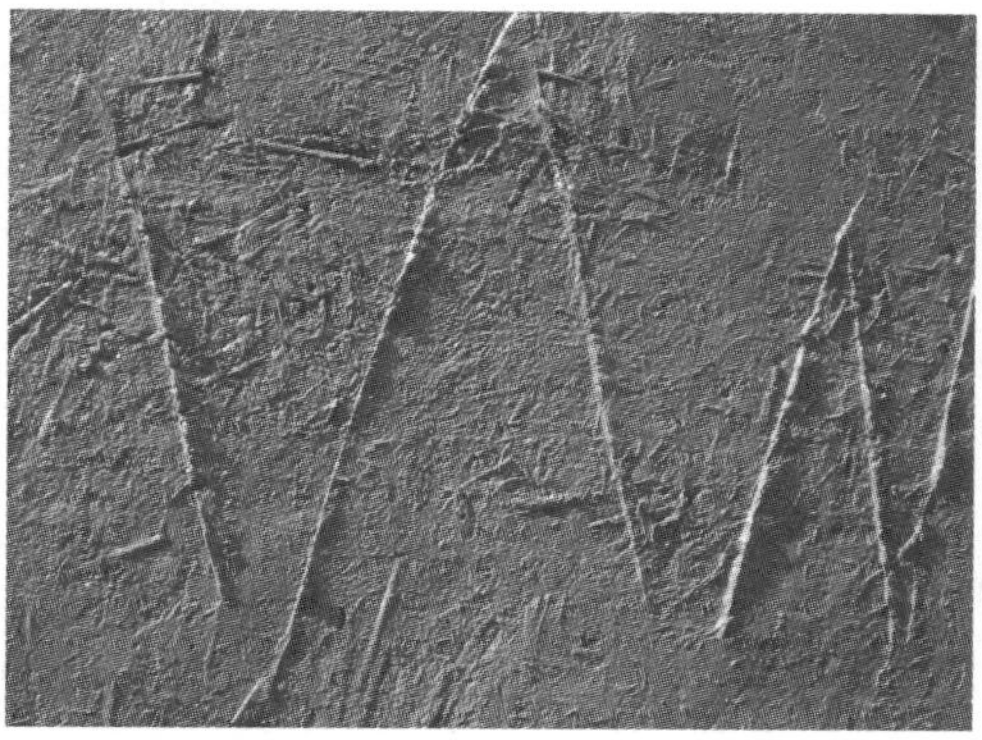

土の肌合いにプラスアルファのアクセントが加わる

●荒壁

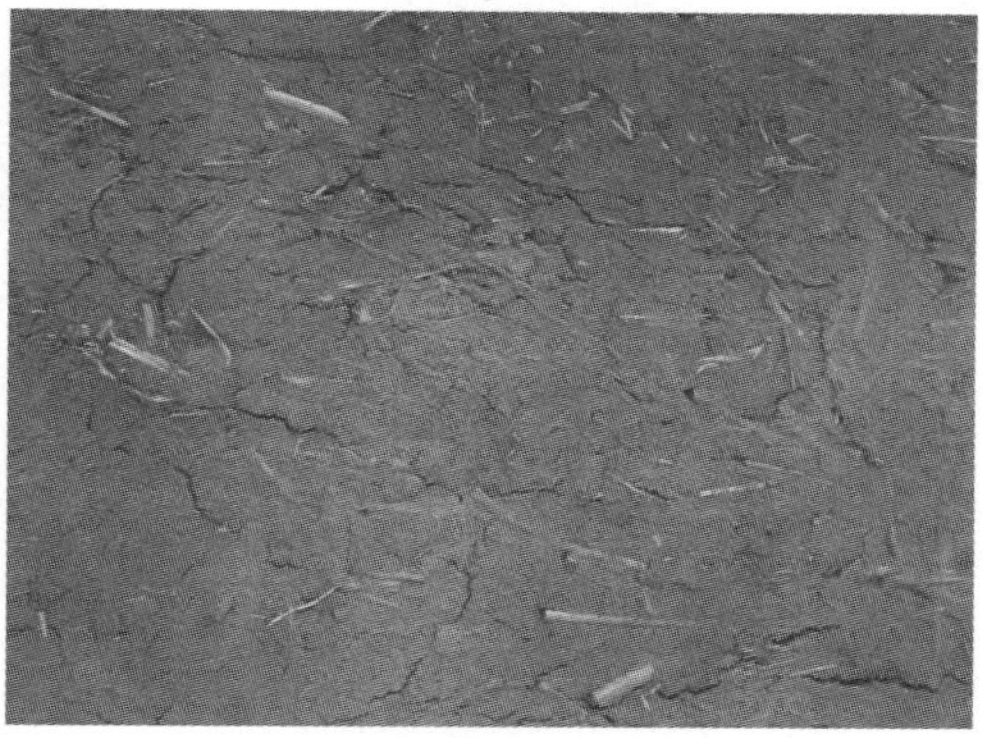

荒々しくインパクトのある壁も施工可能

●檜垣

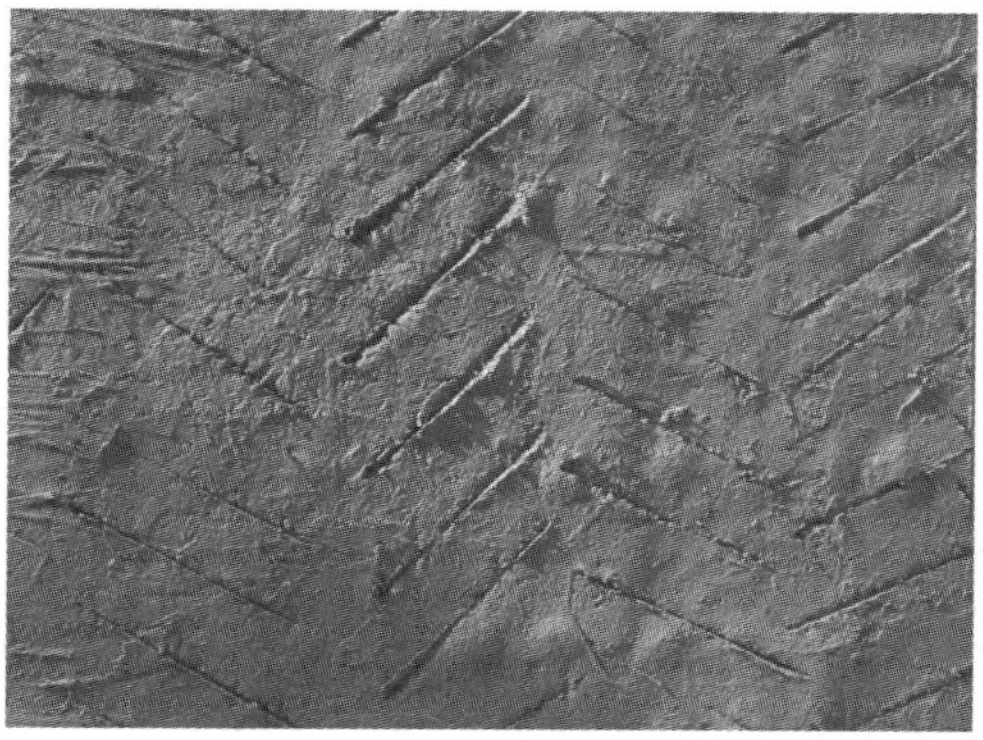

荒壁が乾かないうちに、鏝で刻み目を入れる。もともとは次に塗る材料の食い付きがよくなるように刻み目を入れていたが、見た目を美しくするため、模様付けをするようになった。最近は仕上げの模様として求められることもある

22 京壁・聚楽壁

Point!

- 繊細な表情をもつ土壁仕上げの1つ
- 材料の配合により、表情を変化させることができる

京壁・聚楽壁とは

聚楽壁は、ごく薄塗りの土壁仕上げの一種である。もともとは京都の聚楽第［※］付近で産出する、褐色の土を使用した壁仕上げを指したが、現在はごく薄塗りの繊細な土壁仕上げを「聚楽壁」「聚楽仕上げ」というようになった。関西地方では色土が豊富に採れ、それが数奇屋や茶室の文化と合わさり、土の肌を楽しむ聚楽仕上げが発達していった。特に京都が有名なため、「京壁」（以下、京壁）ともいう。

仕上げの種類

京壁は、色土・みじん砂・みじんスサ・糊（入れない場合もある）で構成され、大きく3種類に分けられる。

●水捏《こ》ね仕上げ

色土・みじん砂・みじんスサを水だけで練って仕上げる。糊が入っていないため、鏝すべりが悪く、ムラも出やすくなり、1人で1日1坪分の施工しかできないといわれている。緻密に土の肌がそろった仕上がりが特徴で、京壁のなかでも最高級の仕上げである。予算は3万6000円以上／㎡。

●糊差し仕上げ

色土・みじん砂・みじんスサを水で捏ね、ツノマタやフノリなどを煮た溶液を加えて仕上げる。糊を入れることで水捏ね仕上げに比べて作業性が向上する。予算は2万4000円以上／㎡。

●糊捏ね仕上げ

ツノマタやフノリなどを煮た溶液で、色土・みじん砂・みじんスサを捏ねる。糊分が多いため鏝すべりはよいが、水に濡れると糊が戻り、柔らかくなるので外部には使用できない。予算は約1万2000円／㎡。

土の肌合いを楽しむ

京壁のおもしろさは、土の肌合いである。同じ土でも、入っているみじん砂やスサの大きさ・量によって肌合いが大きく変わってくる。既調合の製品もあるが、配合から行う京壁仕上げでその醍醐味を味わってほしい。

※　安土桃山時代に豊臣秀吉が建てた政庁兼邸宅

■京壁の塗り工程

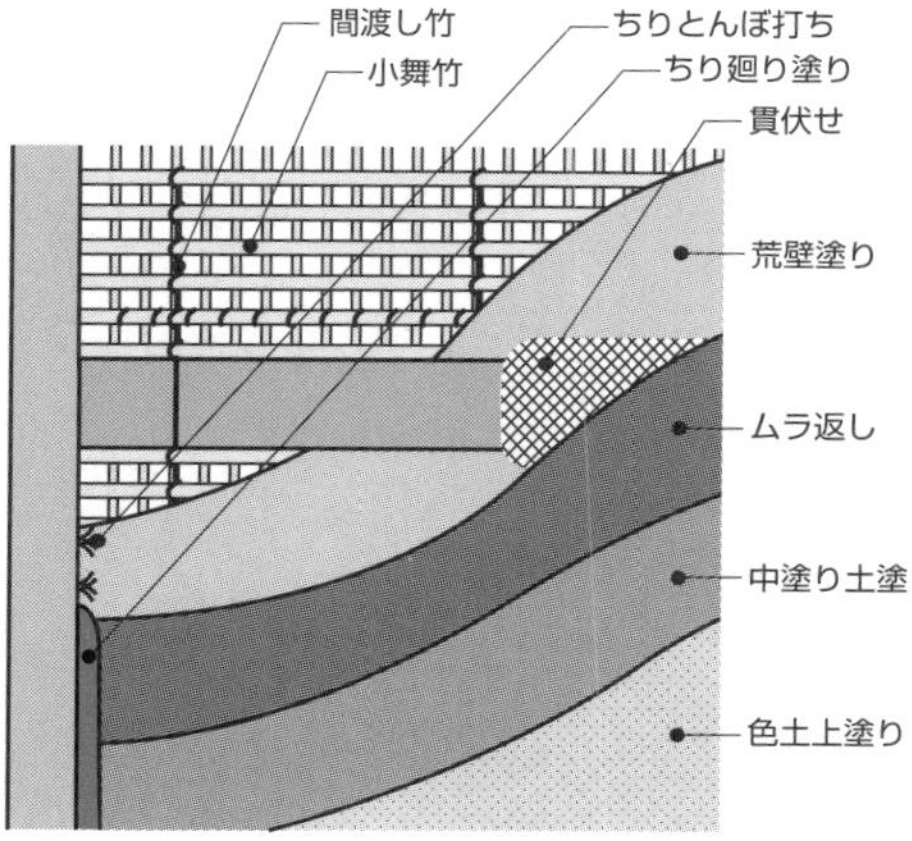

■仕上げ例

ごく薄塗りの仕上げで、土の繊細な表情を演出できる

■京壁の種類

種類	ランク	施工の難易度	外部使用
水捏ね仕上げ	最高級	高	可
糊差し仕上げ	高級	中	不可
糊捏ね仕上げ	中級	低	不可

■水捏ね仕上げと糊差し仕上げの違い

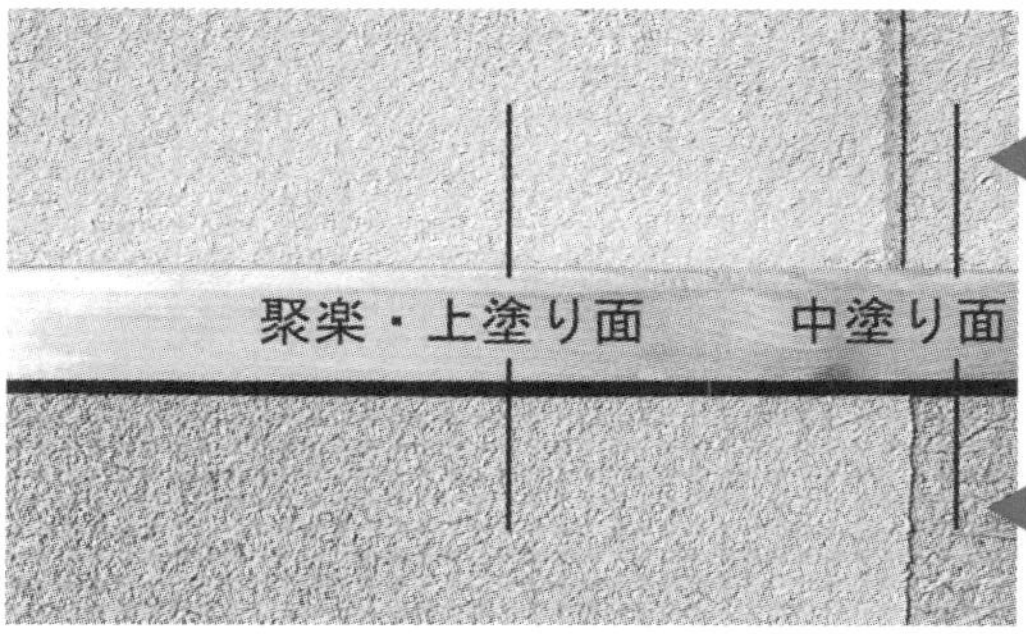

●水捏ね仕上げ

砂の目が非常に詰まり、肌のそろった仕上がりになる

●糊差し仕上げ

スサや砂の伏せ込みが少なく、やや粗い肌になる

出典：『左官総覧2003年度版』（工文社）

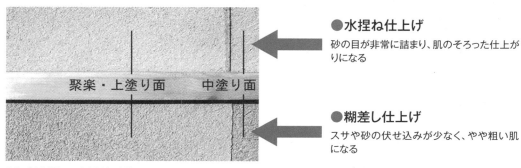

23 砂壁・繊維壁

Point!

●砂や繊維の肌合いや色合いが楽しめる壁
●フノリなどで固めるため、外部には使用できない

砂壁とは

砂壁は、日本家屋で京壁（土壁）（▼Ｐ80参照）にしない場合に用いられた仕上げの１つで、砂を糊で固めてつくる。東京では「根岸」が有名で、江戸時代に根岸（現在の台東区）から採取された色砂を使用し、やや緑がかった薄茶色の砂壁がつくられた。色名辞典にも「根岸色」という名前が残っている。

材料は、ふるって大きさをそろえた色砂を糊分で練ってつくる。色砂は天然の砂のほか、着色した人工セラミックを使用してもよく、糊分は昔ながらのツノマタノリやフノリ、ニカワを使う。砂の形状は丸みを帯びていたほうが鏝すべりがよく、塗りやすくなり作業効率が向上する。材料が乾燥すると、砂の色がそのまま仕上げの色になる。予算は４８００～６０００円／㎡。

多彩なアレンジが可能

砂壁はアレンジしやすく、藁などを混入すれば和風のイメージを強く出すことができ、金属粉や色ガラスなどを混入すれば洋風の意匠にすることもできる。最近は、色ガラスをアクリル樹脂で塗り固めた仕上げなどもある。

繊維壁（綿《わた》壁《かべ》）とは

繊維壁は、パルプや綿、木粉などを糊分で塗り固めた仕上げである。地域によっては「綿壁」と呼ばれる。昭和40年代、爆発的に流行した塗り壁で、錦糸を入れてキラキラさせたものが多く、耐水性をもたせたものもあった。主材が軽いため塗りやすく、鏝すべりもよいためフラットに仕上げやすい。セルフビルドにも向いており、予算は３６００～４８００円／㎡。

昔の繊維壁は経年変化に弱く、一般の人がもつ、塗り壁が全体的にボロボロになるというイメージは、ここからきていることが多い。しかし、最近の施工ではアクリルエマルジョンなどで強度を出しているものもある。また、繊維壁は糊分が多いため、外部など水が掛かるところへの使用は向いていない。

■砂壁の施工

- 色砂を糊分で固めた材料を塗って仕上げる
- 外部には不向き

■砂壁のアレンジ

●藁を入れたもの
→和風のイメージ

●金粉を入れたもの
→洋風のイメージ

■繊維壁の施工

- パルプや綿、木粉などを糊分で固めた材料を塗って仕上げる
- 外部には不向き

■繊維壁のアレンジ

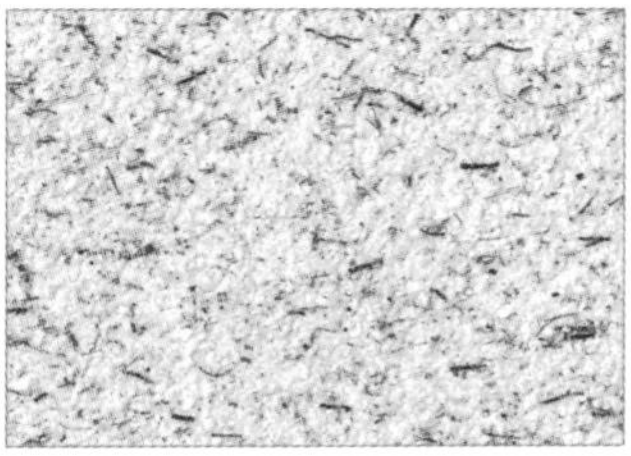

●錦糸を入れたもの

●耐水性をもたせたもの（水廻りの壁に施工できる）

24

擬《ぎ》木《ぼく》・擬《ぎ》岩《がん》

擬木・擬岩とは

擬木・擬岩は、セメントモルタルを用いて実物のような木や板（擬板）、岩、石などを作成する工法である。明治時代、造園づくりの技術とともにフランスから輸入されたといわれ、その後、日本で独自に発展していった。

セメントの特徴として、経年変化が少ないため、実物よりも風化・劣化しにくく、庭や公園、テーマパークなど外部に使用されることが多い。

施工手順

●擬木工法

ビニールパイプなどを下地とし、メタルラスを巻き付け、セメントモルタルで下塗りと中塗りをして形を整える。その後、カラーモルタルを塗り、乾燥状態を見ながら、トメサライ鏝（▼P32参照）や竹串、針などで木の肌や年輪を掘り込んでいく。木の節の部分は、黒く色を付けたモルタルを埋め込んで作成する。予算は９万６０００円～／１カ所（時価）。

●擬板工法

擬板は、セメントモルタルで実物のような木目の板を作成する工法である。木綿針を並べた道具で木の年輪を付けた後、擬木と同じ方法で節を入れていく。予算は６万円～／１カ所（時価）。

●擬岩工法

セメントモルタルを塗り付けた後、削ったり、竹串で形を整えたりして実物のような岩や石を作成する。造形用のセメントを使うと、厚付けしてもクラックが入りづらい。予算は９万６０００円～／１カ所（時価）。

このほか、セメントで竹をつくる「擬竹」をはじめ、さまざまなものを造形する工法がある。

実物の特徴をとらえる

擬木・擬岩などの工法は、実物をよく観察し、特徴をとらえてから施工することが重要になる。また、実物により近づけるため、施工前に下書きやスケッチを行って、全体のバランスを確認するのも有効である。

Point!

- ●実物と比べて経年変化が少なく、長持ちする
- ●造形用のセメントを使用すると、クラックが入りづらい

■擬木工法の手順

❶

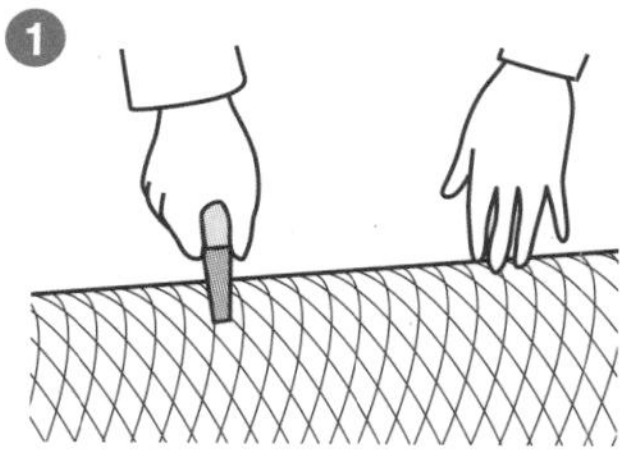

ビニールパイプやボイド缶にメタルラスを巻き付け、下地づくりを行う

❷

モルタルを下塗りする

❸

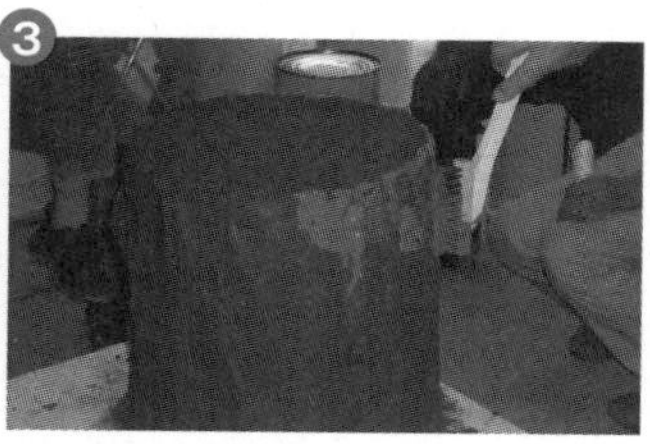

形を整え、カラーモルタルで色付けをする

❹

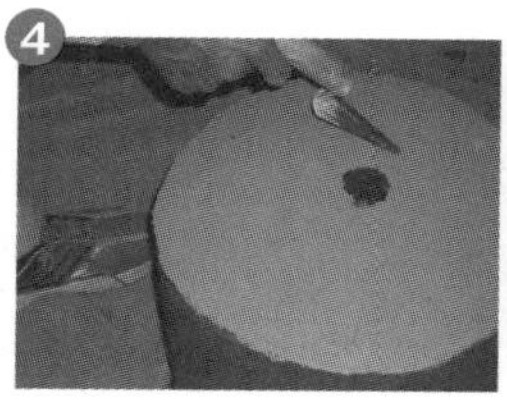

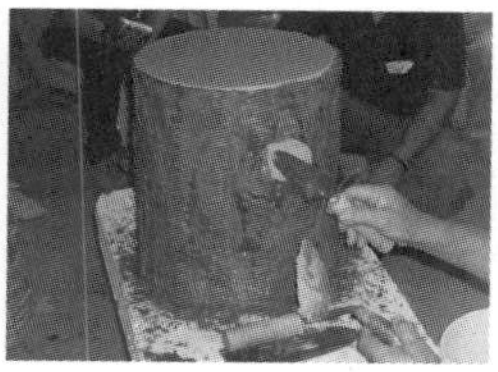

トメサライ鏝などで、木の肌や年輪を付けていく

完成

年輪や節、木の皮肌をうまく表現することがポイント

■擬板工法の手順

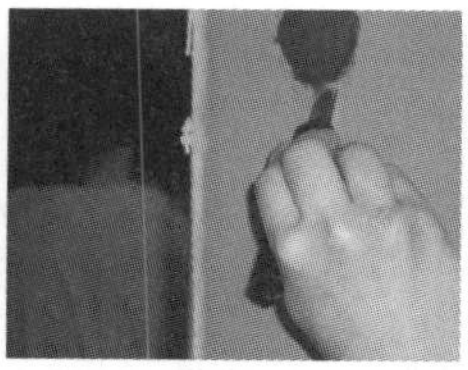

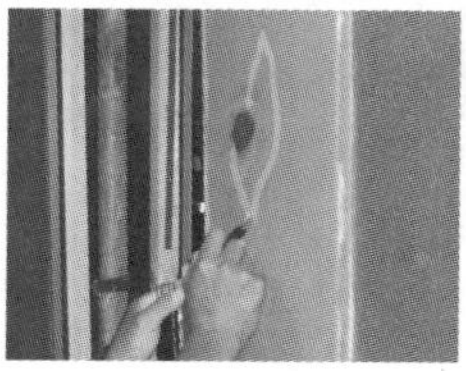

基本的な作業は擬木と同じ。木綿針を並べた道具で年輪を彫り、仕上げていく

完成

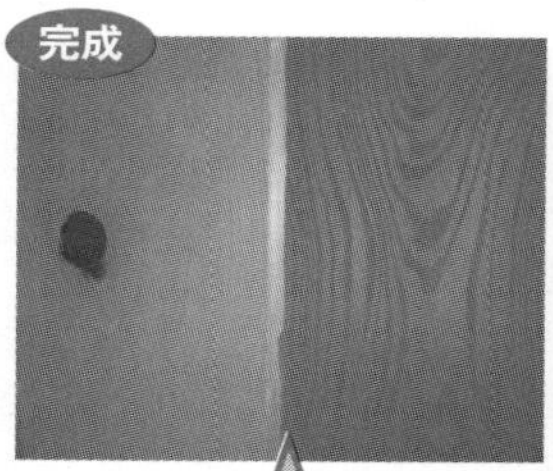

実物の板をよく観察し、節と年輪をどこまで近づけられるかがポイント

■擬岩工法

完成

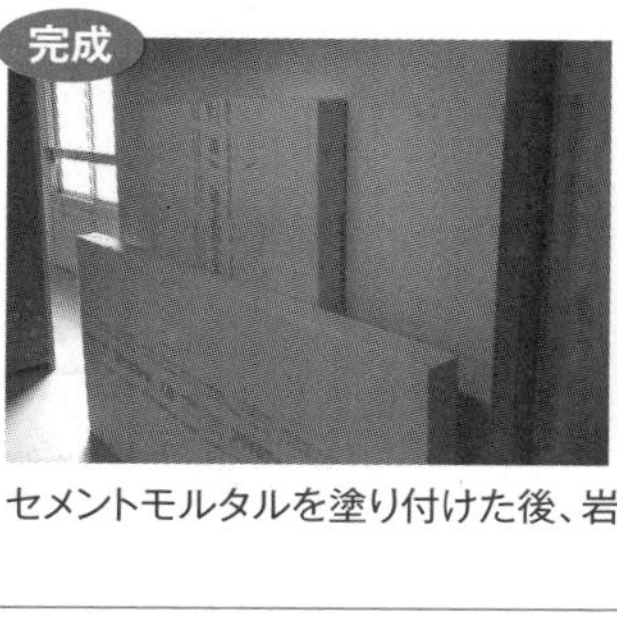

厚付けできる造形用のセメントを使用すると、使いやすく、クラックも入りづらい

施工：大久保雅

セメントモルタルを塗り付けた後、岩や石の形を整えていく

25

掻き落としレリーフ

掻き落としレリーフとは

掻き落としレリーフは、掻き落としの材料を使って立体的なレリーフなどをつくる、掻き落とし工法（▼P48参照）の変化形である。掻き落としはセメントの硬化を石灰で遅らせ、完全に硬化する前に表面を削っていく工法のため、材料の硬化スピードをコントロールできれば、平面だけでなく、立体的で複雑な模様も作成できる。予算は1万2000円以上／㎡（時価）。

この工法は、全体を掻くのではなく部分的に掻くため、波紋のような模様や立体的な文字をつくることができる。また、厚みを付けた後に掻くため、左官だからこそできる工法のひとつであり、こうした新しい工法の開発は、左官工事の表現と可能性を大きく広げる役割を果たしている。

平面2色仕上げ

材料を一度平面に塗り、部分的に削り込んだところに違う色の材料を塗り、再度平らになるまで掻き落とせば、平面の左官仕上げのなかに、模様や文字を入れることができる。この「平面2色仕上げ」を応用すれば、ステンドグラス風の複雑な模様を作成することも可能であり、店舗やイベント会場などで、より装飾性の高い演出ができる。予算は9万6000円以上／1カ所（時価）。

材料はセメント系に限らず、石灰系でも同じような表現ができる。石灰の場合は「グラフィート」というフレスコの技法となり、異なる色の漆喰を塗り重ね、表面を掻き落として下の層を出し、絵柄を浮かび上がらせる。

立体レリーフ

立体的な造形を作成する場合は、通常のモルタルに比べて厚みが出てしまうため、ある程度大きい骨材（1～1.5分）を入れたほうがクラックが入りづらい。しかし、あまり大きい骨材を入れてしまうと、削るときに石が飛び、表面が粗面になってしまうため、仕上げに適した大きさの骨材を選択することが重要である。

Point!

- 立体的で複雑な表現ができる
- 材料の厚みによって、入れる骨材の大きさを調整する

■平面2色仕上げ

❶

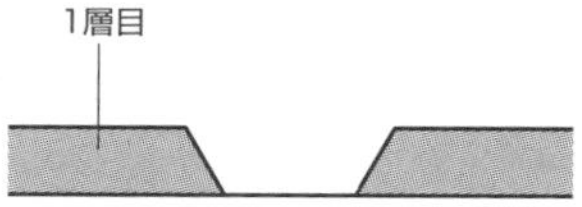

1層目に材料を塗り、部分的に削る

❷

削ったところに違う色の材料を塗り込む

❸

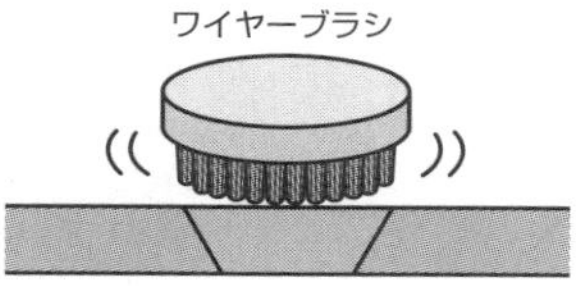

ワイヤーブラシなどで表面を掻き落とし、フラットな面にする

■施工例

複数の色を入れることができ、手の込んだ表現もできる

●表札など

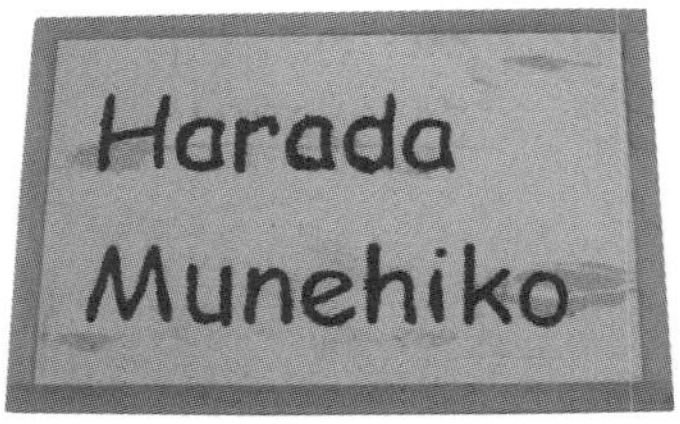

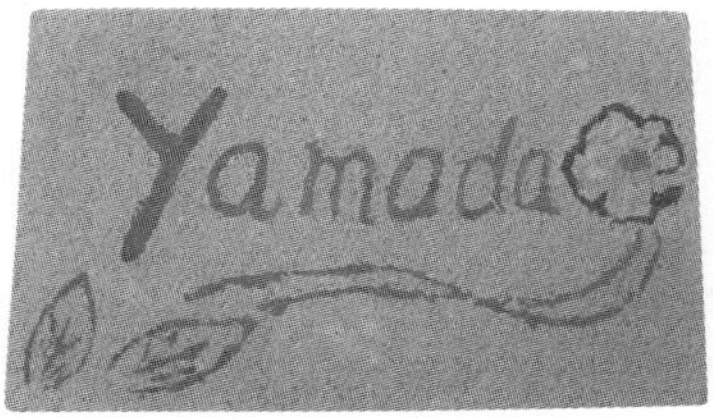

●立体レリーフ

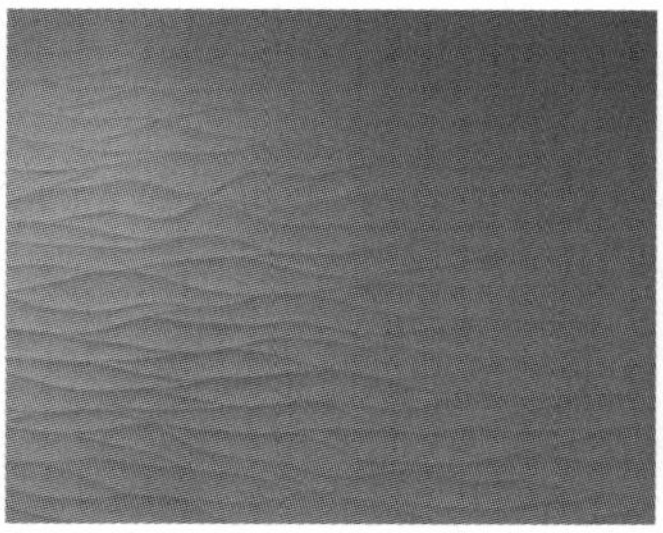

部分的に掻くことで、波紋のような模様付けや文字を入れることができる

●ステンドグラス風の仕上げ

掻き落としレリーフによる、ステンドグラスのように華やかな天井アート

写真提供：レイ・ウォール中園（TEL 072-897-2866）

■グラフィートの技法

異なる色の漆喰を塗り重ね、表面を掻き落として下の層を出し、絵柄を浮かび上がらせる

制作：壁画LABO（主宰：大野　彩）

26 石膏彫刻

Point!

●焼き石膏は流動性が高く、型に流し込むのに向いている
●型を作成すれば、同じ形を複数つくることができる

石膏彫刻とは

石膏彫刻は、焼き石膏を型に流し込んで造形をつくる工法である。焼き石膏はプラスターの石膏とは違い、硬化時間が速く、30分程度で型から外せるほか、流動性が高いため、細かい模様まで忠実に再現できる。この工法は昔、洋風建築における天井の廻り縁の蛇腹や、電灯の天井部分の中心飾りなどに用いられた。模様は、アカンサスなどの植物や花、鳥が多い。

特徴は、漆喰彫刻（鏝絵）とは違い、型をつくれば同じ形を複数つくれることである。同じ飾りを違う部屋でも使う場合などは、鏝で形をつくるよりも石膏でつくったほうがよい。

つくり方

❶原型づくり

まず、つくりたい石膏と同じサイズの原型をつくる。平面板の上に油粘土などを盛り付け、模様を作成していく。

❷母型《おもがた》づくり

原型に寒天やシリコンゴムなどを流し込み、型取りをして母型をつくる。

❸焼き石膏を流し込む

母型に石鹸水を塗り、焼き石膏を流し込み、約30分後に型から外す。石鹸水を塗るのは、石鹸水の薄い膜をつくり、脱型しやすくするためである。

母型は寒天やゴムでなくてもよいが、変形して脱型しやすく、何度も使用できるものを選ぶ。予算は約12万円（時価。形・大きさによっても異なる）。

蛇腹置き引き工法

蛇腹置き引き工法は、石膏に蛇腹模様を付ける工法の1つで、平面板の上に石膏を盛り付け、型を引くため「置き引き工法」といわれる。

手順は、ブリキなどで型をつくり、直線に盛り付けた焼き石膏に対し、型を直線に引いて蛇腹模様を作成していくというもの。模様の大きさによっては、2段、3段に分けてつくることもある。予算は約3万6000円（時価。形状・段数によっても異なる）。

■石膏彫刻をつくる手順

❶

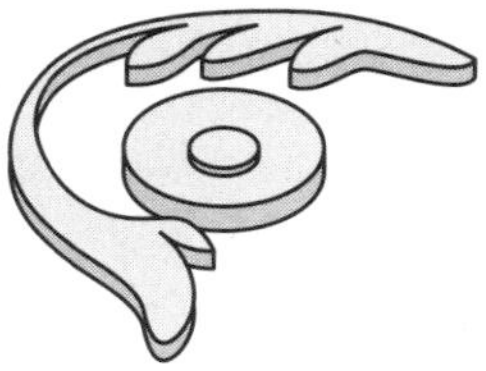

油粘土などで原型をつくる

❷

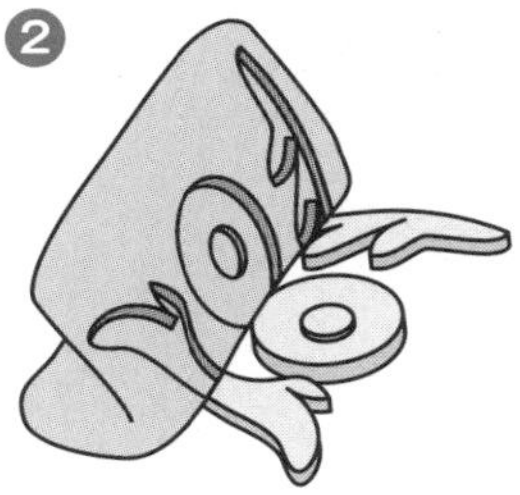

寒天やシリコンゴムなどで母型をつくる

❸

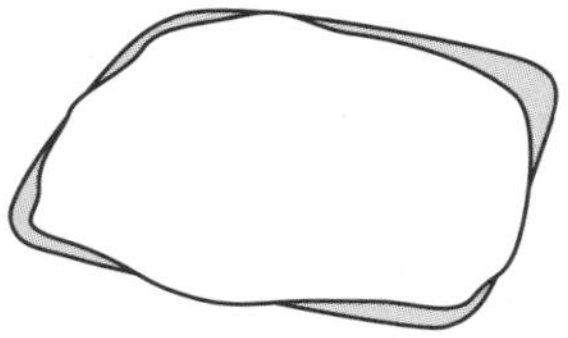

母型に焼き石膏を流し込む

❹

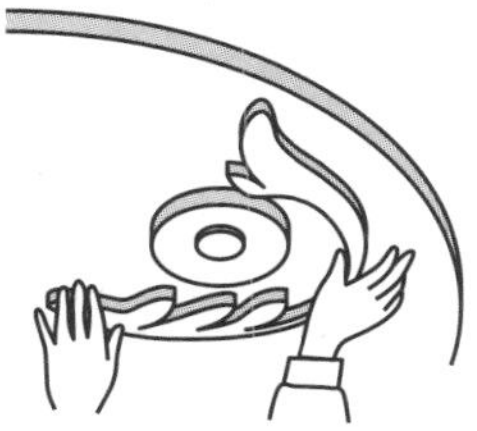

石膏彫刻を現場で取り付ける

完成

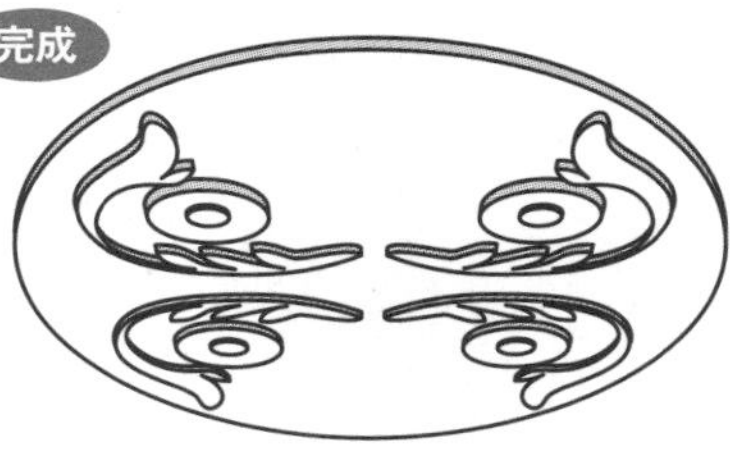

■蛇腹置き引き工法の手順

❶

平面板の上に、焼き石膏を盛り付ける

❷

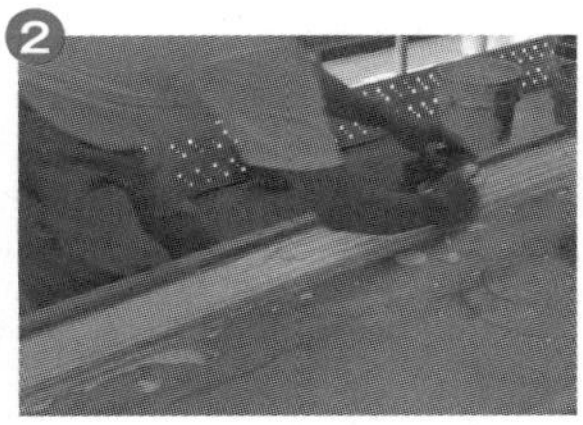

型を直線に引き、蛇腹模様を付ける

完成

30分程度で動かせるようになる

■施工例

石膏彫刻と蛇腹を組み合わせた例

27

左官と廃材利用（アップサイクル）

テラゾ仕上げと相性の良い考え方

左官仕上げは厚みがあるので、材料に素材を混入して仕上げることができる。廃材になるものを混入して仕上げればリメイク、アップサイクルの仕上げとすることも可能だ。特にテラゾ仕上げ（人造石研ぎ出し仕上げ）はセメントなどのバインダーに骨材の代わりになるものを混入して仕上げられるため、割れてしまった石材やタイル、ガラスなどを骨材として混入して模様として見せられる。

近年、オフィスやショールームでこのような手法を使用する例が多くなっている。陶器製造の会社であれば、生産時に発生してしまうNG品の陶器を砕いて混入する、鉱物の会社であれば廃材になる鉱物を入れるなど「もったいない精神」をくすぐる仕上げ方もできるのだ。

左官は職人の手作業のため、リサイクルの仕組みにまで取り入れることは難しいが、仕上げ材に廃材が混入していることでリサイクルの意識やアップサイクルとして廃材を再利用したことを見せることができ、物を大切にする意識付けに一役買う仕上げ方法としてもとして注目されている。

元々あった木造住宅の瓦を粉砕して骨材として混入する、ボロボロになったコルクを混ぜる、リサイクルに出せないガラス瓶などを混ぜた仕上げなど多様な仕上げ方が考えられる。

混ぜられる素材の種類

最近では研磨機の発達により金属片や木片なども研磨して仕上げられるようになり、電線の銅の部分を利用する、店舗改装で元々あった什器を粉砕したときに出た木片を混入するなど、よりバリエーションが広がっている。

テラゾ仕上げ以外でも漆喰にお茶殻、コーヒーカス等を混ぜて模様を付ける例もある。誰も混ぜたことがない素材もあるので特に有機物の混入には注意が必要だが、その場所のためだけに作った仕上げを見せることができ、左官が活躍できる分野でもある。今後もアイデア次第でまだまだ広がる要素がある。

Point!

- 左官仕上げに混ぜ込みリサイクルの意識付けができる
- アイデア次第で今後も広がる可能性大

■使える廃材

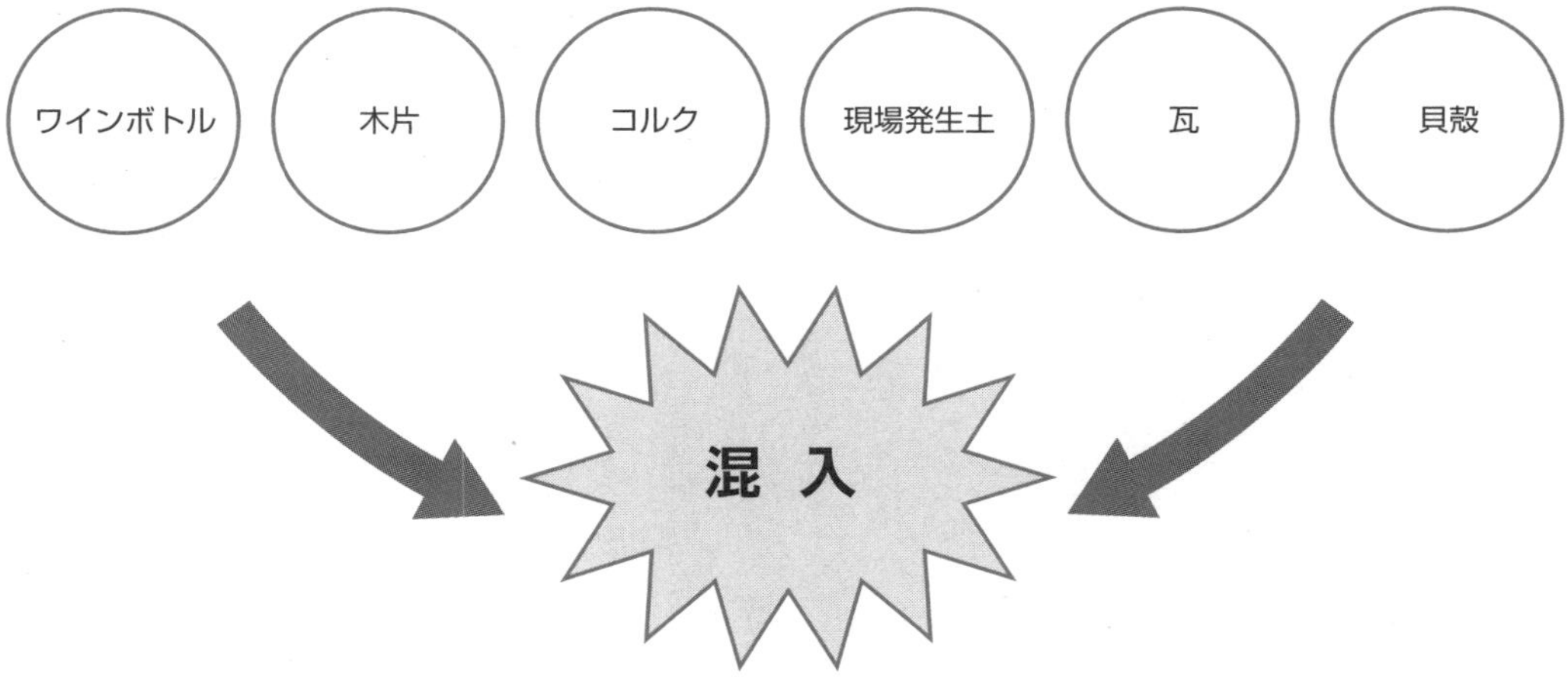

■廃材利用の仕上げ例

●コルク

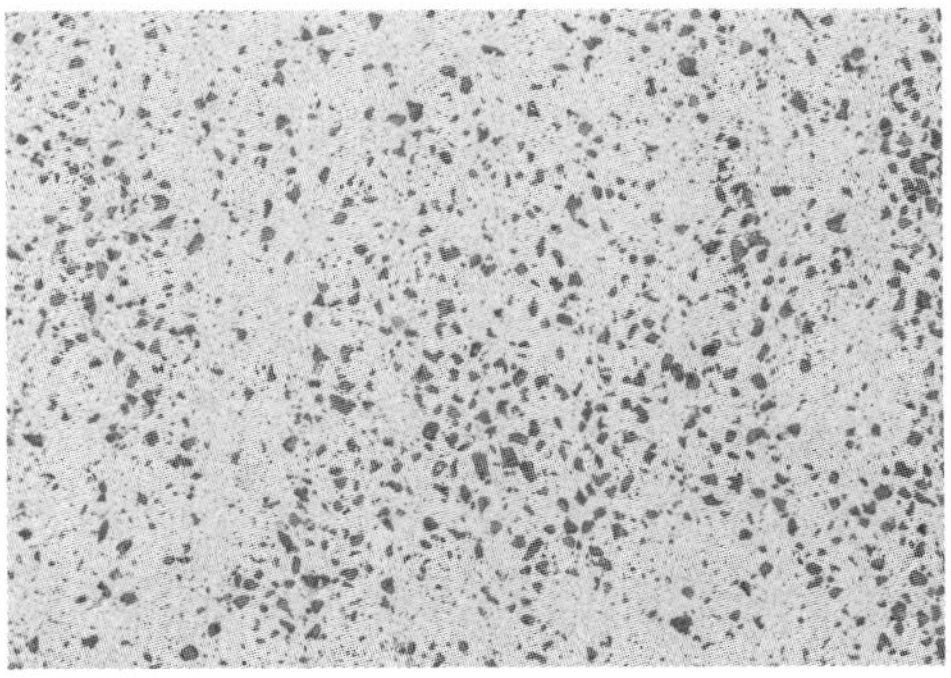

廃コルクの粉をテラゾにした仕上げ

●ワインボトル

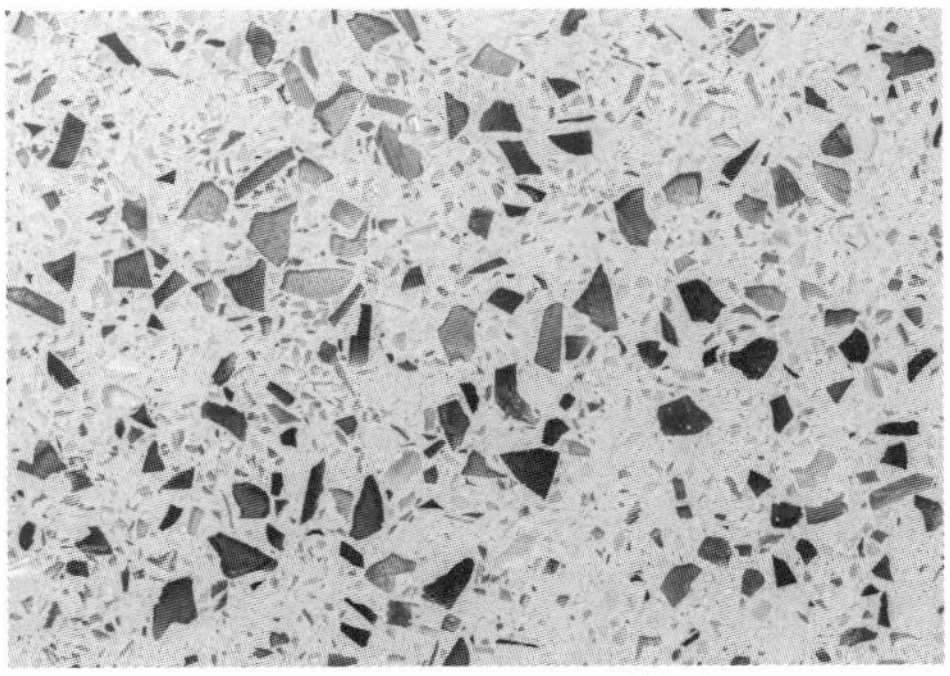

ワインボトルを砕いて混入したテラゾ仕上げ

●現場発生土

現場で発生した土を壁材として再利用

●木片

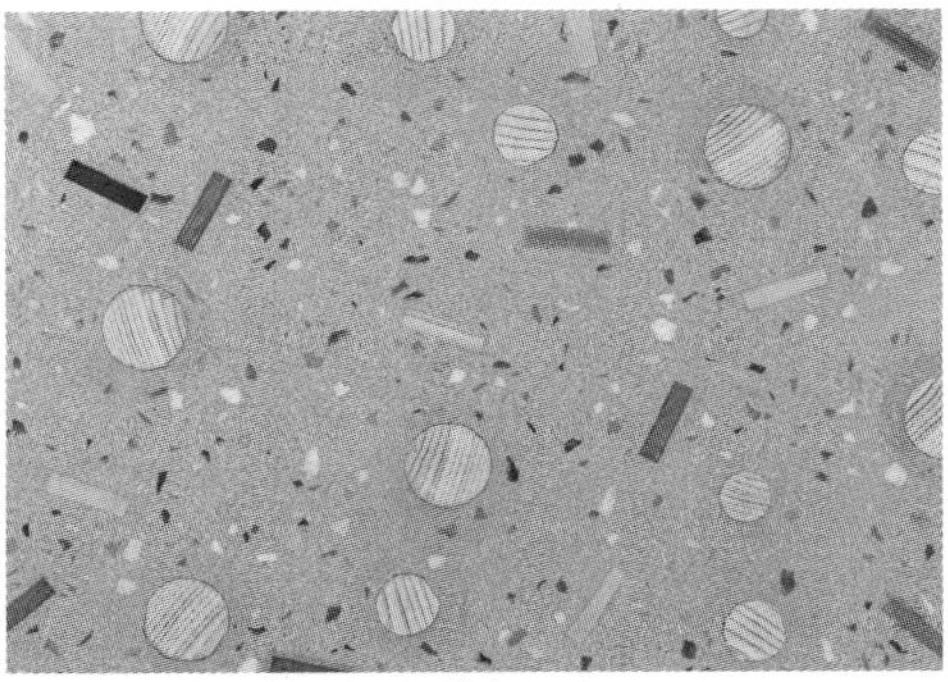

木片と組み合わせたテラゾ仕上げ

Column

注目の装飾技法、「鏝絵」と「フレスコ画」

■入江長八の鏝絵

「焙烙の静御前」

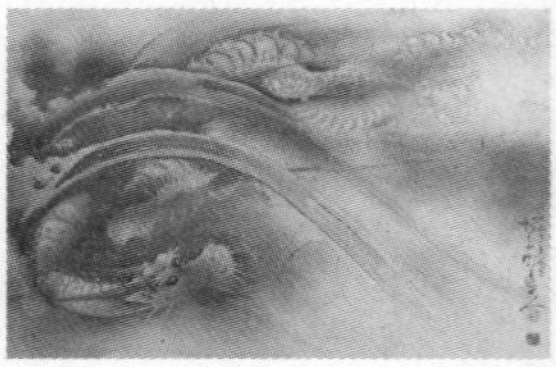

「龍」

「鏝絵の祖」と呼ばれる入江長八

「春暁の図」（壁画）

職人のセンスが問われる鏝絵

鏝絵は、鏝を使って立体的に盛られた絵のことで、複雑な模様が特徴である。江戸時代の左官職人、入江長八が有名で、鏝絵を装飾左官のひとつとして発展させた。当時は土蔵《どぞう》の扉や妻壁などに、家紋や登り竜、七福神などの縁起物を漆喰で描くことが多かった。昔の鏝絵は色の退色がほとんどなく、綺麗な状態で残っているが、それは顔料に岩絵の具などを使い、石灰の効果で色あせないためである。

鏝絵は左官の技術はもちろん、絵画のセンスも問われるため、施工する職人は限られている。しかし、近年、鏝絵のすばらしさが再評価されており、入江長八の出身地である伊豆の松崎町では毎年、漆喰コンテストが開かれ、現代の鏝絵を見ることができる。

■フレスコ画

三鷹の森ジブリ美術館（予約制）の入口にも、美しいフレスコ画が描かれている

©Museo d'Arte Ghibli

ヒゲタ醤油の銚子工場（千葉県）にある巨大フレスコ画

時を超え、輝き続けるフレスコ画

フレスコ画は、漆喰が生乾きの状態で顔料をのせ、乾燥とともに色を定着させる工法である。最大の特徴は「石灰＋顔料＝退色しない」ことで、それを証明するように、イタリアの教会の天井画は何千年も退色せず、綺麗な状態で残っている。また、バインダーを用いないため、顔料の発色がよいことも魅力である。

この工法は「ブオン・フレスコ」と呼ばれ（「湿式法」とも呼ばれる）、塗装的な技法だが、石灰を塗る工程があるので左官的な技法でもある。左官では難しい鮮やかな発色も、フレスコ画では可能である。

これからの左官において、鏝絵やフレスコ画は装飾技法のひとつとして見直し、取り入れていきたい工法である。

Part 2
材料編

28

固化材①
石灰

石灰とは

左官材料の漆喰の主成分である石灰は、石灰岩や貝殻などを高温の釜で焼いて精製したもの。石灰が固まる仕組みは、乾燥と炭酸化（空気中の二酸化炭素を吸収する）によるもので、石灰が石灰岩に変わる過程と同じである。石灰岩は日本でよく採れる鉱物であり、石灰も古くから日本人に親しまれ、身近なところではグラウンドのライン引きなどに使用されている。

石灰の特徴は調湿効果に優れていることで、強いアルカリ性をもつため防カビ効果も高く、昔の日本家屋では押入れや浴室の壁に使われていた。

石灰の種類

●**消石灰**　石灰岩を塩焼きして水を加え、消化させたもの。一般的な石灰。

●**生石灰**　石灰岩を焼いたもの。多量の水で消化し、結晶を成長させると艶を出す表現に適した生石灰クリームになる。

●**貝灰**　牡蠣や蛤の貝殻を焼いてつくるもの。かつては収縮亀裂を減少させる効果があるといわれた。

●**ドロマイト**　石灰と似た組成をもつ鉱物。マグネシウムを多く含み、左官糊を入れなくても作業できる。

石灰の粒度や結晶

石灰岩の焼き方により石灰の粒度に違いが出る。超高温で焼いた石灰は粒度が細かくクラックが入りやすいため左官用には向かず、塩を入れ長時間ゆっくり焼き上げた粘度の荒い石灰が向いている。

また、生石灰クリームをつくる場合、水につけたまま寝かせておくと石灰の結晶が平板状に成長し、強度が出て仕上げに適したものになる。

石灰と漆喰

日本の漆喰は、消石灰にスサと糊（保水性をもたせるため）を加えたものがほとんど。糊を入れず、藁などを発酵させてつくる土佐漆喰や沖縄漆喰は防水性に優れ、強度も高いため、台風が通る地域の外壁に多く使用されている。

Point!

- ●漆喰の主成分であり、優れた調湿効果と防カビ効果をもつ
- ●乾燥と炭酸化によって固まる

■石灰が固まる仕組み

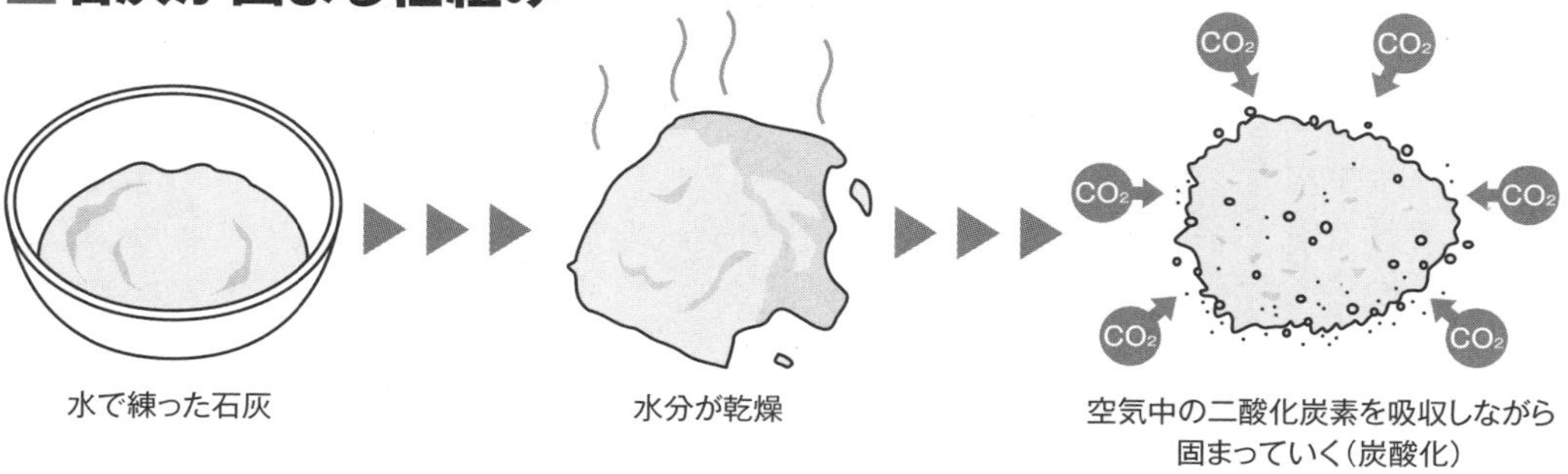

■石灰の種類と左官材料

●消石灰

漆喰（一般的なもの）	● 調湿効果が高い ● 防カビ効果が高い
土佐漆喰 沖縄漆喰	● 藁などを発酵させてつくる ● 防水性に優れ、雨風に強い

●生石灰

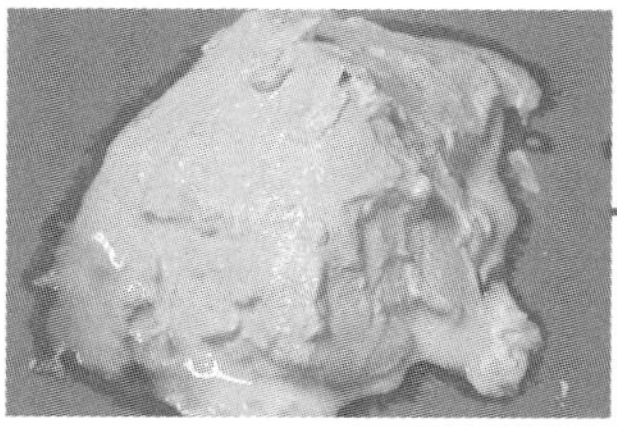

写真は生石灰クリーム

生石灰クリーム	● 磨き仕上げに向いている ● クリーム状のため、DIYでも使いやすい

●貝灰

漆喰	● かつて漆喰のなかに入れられた ● 収縮亀裂を減少させる効果がある

●ドロマイト

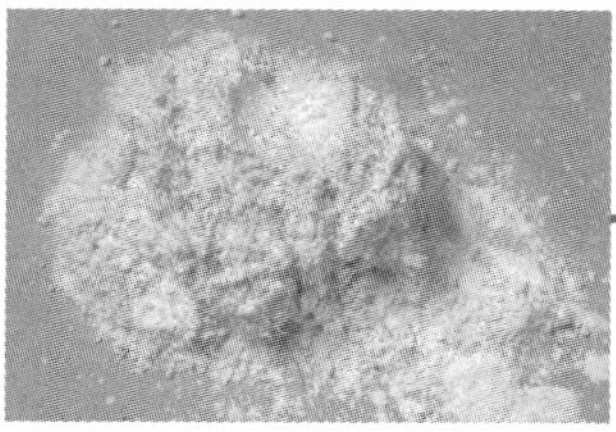

写真はドロマイトプラスター

ドロマイト製品	● 作業性に優れる ● 仕上がりに光ムラが出やすい ● 粒度が細かく、収縮が大きい

注1　貝灰は、現在は入手しにくい
注2　ドロマイトは、現在は使用されることが少ない

29

固化材②

石膏

石膏とは

左官では石膏を下塗り材として使うのが一般的で、土や石膏ボードなどの上に塗る。石膏は硫酸カルシウムが主成分で、水和反応によって硬化する。硬化後は水に弱く、水分を含むと強度が低下する。また、弱酸性のため、強アルカリ性をもつ乾燥前のセメントモルタルや漆喰の上に塗ることはできない。

色が白く、丈夫なため、古くから装飾材に使用され、建築材料としての歴史は古代エジプトに遡るといわれる。日本では大正時代に石膏工場が建設され、本格的に製造が開始された。現在は建材以外の用途も多く、歯形をとるための型や、骨折したときのギプスのほか、ビールや豆腐などの食品添加物にも使用されている。

リサイクルの優等生

石膏の原料は、天然石膏、副生石膏（硫酸カルシウム）、回収石膏に分かれる。天然石膏は日本ではあまり産出されず、ほとんどが輸入品である。副生石膏は、火力発電所などで大気汚染の原因となる亜硫酸ガスを無害化するときに発生し、この副産物を再利用して建材石膏の材料としている。回収石膏は、解体時の廃石膏ボードをリサイクルし、使用するものである。

石膏ボードは水に反応すると硫化水素が発生して危険なため、建築業界全体でリサイクルする動きが確立されつつある。また、副生石膏と回収石膏を合わせると50%以上が再利用されており、石膏はリサイクルの優等生といえる。

収縮クラックが発生しづらい

石膏の特徴は硬化が速いことで、石膏単体の場合、30分程度で触れる状態になる。そのため、左官用の石膏は材料が調整され、硬化を遅らせている。

また、針状の結晶になって硬化するため、石膏ボードや下地材への食い付きがよい。硬化時に若干の膨張があるが、乾燥後の収縮はないためクラックの心配が少ない。

Point!

- 水和反応によって硬化する
- 収縮がほとんどなく、クラックが入りづらい

■石膏の特徴

石膏の結晶

- 硫酸カルシウムが主成分
- 水和反応によって硬化
- 硬化後は水分に弱い
- 弱酸性

左官材料としての特徴

- 硬化が速い
- 収縮クラックが発生しづらい

■石膏の原料

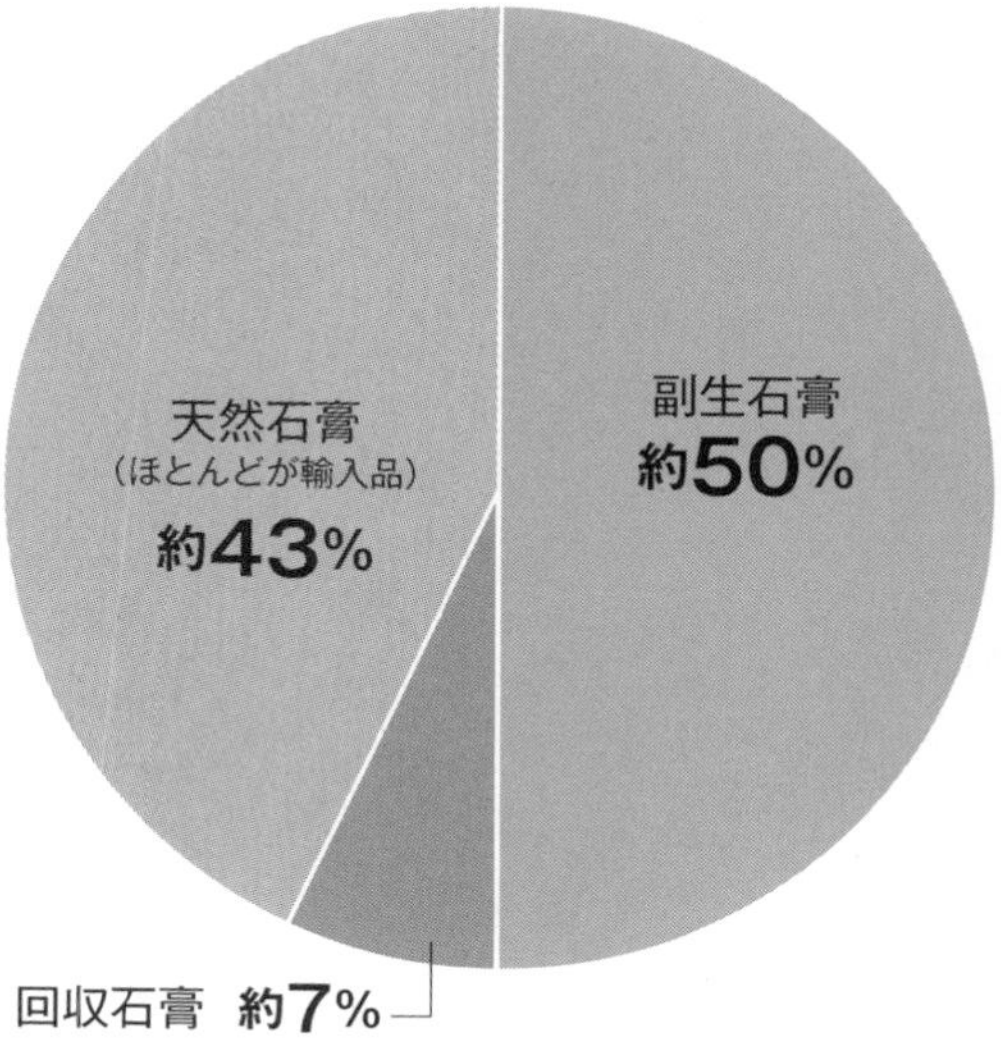

約50%がリサイクル石膏!

石膏ボードのなかには、水に反応して硫化水素を発生するものがあるため、分解し、リサイクルすることを建築業界全体で薦めている

30 固化材③ セメント

セメントとは

左官ではセメントをセメントモルタルの固化材として使用し、主にコンクリートの上などに塗る。セメントは水硬性のため、一度練ったものは使い切らないと固まってしまう。体積の約35%の水で硬化するが、その水分量ではゴワゴワして鏝塗りでの施工性が悪いため、60~70%の水を入れる。また、それ以上の水を入れると乾燥時に体積が減少し、ひび割れの原因となる。

セメントの種類

●普通ポルトランドセメント

一般的に、セメントといえば普通ポルトランドセメントを指す。色は灰色で、コンクリートにも使用されている。製造方法は、まず原料の石灰石と粘土を混合粉砕し、約1500℃で焼く。それを急冷し、凝結時間を調整するため石膏を少量混入して粉状にする。

●白色ポルトランドセメント

白セメントとも呼ばれる。普通ポルトランドセメントが灰色なのは、酸化鉄が3~4%含まれているためだが、その酸化鉄を精製時に除去し、0.3%以下にすると白色（若干、薄い青色をしている）になる。白色のため着色がしやすく、発色もよい。

●その他のセメント

用途に合わせ、普通ポルトランドセメントと別のセメントを混合させた「混合セメント」をはじめ、「高炉セメント」「フライアッシュセメント」「アルミナセメント」などがある。

セメントモルタルとの違い

セメントは粉状で粒子が細かいため、それ自体では左官材料として成り立たず、骨材を混入して初めて左官材料となる。セメントに細骨材を混入したものをセメントモルタル、細骨材と粗骨材を混ぜたものをコンクリートと呼ぶ。骨材が大きいほうが硬化時に強度が出るが、鏝塗りの作業性は悪くなる。そのため、厚みや作業に合った骨材を選ぶ必要がある。

Point!

- ●水と反応して硬化（水硬性）し、水中でも固まる
- ●余計な水分はクラックの原因になる

■セメントの性質

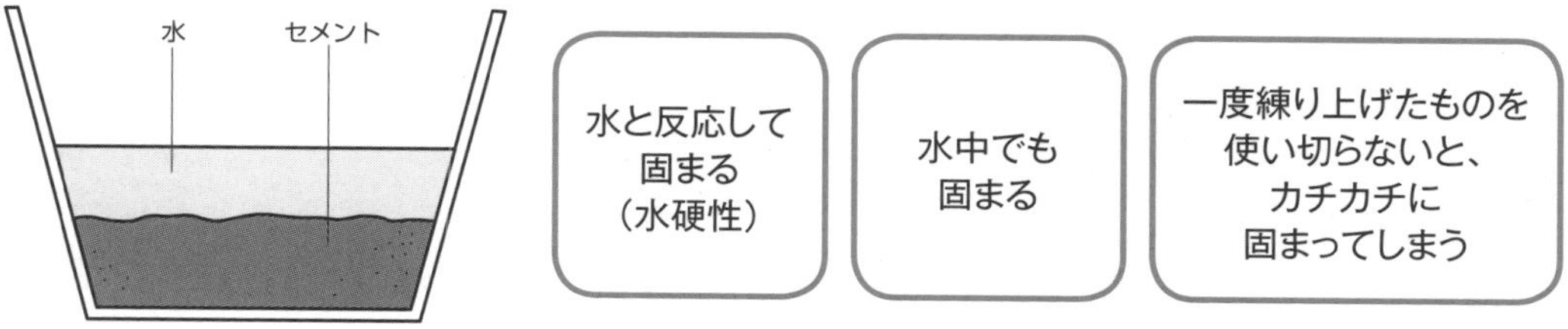

■水分量に注意

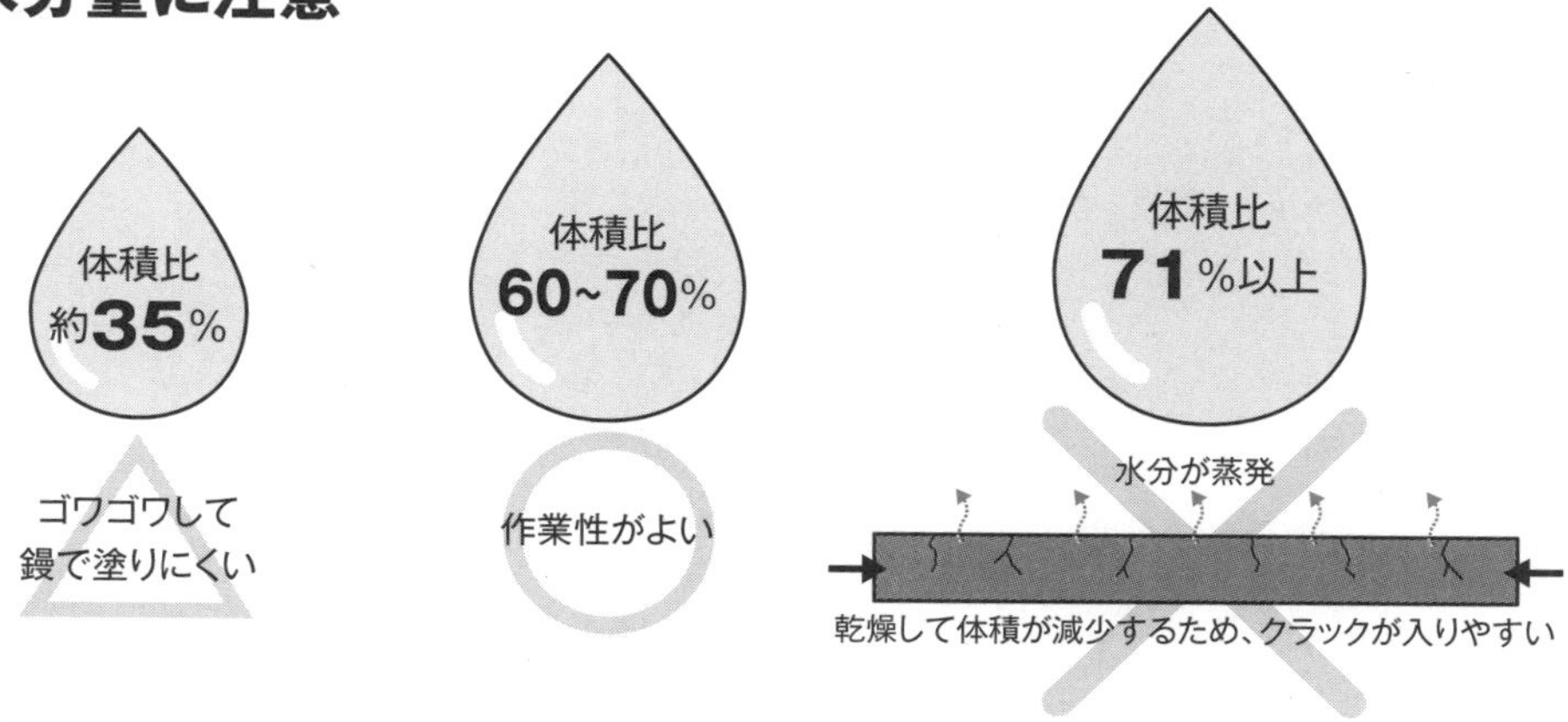

■セメントモルタルとコンクリート

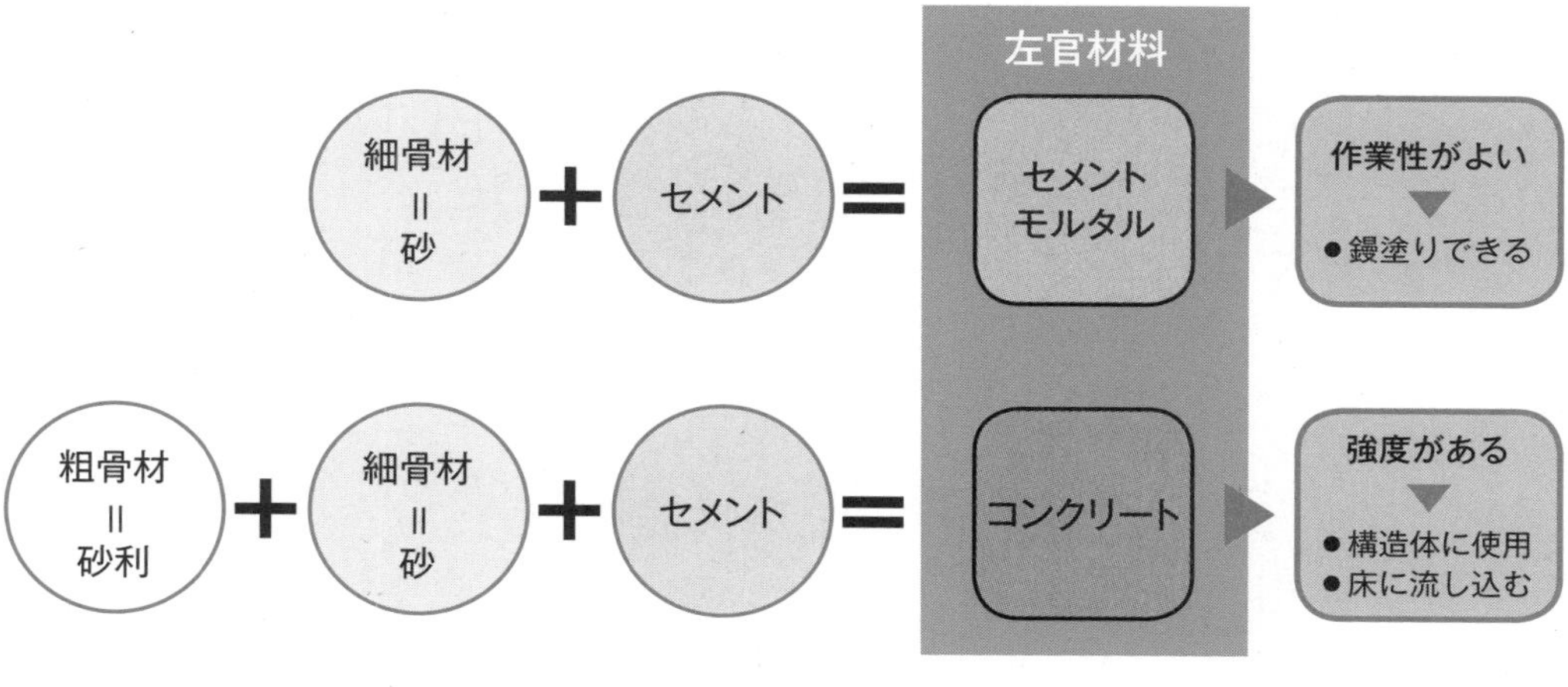

セメントは、骨材を混入することで、初めて左官材料になる

31 固化材④ 樹脂

Point!
- 乾燥硬化型と反応硬化型がある
- それぞれの特徴をふまえて使用する

樹脂の種類

左官では材料を固めるために樹脂を使用することもある。外部の施工に適した耐候性が高いものをはじめ、弾性が高いもの、高強度のものなど、さまざまな特徴がある。また、樹脂のタイプは大きく分けて2種類あり、水分が飛んで乾燥することにより硬化する「乾燥硬化型」と、樹脂の化学反応により硬化する「反応硬化型」がある。

乾燥硬化型

●アクリル系樹脂

樹脂系の仕上げ材の多くに使用されている。水分の乾燥によって硬化するため、乾燥時に体積の減少が見られ、極端に厚く塗ると収縮してひび割れを起こすことがある。厚く塗りたいときは、骨材などを入れ、体積の減少が表面に影響しないようにする。

●合成ゴム系樹脂

ＳＢＲなど合成ゴム系の樹脂を使用した左官材で、「カチオンＳＢＲ系」と呼ばれるものもある。硬化後に水分の乾燥による肉痩せがあるため、厚付けには向かず、厚く塗る場合は骨材を混入するとよい。乾燥後は非常に強い付着力を発揮するが、乾燥前に上から左官材を塗ってしまうと硬化不良を起こす。

反応硬化型

●ウレタン系樹脂

ウレタン樹脂の反応により硬化する。耐久性や耐候性に優れたものが多い。耐熱温度も高いため、熱水を使う厨房に向いているほか、工場の塗り壁にも多く使用されている。施工時に下地の水分が残っていると剥がれたり、水分と反応して発泡することがあるため、しっかりと乾かすことが重要である。

●エポキシ系樹脂

エポキシ樹脂の反応により硬化するもの。２つの液を混ぜて反応させるため、材料の攪拌が重要となり、不十分だと、硬化不良や極端な硬化の遅れにつながる。ウレタン樹脂と同じように、下地の水分が残っていると剥がれの原因となる。

■乾燥硬化型

●アクリル系樹脂

仕上げ材に使用するものが多い

●合成ゴム系樹脂

下地に対して強い付着力を発揮する

乾燥により硬化

▼

体積の減少がある

▼

材料のみの厚付けはしない

- 塗った後に、しっかりと乾燥させることが重要

■反応硬化型

●ウレタン系樹脂

耐久性や耐候性に優れ、熱水にも強い

●エポキシ系樹脂

硬く、強度がある

樹脂の化学反応により硬化

▼

しっかりと撹拌する

- 温度を上げたり、硬化の促進剤を入れることで、反応を速めることができる
- 下地をしっかりと乾燥させることが重要

32

固化材⑤ 粘土

粘土の定義

土壁は粘土の固化によって固まる。粘土の学術的な定義は、粒径（粒の大きさ）が3.9～5.0μm《マイクロメートル》未満の粒子とされ、それより大きいものはシルト（粘土より大きく、砂より小さい）と呼ばれる。左官では「粘土＝細粒の土質材料で、湿っている状態で粘り気のあるもの」と定義される。

固まる仕組み

粘土は水で捏《こ》ねると固まり、いろいろな形状をつくることができるほか、耐火性があるため、住居を囲う素材として適している。硬化の仕組みを簡単に説明すると、粘土の結晶は数ミクロン以内の大きさで、板状または短冊状に構成されており、表面積が大きいため、凝集力［※］の強い働きによって硬化する。これを「分子間引力」という。

さらに、粘土のなかの水分によって強いマイナス極となり、陽イオンを吸着し、粘土表面の吸着水の水膜による表面張力も手伝い、固まる力がより強くなる。

粘土の粒子は規則正しく配列しているため、乾燥後、水による引力がなくなってもお互いの分子間引力が働き、硬化した状態を保つことができる。また、左官で粘土を塗る際は、鏝で力を加えても粒子を破壊せず、お互いのすべりがよくなり、塗り広げやすい。

注意したいのは、粘土は乾燥するにしたがい、なかの水分が蒸発して体積が減少し、クラックが入りやすくなること。塗り厚が厚いほど体積の減少が大きくなるため、その分クラックも大きくなってしまう。これを防ぐには、砂や藁などを適度に配合し、収縮を小さくする必要がある。

荒壁土

小舞《こまい》（▼P142参照）に最初に塗る土を荒壁土といい、壁の下地を構成するため強度が要求される。関東地方では、荒川沿岸の「荒木田原《あらきだはら》」という水田で良質な荒壁土が採れたため、荒壁土のことを「荒木田《あらきだ》」と呼ぶ。

Point!

- 分子間引力によって固まる
- 乾燥により水分が蒸発して体積が減り、大きく収縮する

※　物体を構成する分子や原子、イオンの間に働く引力のこと

粘土の学術的な定義

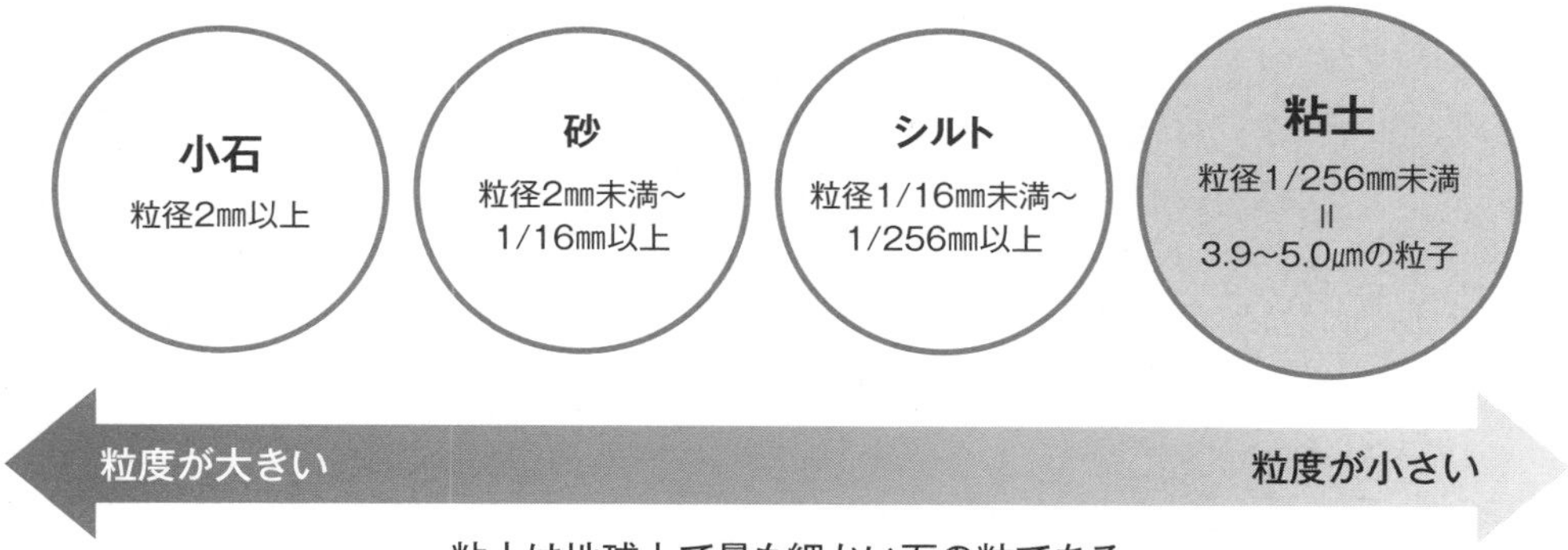

粘土は地球上で最も細かい石の粒である

粘土の特徴

●分子間引力により硬化

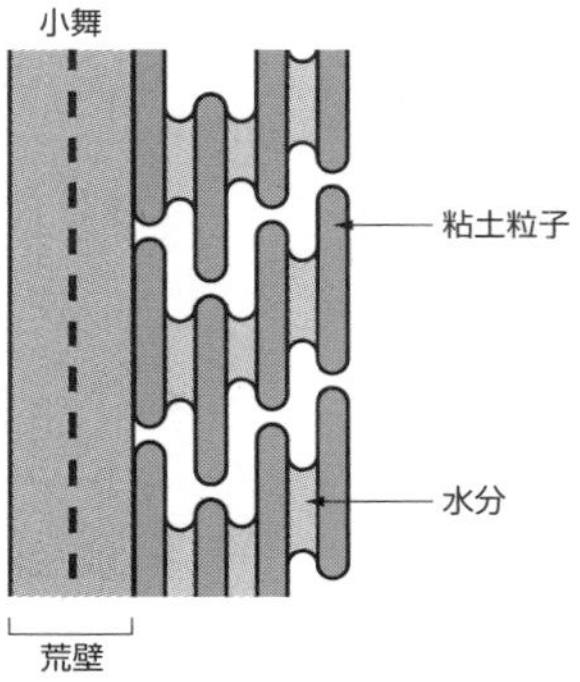

凝集力の働きにより、分子やイオンを吸着して固まる

●鏝で塗った状態

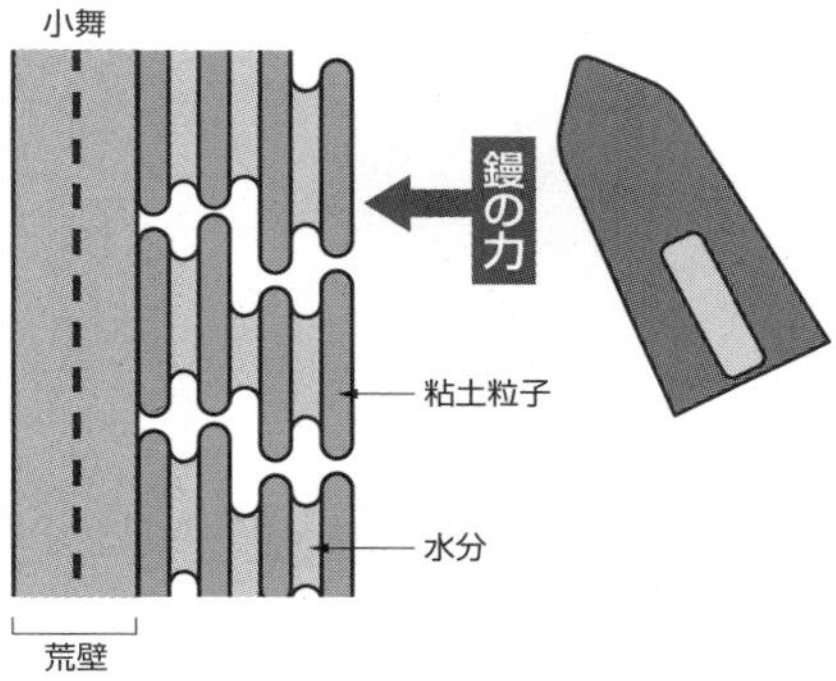

塗り付けて鏝を放しても、水分の引力により、そのままの状態を保つ

●乾燥した状態

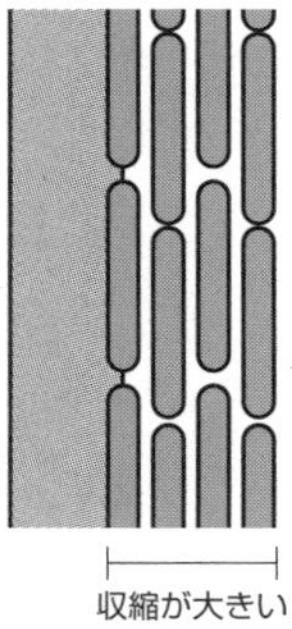

水分が蒸発して体積が減少し、収縮が大きくなる

砂や藁を入れ、収縮を少なくすることでクラックを防止できる

33 その他の固化材

Point!

●石灰によく似た性質のドロマイトやマグネシアセメントがある
●天然コラーゲンを利用した固化材もある

特徴ある仕上げができる

左官の固化材は、P94～103で紹介した石灰や石膏、セメント、樹脂、粘土が一般的だが、ほかにもさまざまなものがあり、それぞれの特徴を生かした仕上げができる。ここでは代表的なものを紹介する。

●ドロマイト

苦灰石《くかいせき》または白雲石《はくうんせき》と呼ばれる鉱物が原料で、主成分は炭酸カルシウムと炭酸マグネシウムである。もともとは、海中の珊瑚などが堆積して石灰石ができ、そのなかのカルシウムがマグネシウムにかわり、生成したと考えられている。左官材料としては、石灰に似た性質をもつが、糊を使用しなくても水持ちがよく、安価なため、戦前・戦後によく使用されていた。左官以外では、セメントの一部やガラスの原料、鉄の精製、土壌改良剤、カルシウムやマグネシウムを強化するための食品添加などの用途で使用されている。

●マグネシアセメント

塩化マグネシウムに「にがり」を加えて硬化させたもの。速く固まり、水分量も少ないため収縮が少ない。この性質を生かし、最近は速乾性のセルフレベリング材や、緊急工事のタイル張り付け材などに使用されている。

また、マグネシウムの純白な色を生かし、真っ白い仕上げ材をつくることもできる。事例としては、満州鉄道の研究所がマグネシアセメントを用いた外壁材を開発し、それが東京の同潤会アパートの外壁に使用されていた（▶P67参照）。普通のセメントより軽量で、強度のある壁がつくれることも魅力である。

●天然コラーゲン

卵の殻など、天然のコラーゲンを固化材に使用することもある。天然コラーゲンは細かい繊維構造をもち、若干の弾力性があるため、壁面に生じるクラックを防止するといわれる。

●その他

過去の砂壁には、わらび餅の粉や膠《にかわ》、こんにゃく糊を固化材としたものもあった。

■ドロマイト

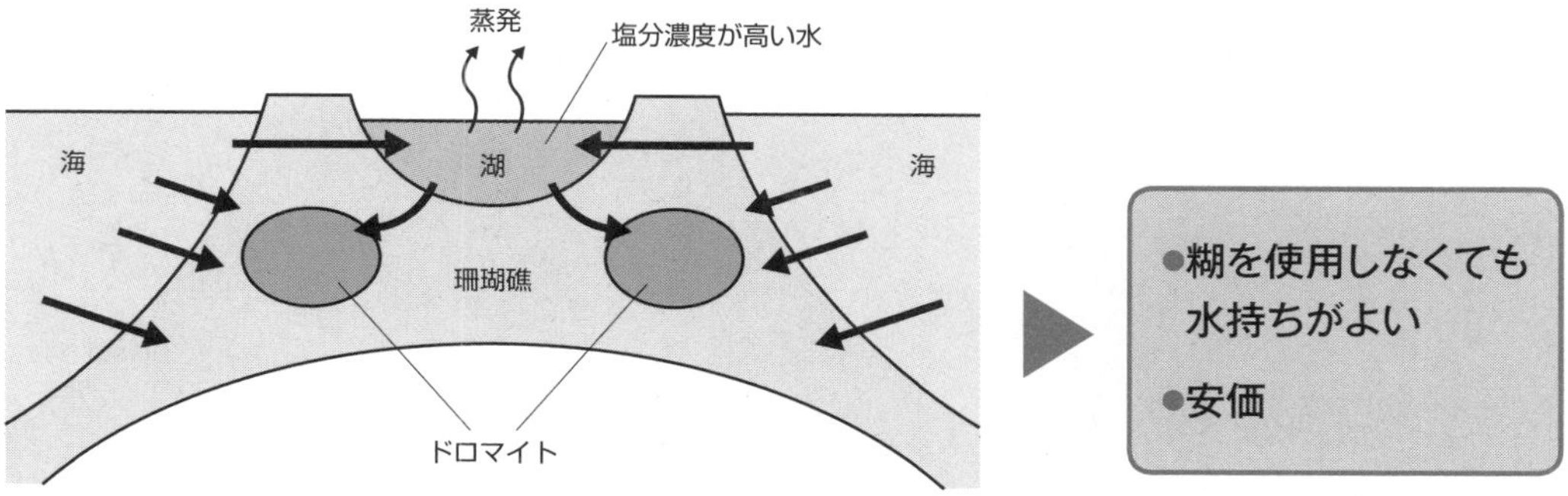

もともと海だった珊瑚礁が、部分的に遮断されて湖になると、蒸発によって海水の塩分濃度が高くなる。その水が、堆積した珊瑚礁に染み込み、カルシウムがマグネシウムにかわり、ドロマイトができたといわれる

■マグネシアセメント

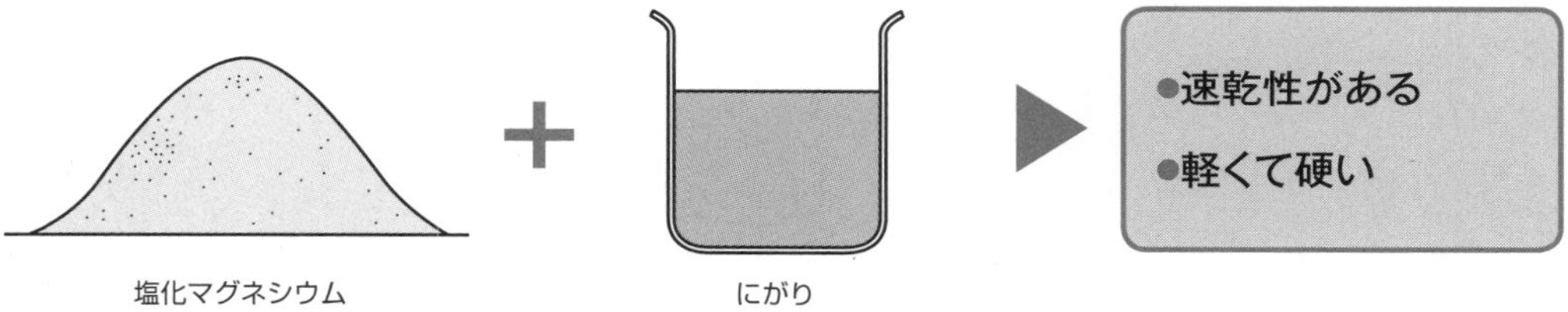

この2つを足し、硬化させてつくる

■天然コラーゲン

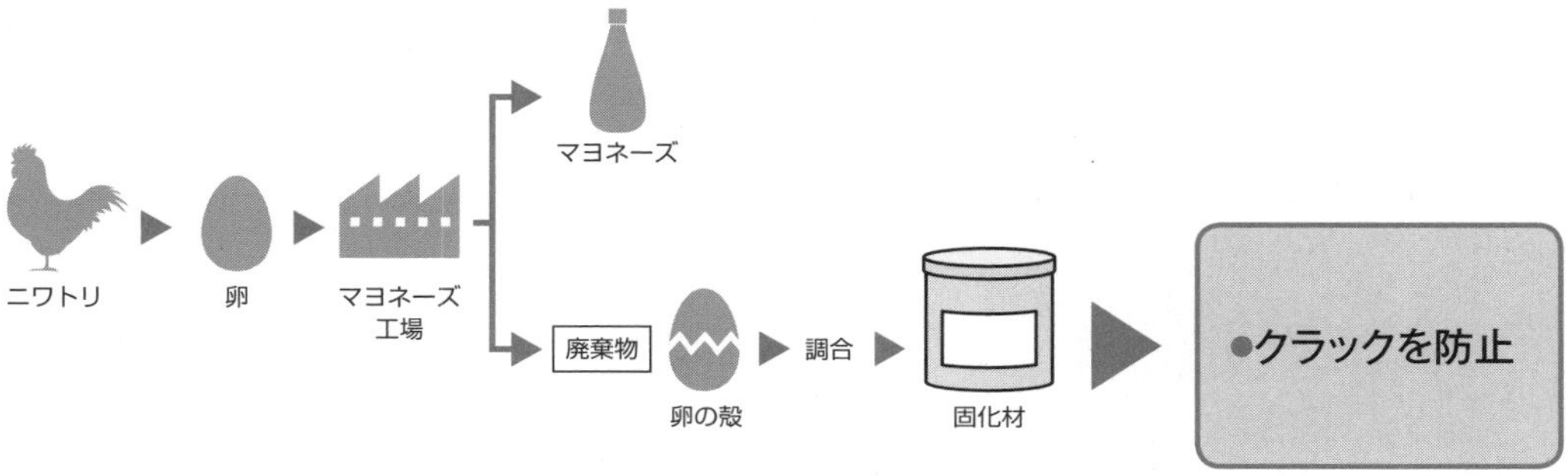

マヨネーズをつくるときに廃棄される卵の殻を利用して天然コラーゲンをつくり、固化材とすることもある

34 色土

Point!

- 全国でさまざまな色土が採掘されている
- 作業性のよい材料づくりが重要

近畿地方で多く採れる

左官の上塗りに使用する色土は、特に近畿地方で多く採掘されており、実にさまざまな種類がある。京都の本聚楽土が有名だが、ほかにも京都の稲荷山土、大阪の大阪土、滋賀の江州白土、三重の浅黄土、愛知の小牧白土などがある。最近は流通の便がよくなり、沖縄の赤土や中国の黄土など、より多様な色土を使用できるようになった。

色土は、そのまま使用して素材の色を出してもよく、土同士を配合してオリジナルの色を作成してもよい。木節粘土《きぶしねんど》などを混入すると強度を発揮する土もあるため、色だけでなく、土の性質をよく見極めて使う。

色土のつくり方

自然から掘り出した色土は、篩《ふるい》を通して細かくし、粒度をそろえる。京都の例では、色土が採れる場所で建築工事が行われるときに、地下3m程度を掘り、色土の地層から採取している。掘り出したときは色土の塊になっているため、乾燥させ、機械や棒ですり潰したり、叩いたりして細かくし、篩にかけて粒度をそろえている。そのため、採掘できる工事現場がなくなると品切れになる色土もある。

また、色土のなかには建材として販売されているものもある。

材料づくりが重要

色土仕上げは、塗る作業と同様に、作業性のよい材料づくりが綺麗に仕上げるコツとなる。基本的な材料は、粘土質の色土、砂、スサ、糊である。色土だけでは乾燥時の収縮が大きいため、砂を入れてひび割れを防ぐ。強度を出し、塗りの厚みを決めるため、砂は篩にかけて粒度をそろえる必要がある。

スサは、ひび割れの防止と鏝すべりをよくする働きがあるほか、意匠的にも影響するため、長さ・太さをそろえる。糊は、保水性をもたせて材料の表面硬化を遅らせ、塗りムラを防ぐとともに作業性を向上させる効果がある。

■有名な色土

近畿地方と沖縄を中心にさまざまな色土が採掘され、左官材料として使用されている

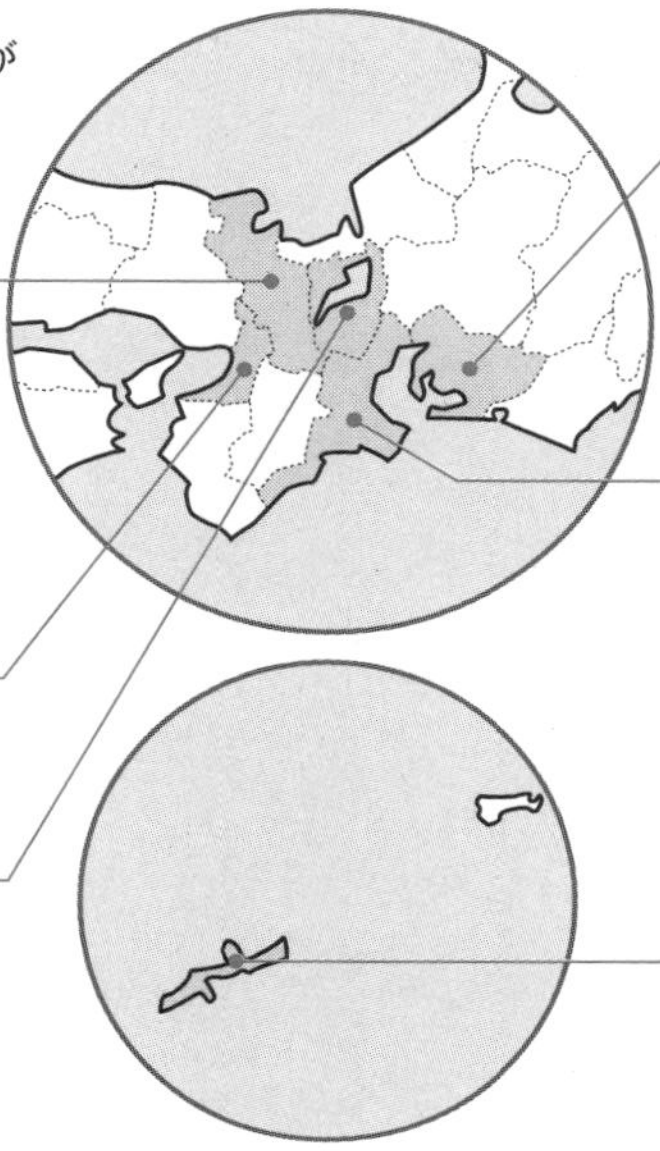

京都 ●本聚楽土
豊臣秀吉が聚楽第を築造したときに、その土地の土を使用したことが始まりといわれる最高級の色土
●稲荷山土
伏見地方で産出する土。黄土よりも少し赤みのある色合いが特徴

大阪 ●大阪土
「大亀谷土」「京錆土」「天王寺土」ともいわれている、あずき色の土

滋賀 ●江州白土
大津磨きに使用される土。落ち着いた白色

愛知 ●小牧白土
小牧市周辺で産出する土。白土は漆喰より落ち着いた白色になる

三重 ●浅黄土
三重のほか、淡路や京都でも産出される。グレーがかった色合いが特徴

沖縄 ●琉球《りゅうきゅう》朱《はね》華《ず》
鮮やかな赤色が特徴

■色土のつくり方

掘り出したときは、色土の塊になっている

▶

機械や棒ですり潰したり、叩いたりして細かくする

▶

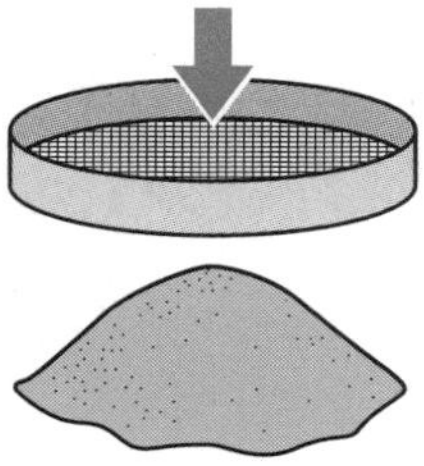

篩に通し、粒度をそろえたものが左官材料となる

■色土仕上げの材料のつくり方

色土 ＋ **砂** 細かく振るった色のよいもの ＋ **スサ** 長さ・太さをそろえたもの ＋ **糊** 京壁水捏《こ》ね仕上げでは入れない

意匠に影響するため、材料の配合はよく吟味する

色土は採掘場所によって色が微妙に違い、粘り気も一定ではない

▶

それらも含めて楽しむのが、自然素材である色土仕上げのおもしろさ

35 種石

Point!

●収縮がなく、強度があり、塩分が少ない石を使う
●使用方法に合わせ、大きさ・形状を選ぶ

種石の条件

　セメントモルタル仕上げなどの材料に混入する種石は、石自体に収縮がなく、ある程度の強度があり、塩分が少ないものを選ぶ。その理由は、収縮があると仕上げた後に隙間が空き、石がとれてしまうことがあり、また、塩分があると鉄部に接したとき腐食させてしまう恐れがあるからだ。

　モルタル洗い出し仕上げに使用する種石は、丸みを帯びたものが鏝で塗りやすく、使用しやすい。塗り付ける都合上、あまり大きい石は適さず、通常は30㎜以下のものを使用する。それ以上の大きさの石を使う場合は、埋込み仕上げとし、モルタルを塗り付けた後に種石を埋め込んでいくほうがよい。

代表的な種石

●那智石

　和歌山県の熊野川や七里御浜海岸で採取される、青みがかった黒い石を「那智石」と呼ぶ。そのなかで、黒く艶のある石を「那智黒」、白い石を「白那智」という。

●大磯砂利

　神奈川県の大磯で採取される濃緑色の砂利である。洗い出し仕上げの定番となっているほか、庭に敷き詰める砂利としても使用されている。

●南部砂利

　錆色に茶系の色が混ざっている玉砂利で、上品な彩りがあり、通常の洗い出しに加え、近代工法の樹脂系洗い出しにも使用されることが多い。

●桃山砂利

　錆色に淡いグリーンが混ざり、南部砂利よりも少し柔らかい印象がある。近年は大磯砂利のかわりに、洗い出しに使用されることが多い。

　ほかにも赤や黄色、紫、オレンジ、ピンクなど、さまざまな色の種石があり、建築物の外構や駐車場、公園、庭園などに使用されている。洗い出しの場合はモルタルの色も組み合わせ、さまざまなカラーバリエーションを生み出すことができる。

■種石の条件

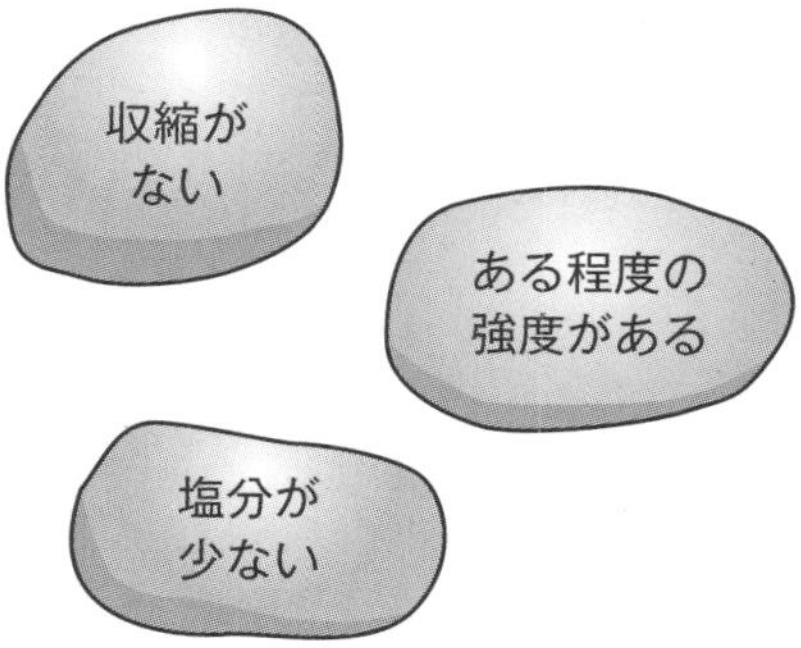

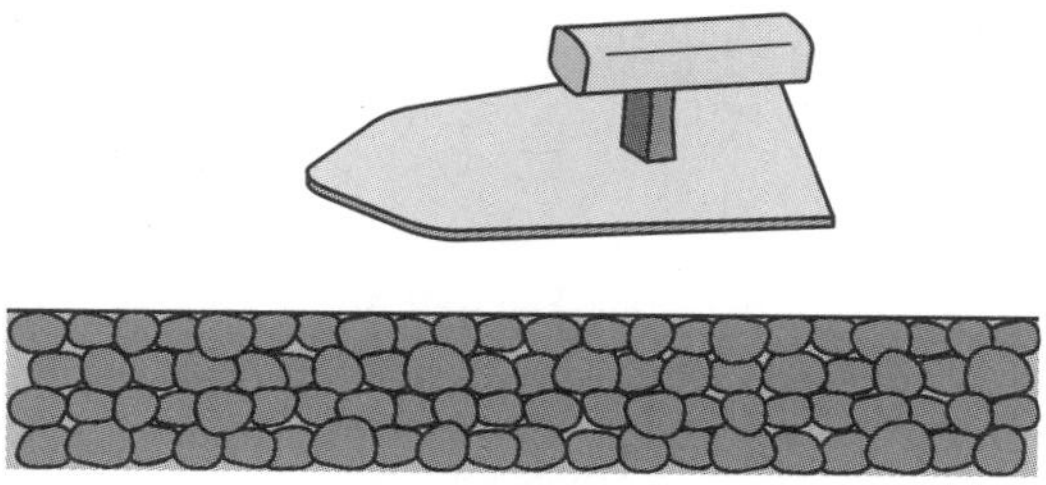
鏝が引っかからず、
塗りやすい

洗い出し仕上げの場合、鏝で塗り付けるため、丸みのある石のほうが向いている

■代表的な種石

●那智石

深みのある黒い艶が特徴の那智黒と、気品漂う白さをもつ白那智（写真は「高級那智黒」と「白那智石」）

●大磯砂利

濃い緑色で、洗い出し仕上げの定番となっている（写真は「大磯」）

●南部砂利

錆色に茶系の色が混ざった玉砂利で、上品な彩りをもつ（写真は「南部」）

●桃山砂利

錆色に淡いグリーンが混ざり、柔らかい印象を与える（写真は「桃山」）

写真提供：日本玉石株式会社

36 砂・珪砂《けいしゃ》

Point!

●左官用の砂は、塩分の少ない川砂が望ましい
●セメントモルタルには、標準～粗めの粒度分布が多い砂を使用

川砂を使用する

左官では砂を骨材として使う。川砂が望ましく、有害量の鉄分や塩分、泥、ゴミなどの不純物が入っていないことがその理由である。砂の色は地域によって異なり、関東では黒っぽいものがほとんどだが、関西や九州では鮮やかなベージュなどもある。

川砂は現在、環境保護の観点から産出しにくくなっており、昔、川だった場所から掘り出されているほか、海砂を洗浄して塩分を取り除いたものや、高炉スラグの細骨材からアルカリ分を取り除いたものを、川砂と混合して使用することもある。

セメントモルタルの場合

セメントモルタル用の砂は、日本建築学会「JASS15左官工事」において標準粒度が定められており、0.6～12㎜を中心に、その前後で適量に分布されているものを使用する。床用や中塗り用など厚みが出る場合は、標準粒度より大きいものが向いており、上塗りなど厚みが薄くなる場合は、粒度が細かいものでそろえたほうが施工しやすい。また、厚塗りは大きな骨材が入っているほうが厚みが付きやすく、強度も出るが、薄塗りは大きな骨材が入っていると施工できないため、現場で砂を振るって細かくすることもある。

砂の量は、セメントモルタルの体積の2～3倍以上が必要になるため、砂の品質が強度・品質を左右する。通常は厚さ10～15㎜程度のセメントモルタルを塗るため、標準～粗めの粒度分布が多い砂を使用するとよい。

珪砂とは

珪砂はタイルの張り付けモルタルやインターロッキングの目地材などに使う。珪酸分が多い石英が砂状になったもので、砂の状態で産出される天然のものと、岩状の珪岩を人工的に砕いて砂状にしたものがある。製品は粒度ごとに2～8号の大きさがあり、ベージュなど薄く色が付いている。

■左官用の砂

●川砂

特徴
- ●塩分が少ない
- ●有害量の鉄分、泥、ゴミなどの不純物が入っていない
- ●丸みを帯びている

▼

- ●左官に適している

●珪砂

天然のもの

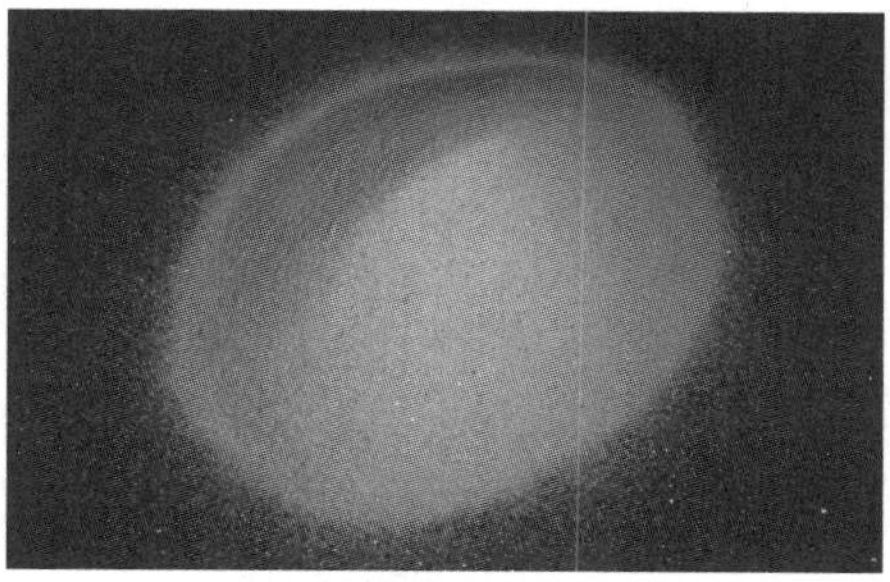

砕いて細かくしたもの

特徴
- ●ベージュなどの薄い色が付いている
- ●不純物が少なく、強度がある
- ●耐摩耗性、耐薬品性がある

▼

- ●仕上材に適している
- ●厨房や工場のエポキシ塗り床の骨材にも使用される
- ●タイルの張り付けモルタル、インターロッキングの目地材にも使用

●珪砂の粒度

	3号	4号	5号	6号	7号	8号	9号
メッシュ	8~18	10~23	18~50	36~83	50~200	70~280	140~330
㎜	2.4~1.2	1.2~0.6	0.8~0.3	0.4~0.2	0.3~0.8	0.2~0.05	0.01~0.04

左官では主に4~7号を使用する

注　粒度はメーカーによって異なる

37 スサ

Point!

- 収縮・クラックを減らし、作業性も向上する
- 天然系や化学繊維系など、種類が豊富にある

スサの効果

左官材料の収縮・クラックを減らし、曲げ強度を強くするため繊維質のスサを混入する。こうした補強効果に加え、材料の水持ちや鏝すべりをよくするなど、作業性を向上させる効果もある。最近は藁を目立つように表面に出した仕上げも多く、意匠的に使用することも増えている。

天然系のスサ

スサには、藁や麻、紙といった天然の素材を原料とするものがある。一般的には、土ものの仕上げには藁スサ、漆喰やその他のプラスター仕上げには麻スサ、大津磨きなど高級な仕上げには紙スサが使用される。

●藁スサ

荒縄や米俵をつくる際に出る藁からつくられる。藁からあくが出て、シミになりやすいため、これまでは主に土壁に使用されていた。最近は、水に浸してあくを抜いた藁がつくられており、漆喰などの上塗りに意匠的に使われることもある。

また、荒スサ、中塗りスサ、ひだしスサ、みじんスサなどの種類があり、材料や用途によって使い分ける。

●麻スサ

主に黄麻とマニラ麻を原料とし、麻袋や麻ロープなどをつくる際に裁断したものの残りからつくられる。漆喰などに使用される。

また、麻スサを漂白して白くしたものを「さらしスサ」という。麻スサの原料により、「浜スサ」「白毛スサ」と呼ばれることもある。漂白の程度によって、「白雪」「上さらしスサ」「中さらしスサ」という種類に分かれ、漆喰やドロマイトプラスターなどの上塗りによく使用される。

化学繊維系のスサ

●タフバインダー

化学繊維をスサとして使用するもの。外部用プレミックスモルタルが混入されているものもある。

■スサの効果

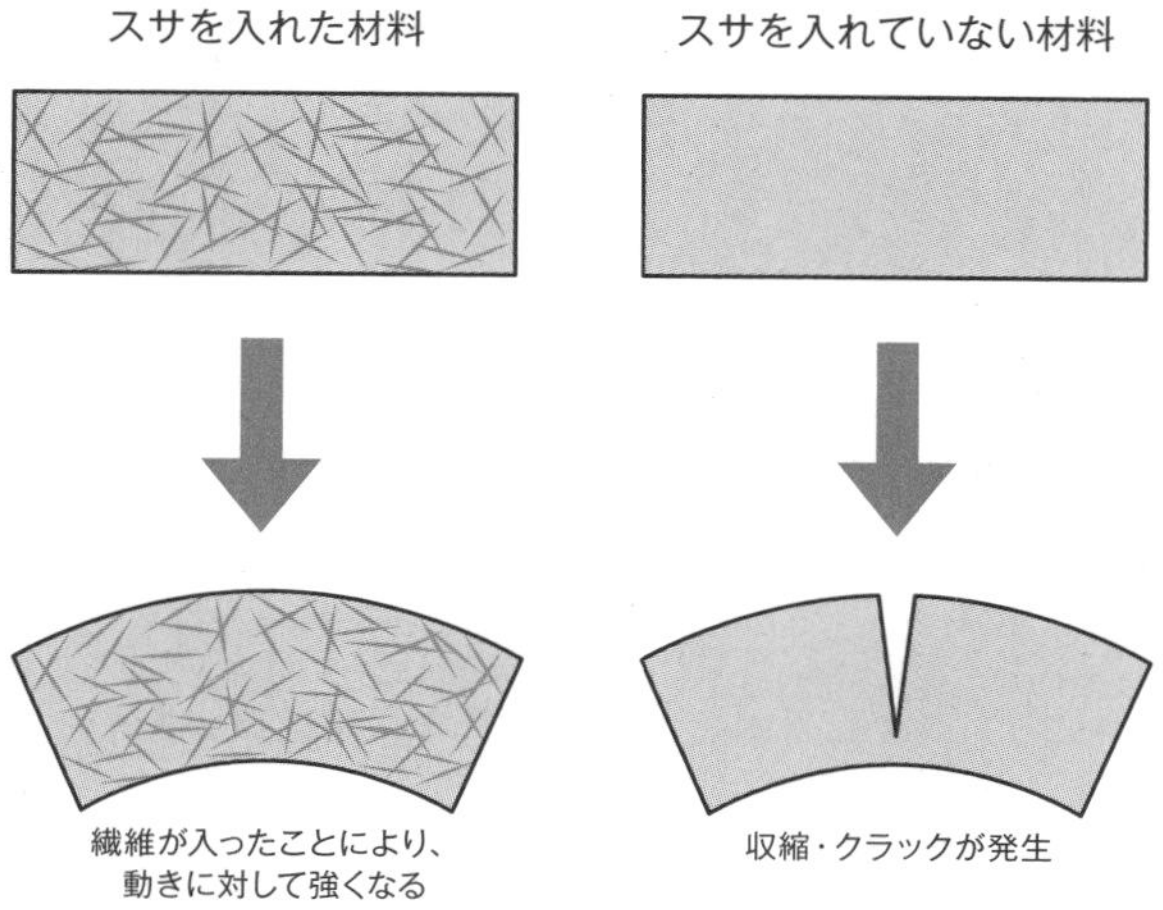

- クラックの発生を少なくする
- 鏝すべりがよくなり、作業性が向上

■スサの種類

●天然系

藁スサ

荒スサ　3~9cm

中塗りスサ　約2cm

ひだしスサ　約1cm

みじんスサ　約3mm

麻スサ

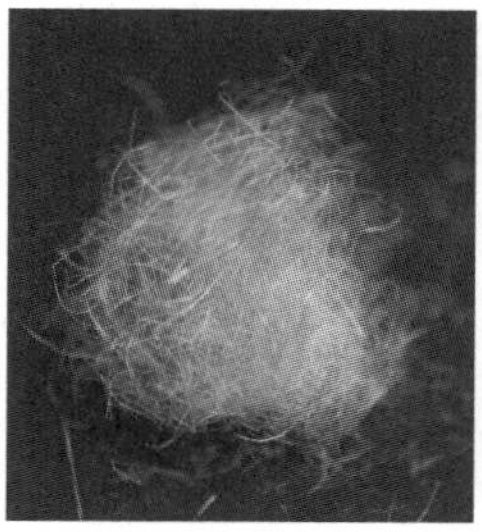

さらしスサ

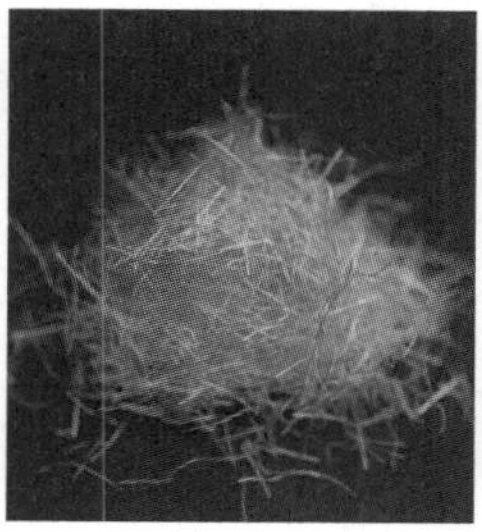

白毛スサ

紙スサ

●化学繊維系

38 室内環境を改善する材料

Point!

- 材料の配合比はテスト施工をして決める
- 単体では手に入りにくい材料もある

左官材の環境改善効果

調湿・臭いの低減・化学物質の吸着・殺菌・遠赤外線・マイナスイオンなど、左官の材料は室内環境を改善する効果のあるものが多い。ここでは、そのような効果を得るために混入される材料を紹介する。

●珪藻土

珪藻プランクトンの化石が堆積してできたもの。多孔質の構造で、調湿・消臭・断熱の効果がある。

●火山灰

火山の噴火により堆積したセラミック質のもの。比重が小さく、多孔質の構造で、調湿・消臭に加え、マイナスイオンの効果もある。九州のシラス（火山灰の層）が有名。

●炭

備長炭などを左官材料に入れることで、調湿・消臭・遠赤外線の効果がある。

●ゼオライト

正式名は「沸石《ふっせき》」といい、加熱すると沸騰している泡のような状態になる。活性炭のように空洞がある構造で、その空洞が整っているため、適度な吸着があり、室内環境の改善に効果を発揮する。特に脱臭効果が高く、浄水器やデオドラント剤によく使われる。

●ホタテ貝

貝灰または骨材として使用し、調湿・消臭などの効果がある。

●石灰（漆喰）

固化材だが、調湿・殺菌効果があり、室内環境を改善する働きもある。

施工の注意

これらの材料はパウダー状のものが多く、固化材と配合すると体積が増し、強度や壁付着力が低下する。そのため、テスト施工を行い、強度やクラックの発生などを確認してから施工する。

調合した左官材料に添加する目安は、体積比の20％以内とし、強度不足の場合は配合量を減らすか、スサなどの繊維分を増やして調整する。また、材料のなかには、単体では手に入りにくいものもあるので確認しておこう。

■室内環境を改善する材料

●珪藻土

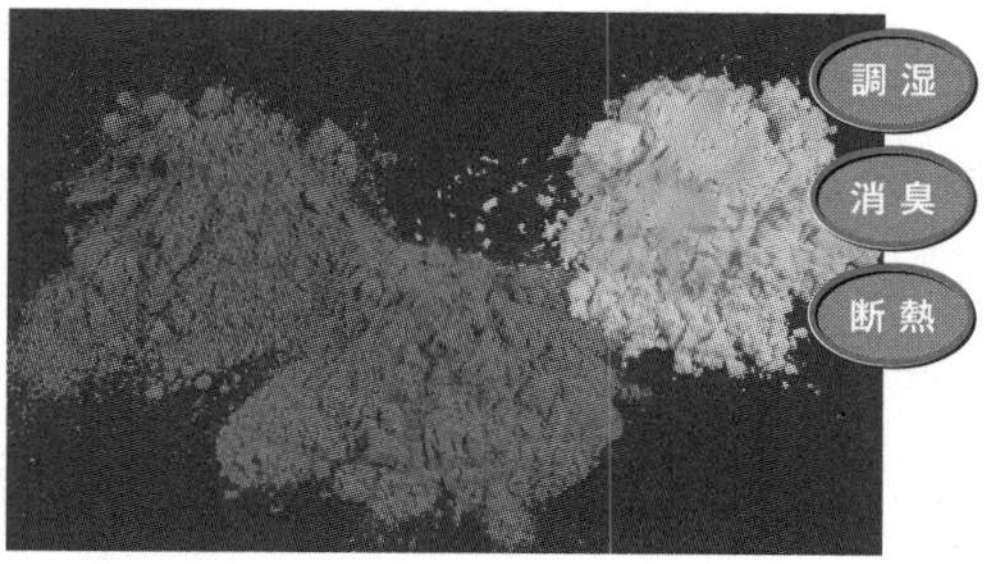

環境改善効果が高い材料としてよく知られる。パウダー状ではなく、骨材になっている珪藻頁岩《けつがん》もある（写真左は乾燥品、中は焼成品、右は融剤焼成品）

●火山灰

「鹿沼土」（写真）も火山噴出物の1つ

●炭

備長炭をはじめ、多孔質の炭は環境改善効果が高い

●ゼオライト

ここ数年、環境改善効果が注目されている材料

●ホタテ貝

貝灰としての効果があるほか、骨材としても使用される

●石灰

固化材だが、調湿・殺菌機能も併せもっている

■材料の形状

パウダータイプ

- このタイプの材料が多い
- 大量に入れると、強度が低下するものもある

骨材タイプ

- 材料に分散しやすく、混ざりやすい
- 骨材がテクスチュアを付ける役割ももつ

39 接着材

Point!

- 左官の接着材は「接着力を増強するもの」
- 下地の吸水調整材としても使用する

接着材の役割と種類

左官では、下地と塗り材の接着増強および吸水調整をしたい場合に接着材を使用する。正確には「接着増強材」といい、一般的な接着材のように何かをくっつけるものではない。左官用接着材の主成分は、次の3種類がある。

●EVA系樹脂

エチレン酢酸ビニルの樹脂で、色は乳白色。左官用の接着材として最も一般的である。ポリエチレンのような柔らかさがあり、弾性と低温特性に優れ、モルタル工事において下地とモルタルの接着力強化と、下地の吸水調整に用いられる。また、セメント系の薄塗り補修材に混入すると、材料自体の急激な乾燥防止と強度向上に役立つ。

●アクリル系樹脂

アクリル酸メチルの樹脂で、色は乳白色。値段はＥＶＡ系樹脂よりも若干高価である。しっかりとした膜を形成するため、下地からの吸い込みによる気泡を嫌う、セルフレベリング工事のシーラーとしてよく用いられる。

●SBR系樹脂

エチレンブタジエンゴムラテックスの樹脂で、「カチオン系接着材」とも呼ばれる。色は白色系だが、塗り広げると濃いグレーとなり、また、モルタル系の薄塗り材に混入しても濃いグレーになる。強い接着力を発揮するため、タイル面や塗装面、鉄部に左官材料を塗りたい場合に使用される。

乾燥させてから次の工程へ

左官用の接着材は、乾燥して初めて機能を発揮する。乾燥前に材料を塗ったり、水に濡らした場合は硬化できなくなるため、しっかりと乾燥させてから次の工程に進む。また、セルフレベリング工事では、前日のシーラー塗りを推奨しているものが多い。

施工のうえで注意したいのが、シーラーの塗り厚である。シーラーは厚く塗れば効果が高まるわけではなく、逆に厚すぎるとシーラーの厚い膜が形成され、そこから剥がれる恐れがある。

■接着材の種類

●EVA系樹脂

- 最も一般的な左官用接着材
- 吸水調整にも使用する

●アクリル系樹脂

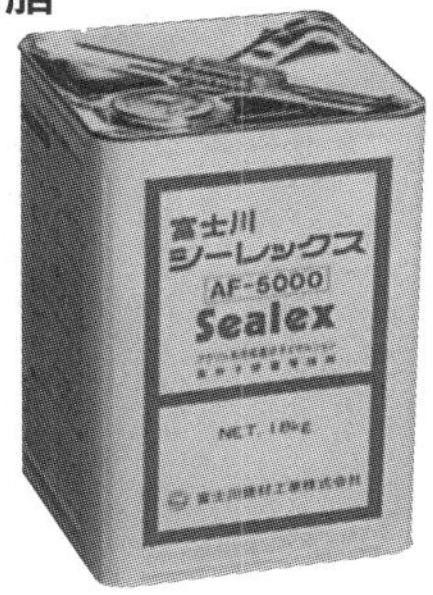

- セルフレベリング工事のシーラーとして使用することが多い

●SBR系樹脂

- 強い接着力をもつ
- タイル面や塗装面、鉄部に塗りたい場合に使用
- 「カチオン系接着材」とも呼ばれる

■シーラーの塗り方

○良い例

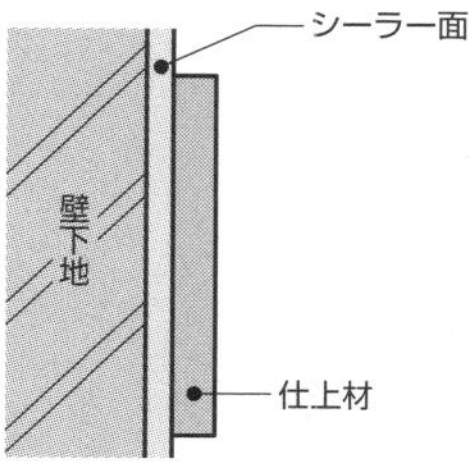

適量の薄さのものを塗り、
よく乾燥させる

✕悪い例

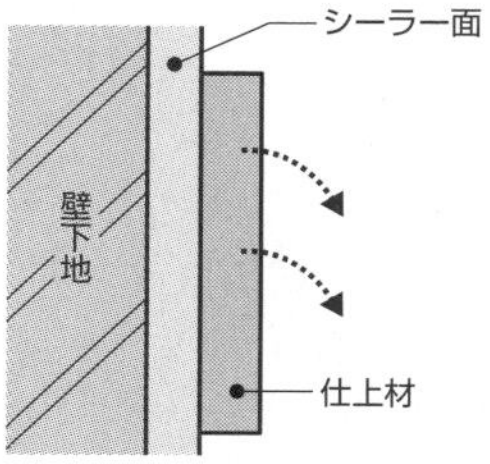

シーラーが厚すぎると膜になり、
その層で剥離することがよくある

40 軽量骨材

Point!

●軽量で強度のある骨材は作業性がよく、材料の硬度も向上する
●パーライトは、骨材の機能により耐火性能が高まる

軽量骨材とは

砂や砂利のように密度の高いものを「重骨材」というのに対し、密度の低いものを「軽量骨材」と呼ぶ。軽量骨材は作業性を向上させるために混入し、次の3種類に分けられる。

●天然軽量骨材……火山灰、火山砂、軽石など。
●人工軽量骨材……パーライト、バーミキュライト、発泡軽量骨材、フライアッシュ。
●副産物人工軽量骨材……貝殻、高炉スラグ。

火山灰やフライアッシュの特性は別の頁で述べているため（▼P114、120参照）、ここではパーライトとバーミキュライト、発泡軽量骨材について紹介する。

人工軽量骨材の特徴

●パーライト

真珠岩や黒曜石を１０００℃で焼成し、急激に膨張させたもの。細かい気泡ができ、体積に比べて軽くなる。パーライト入りのモルタルは、軽量になって作業効率が上がるほか、気泡の効果により防火性能も高まる。砂セメントモルタルでは厚さ20㎜塗らないと木造外壁の防火認定をクリアしないが、パーライト入りの軽量モルタルは厚さ16㎜でクリアしているものがある。

また、モルタル系の薄塗り材（モルタル補修材）には、0～5㎜の塗り厚で塗れるものがあるが、これは骨材にパーライトを使用している。

●バーミキュライト（ひる石）

雲母質の鉱物を１０００℃で焼成し、水分を急激に膨張させたもの。膨張する様子が蛭《ひる》の動きに似ているため、「ひる石」とも呼ばれる。非常に細かい空気孔があいている構造で、断熱性・保温性・吸音性に優れ、壁や天井の断熱用モルタルによく使われていた。

●発泡軽量骨材

スチレンやエスレンなど、有機物を発泡させてつくる。発泡スチロールのように軽量で、素材の吸水性の違いにより内部用と外部用がある。

■軽量骨材の種類

●パーライト

- 軽量で防火性のある壁をつくることができる
- パーライト入りの軽量プレミックスモルタルは、厚さ16㎜で木造の防火認定をクリアしているものがある

●バーミキュライト

- 軽量で、断熱性・吸音性に優れる
- 断熱モルタルに使用されていた

●発泡軽量骨材

- 有機物を発泡させたもの
- 発泡スチロールを粉にしたような形状
- 非常に軽量で、セメントモルタルとして使用すると作業性が向上
- 内部用と外部用がある

41 糊・混和材

Point!

●糊は粘性を高め、作業性を向上させ、保水性をよくする
●混和材は強度・性能を向上させる

糊の役割と種類

現場で固化材・骨材・スサを調合しても、左官材料としては完成しておらず、広い面をムラなく塗れる保水性(水持ち)が必要になる。そのために糊を混入し、塗りやすくする。左官用の糊は、粘性があり、鏝すべり・鏝のびがよくなるものが向いている。ここでは代表的な糊を紹介する。

●フノリ（布海苔）　海草海苔の一種で、煮るとドロドロになる。昔は漆喰に使用されていたが、高価なため現在はあまり使われていない。

●ツノマタノリ（角又糊）　スギノリ科ツノマタ属の海草で、煮詰めたものを漆喰に混入する。煮たツノマタノリは基本的にその日のうちに使用し、保存する場合は消石灰を混入して腐るのを防ぐが、日数が経過すると糊の効果が弱まる。また、粉末状に加工された粉ツノマタもあり、煮立たせずに水を混ぜるだけで糊状になる。

●メチルセルロース（MC）　工業製品として製造された化学糊。もともとは界面活性剤や食品などに使われていたが、昭和30年代頃から左官に利用され始め、漆喰やモルタルなどに混入されるようになった。

ツノマタノリと化学糊では水持ちが異なり、一般的にはツノマタノリのほうがゆっくりと乾き、化学糊のほうが速く乾く。乾燥速度に加え、材料との相性や好みによって使い分けるとよい。

代表的な混和材

左官材料には、強度や性能を向上させるため、混和材を入れることもある。代表的な混和材は次の2つである。

●フライアッシュ　火力発電所で発生する石炭の灰の細かいもの。セメントに混入すると鏝すべりがよくなり、乾燥収縮を減少させる。

●防水液　主にセメントモルタルに防水効果をもたせるときに混入する。水ガラスや脂肪酸石鹸、合成樹脂を主成分としたものがあり、サッシ廻りの詰めモルタルなどに使用する。

■糊・混和材の役割

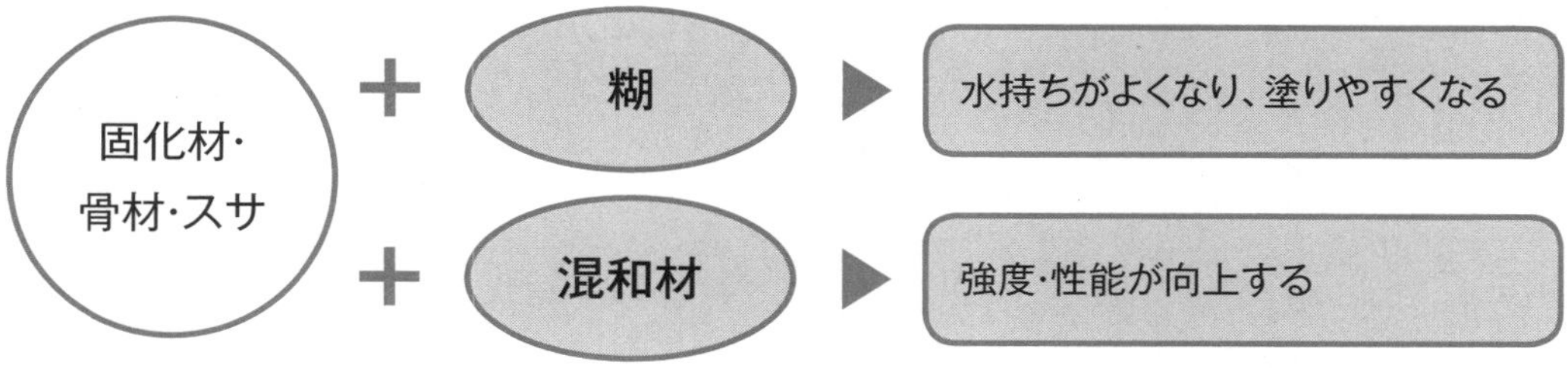

■代表的な糊

●フノリ（布海苔）

海藻の一種。量があまり採れないため、漆喰の糊として使うには高価であり、現在はあまり使用されていない

●ツノマタノリ（角又糊）

ツノマタ

粉ツノマタ

海藻の一種で、煮立たせて液体になったものを使用する。現在は、使いやすい粉状のもの（粉ツノマタ）が主流になっている

●メチルセルロース（MC）

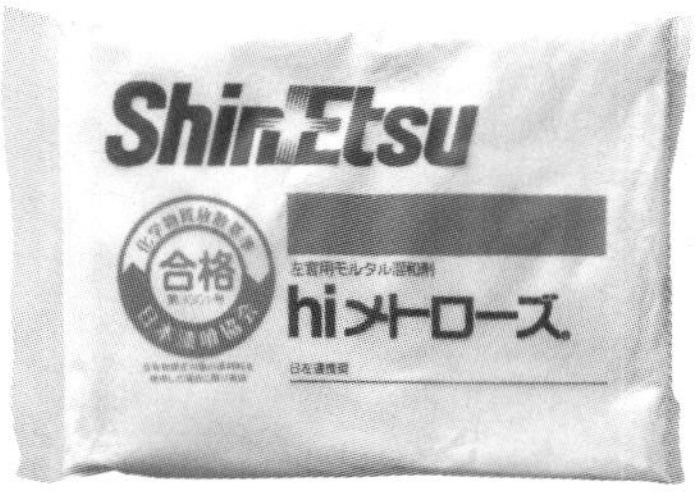

化学的につくった左官用の糊で、材料の粘性が上がり、水持ちがよくなる

■代表的な混和材

●フライアッシュ

鏝すべりがよくなり、作業性が上がる。コンクリートに使用されているものもある

●防水液

モルタルに混入し、防水性を高める

42 顔料

Point!

●無機系の顔料は退色が少なく、耐アルカリ性のものは、左官に向いている

●有機系の顔料は発色がよく、鮮明な色をつくり出せる

顔料の種類

左官の顔料は、大きく分けて無機系と有機系がある。無機系の顔料は、酸化鉄の化合物や酸化クロムなど、金属の酸化物が主な原料となり、日本で昔から使用されている弁柄《べんがら》も酸化鉄の一種である。一方、有機系の顔料は「レーキ顔料」とも呼ばれ、有機物が金属と化合したものである。

無機系と有機系の特徴

●無機系顔料

粉状でダマになりにくく、分散がよいものが左官向きである。耐アルカリ性のものは、強いアルカリ性をもつセメント系の材料によく使われ、経年劣化による退色が少なく、材料に混入しても強度が低下しにくい。重量比は、５％以内。黒い顔料には、炭素のもとになっているカーボンブラックのほか、松を焼いたときの煤《すす》からつくる松煙や、油の油煙も使用されている。

●有機系顔料

有機質の顔料に無機質の粉末を定着させたもので、無機系顔料に比べて耐候性はやや劣るが、塗料のように発色がよく、鮮明な色をつくり出せる。この特徴を生かし、漆喰やプラスター、樹脂系左官材などに使用されている。

また、セメントだけでなく、左官材料はアルカリ性のものが多いため、無機系顔料と同様に、有機系顔料にも耐アルカリ性が求められる。

顔料を入れる量に注意

左官材料に顔料を入れすぎると、硬化不良や強度不足を起こすほか、顔料が表面に上がって仕上げ面に触れると、そこに色が付いてしまうことがある。

セメントの場合は、重量比５％程度に抑えたほうがよく、それ以上入れても濃度の上がり方はだんだん緩やかになっていき、あまり色が変わらない。

また、原色の黒、赤、黄色などは左官での着色が難しく、ほとんどの材料で再現できないため、若干、濃度を落とした色を目標としたほうがうまく仕上がる。

■顔料の種類

●無機系顔料

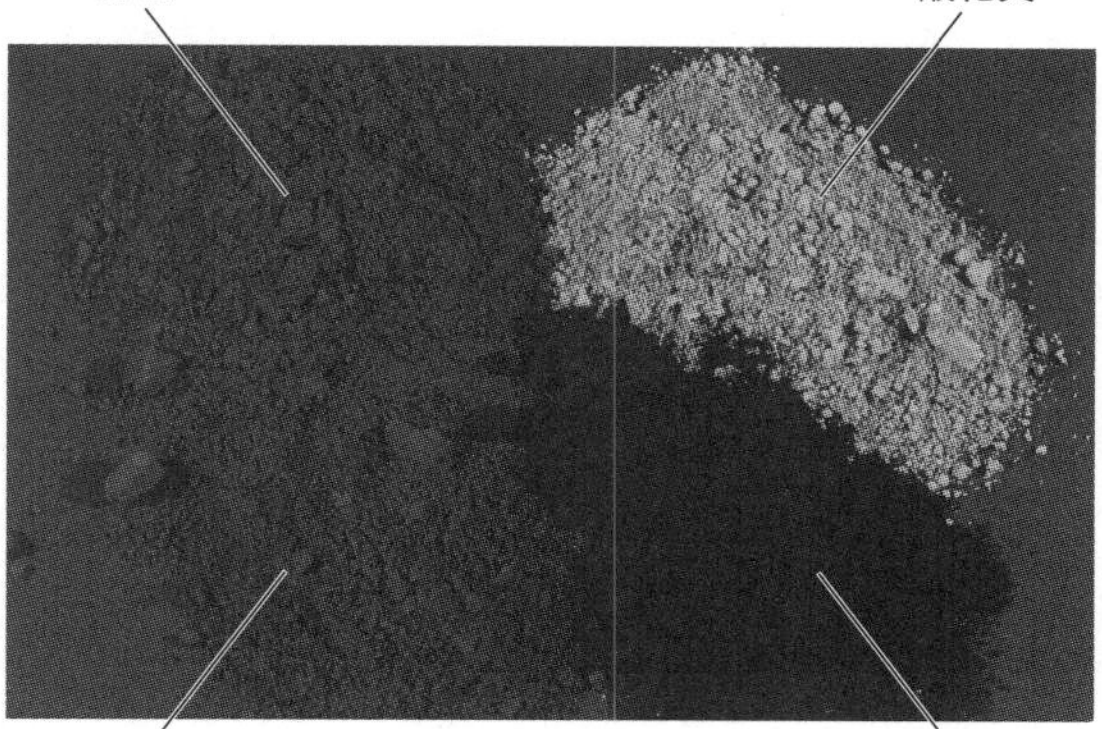

粉状の無機系顔料

- ダマになりにくく、分散がよい
- 耐アルカリ性のものは、セメント系の材料によく使われる
- 経年劣化による退色がない
- 材料に混入しても強度が低下しにくい（5%以下）

●有機系顔料

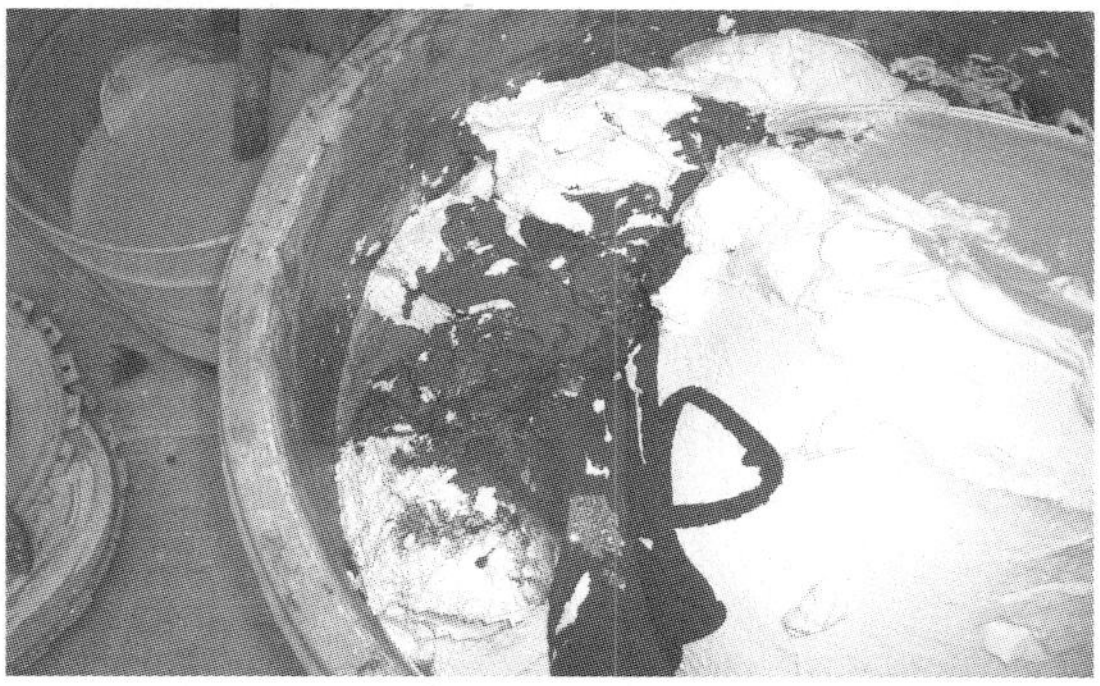

液体の有機系顔料

- 塗料のように発色がよく、鮮やかな色をつくり出せる
- 無機系顔料に比べ、耐候性はやや劣る
- 漆喰やプラスター、樹脂系左官材によく使われる

■顔料の色と原料

色	原料	発色成分
赤	合成酸化鉄	Fe_2O_3
赤	弁柄	Fe_2O_3
橙	合成酸化鉄	Fe_2O_3
黄	合成酸化鉄	$Fe_2O_3 \cdot H_2O$
緑	酸化クロム	Cr_2O_3
緑	セメントグリーン	フタロシアニンブルーを黄土に染め付けたもの
青	群青（ウルトラマリン）	2（$Al_2Na_2Si_3O_{10}$）Na_2SO_4
青	フタロシアニンブルー	有機質のレーキ顔料
紫	紫酸化鉄	Fe_2O_3 の高温焼成物
黒	カーボンブラック	C（炭素）
黒	合成酸化鉄	$Fe_2O_3 \cdot FeO$

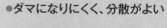

43 装飾材

Point!

- ●ガラスやビー玉なども骨材に使用できる
- ●初めて使用するものは、強度不足や硬化不良、色ムラが発生しないかなどを試験する

さまざまなものを使用できる

左官材料として定着している骨材や顔料以外にも、さまざまなものを使用できる。初めて使うものは、強度不足や硬化不良がないか、手で触ってパラパラと落ちないか、尖っていて危険がないかなどを試験する必要があるが、新しいものを取り入れることは左官の可能性を広げる。ここでは、左官材料に混入できる主なものを紹介する。

●ガラス　砕いたガラスは、そのままではエッジが立っていて危険なため、リサイクルガラスで丸みを帯びているものを使用する。左官材料が乾燥する前に表面に張り付けても、混ぜ込んで洗い出し仕上げにしてもよい。ガラス仕上げのなかでは、ビー玉の洗い出し仕上げがポピュラーである。

●金属粉　銅や鉄の粉を使用すると、メタリックな壁をつくることができる。金属の削りカスや塊をモルタルに混入してもよく、また、高価だが金粉を使用した壁の仕上げもある。

●活性炭　壁に混入して鏝圧をかけると活性炭が潰れ、部分的に色が濃くなる仕上げができる。墨色で濃淡を付けたい場合に有効である。

●雲母　通常は磨き壁の光沢を出すために使用するが、大きいものを骨材として使い、キラキラと反射する壁をつくることができる。

●木屑・木片　木素材を使用する場合は、あくが出ないか、収縮により入れたものがとれないかなどをよくテストしてから使用する。

●蓄光材　光を一定時間、蓄える性質のあるものを使用し、消灯後もぼんやりと光る壁をつくることができる。

●コーヒー粉　コーヒーを挽いた粉を左官材料に入れると、コーヒーの匂いを発し（長期間は香らない）、コーヒーの色も出てくる。

このほか、「左官＝エコロジー」という観点のもと、さまざまなものを再利用して左官材と組み合わせ、リサイクル建材とするのもおもしろい取り組みである。

■さまざまな装飾材

●ガラス

リサイクルガラス。危険がないように、丸みを帯びたものを使用

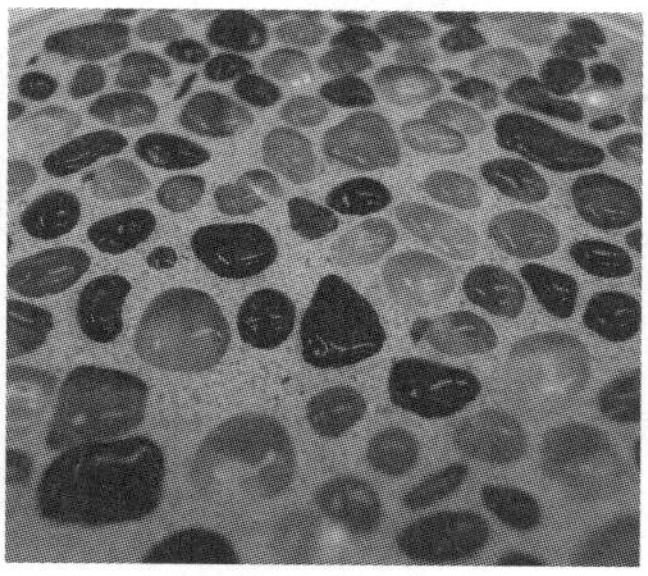

ガラスを骨材に使用した洗い出し仕上げ

ガラスビーズ。樹脂で塗り固める仕上げができる

●金属粉

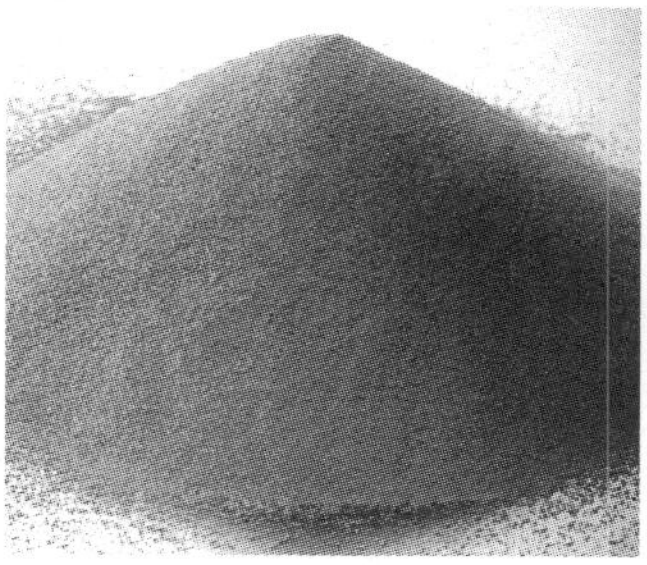

メタリックな壁がつくれる

●活性炭

墨色で濃淡を付ける仕上げに向いている

●雲母

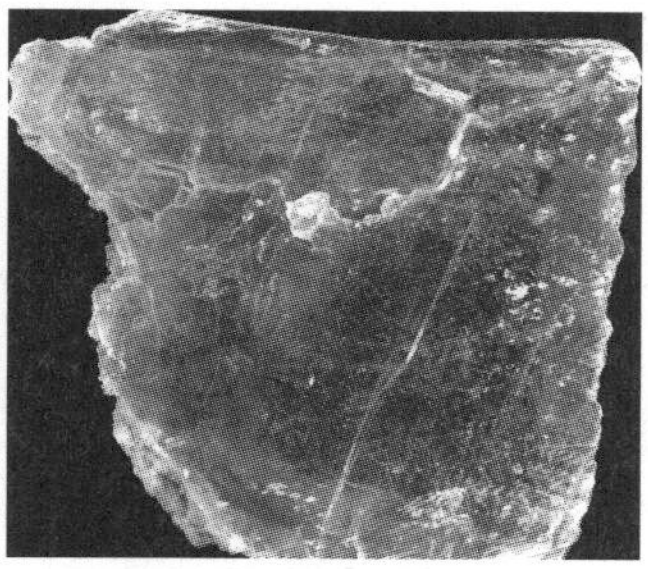

キラキラと反射する壁がつくれる

●木屑・木片

あくが出ないか、収縮によりとれないかなどをテストして使用

●コーヒー粉

コーヒーの匂いと色を仕上げに生かせる

現在は骨材として定着している珪藻土や火山灰も、もともとは左官用ではなく、近年になって初めて使用された

▶

さまざまなものを左官材に入れて使用することで、左官の可能性が広がる

44

既調合製品と現場調合

Point!

- 既調合製品は材料が安定しており、作業時間やコストを削減できる
- 既調合製品をアレンジすることもできる

それぞれのメリット

左官材料は、既調合のものを使う場合と、現場調合する場合がある。既調合製品は、工場でつくられるため安定しており、水と練り混ぜればすぐに使える。そのため、材料づくりの手間と時間を削減でき、配合を考えたり、試験施工をする必要もなく、トータルコストを抑えられる。

一方、現場調合の場合は、左官職人が仕上がりの強度や、施工時の気候、下地の水引加減などを考え、固化材や糊などを調整して材料を一からつくっていく。現場調合のメリットは、完全にオリジナルの材料がつくれることに加え、仕上がりや施工性がよくなるように微調整がしやすいことだ。さらに、自然素材などにこだわった材料づくりができることもうれしいポイント。

既調合製品をアレンジできる

既調合製品に装飾材を添加し、オリジナルの材料をつくることもできる。既調合製品は左官材料として完成されているが、あえて半完成品ととらえ、何かをプラスするという考え方である。

たとえば、アクリル樹脂系材料「ジョリパット」は、発売当初はローラーと吹付けのパターン仕上げだったが、寒水石や藁を添加して鏝塗りすることで仕上げのバリエーションが大きく広がった。このアレンジが、現在は標準のテクスチュアとなっている。

アレンジするときの注意

既調合製品をアレンジするときは、添加の量に注意する。アクリル樹脂系材料の場合、添加を前提としているため、材料に対して重量比50～100％を混入できるが、セメント系や石膏系は、添加を前提としていないものがほとんどなので、重量比10％程度に留める。

また、顔料は重量比3％程度が望ましく、入れすぎると硬化不良を起こし、強度不足となることがある。添加が前提ではない材料をアレンジする場合、試験施工を行い、強度などをよく調べる。

■既調合製品のメリット

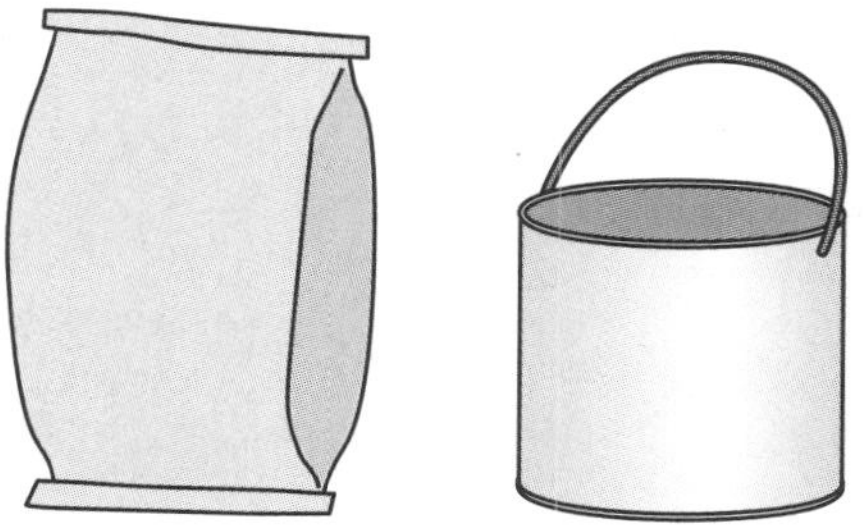

▶

- 材料として安定している
- 水で混ぜれば、すぐに使用できる
- 材料づくりの手間と時間がかからない

■現場調合のメリット

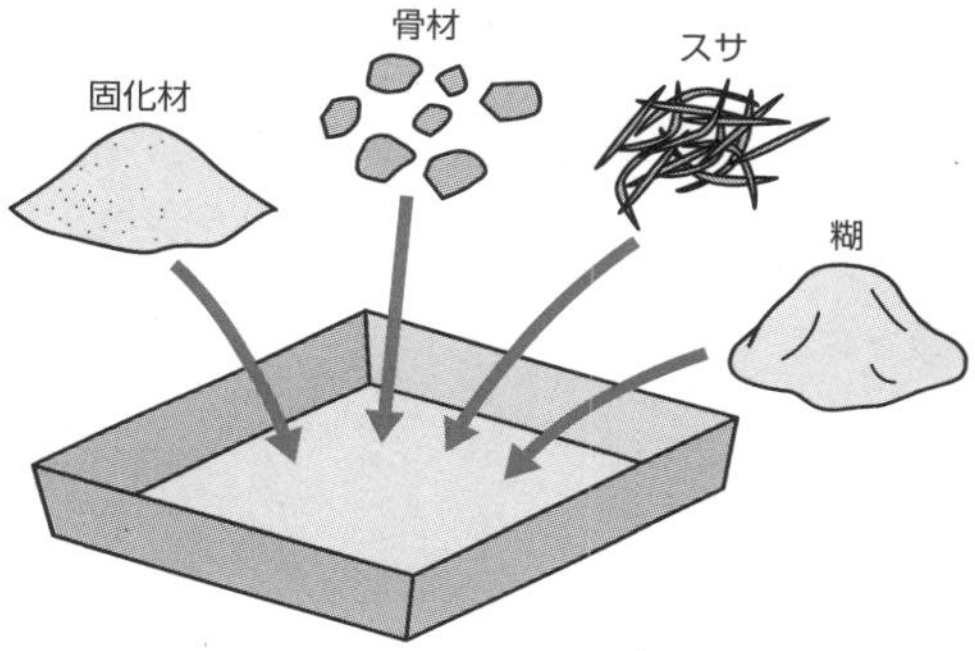

▶

- 完全にオリジナルの材料がつくれる
- 仕上がりや施工性がよいように微調整できる
- 素材にこだわった材料づくりができる

■既調合製品のアレンジ(例)

●既調合モルタル薄塗り材をアレンジ

本来の用途

コンクリート面などの躯体修正や、クロス張りなどの下地をつくるモルタル系補修材

▶

装飾材を添加してアレンジ

← 骨材
← 顔料
← 藁など

▶ 仕上げ材として使用できる

●既調合石膏プラスターをアレンジ

本来の用途

ラスボードやプラスターボードに塗る下塗り材

▶

装飾材を添加してアレンジ

← 骨材
← 顔料
← 藁など

▶ 仕上げ材として使用できる

45

光る泥団子

Point!

●左官技術の応用により、完全な球形をピカピカに光らせることができる

光る泥団子とは

光る泥団子は、一見、球形の大理石のようだが、左官の技術を応用してつくった完全な球形の泥団子である。色土などを入れた石灰クリームで磨くことで、ピカピカに光らせることができる。これは東京・千石の榎本新吉氏が考案した方法である。

つくり方

❶芯をつくる

土壁でいう「荒壁」の状態をつくる。粘土質の高い土に対し、半分程度の砂を入れた後、つなぎに藁スサを入れ、手で団子状に固める。それを天日に干して乾燥させる。大きいものは乾燥に時間がかかり、また、強制乾燥すると急激に体積が縮小し、ひび割れを起こすことがあるので注意する。

❷形状を整える

土壁でいう「中塗り」の工程。❶に中塗り用の材料（粘土質の土に、少し細かい砂と藁を混ぜたもの）を塗り、形を丸くしていく。塗る道具は、バターナイフや油絵用のナイフが使いやすい。土が乾き、触れる状態になったら、ガラス瓶の口やペットボトルのキャップなどで土を削って球形にしていく（ガラス瓶の口やペットボトルのキャップは円形であり、円形のものが完全に接する立体は球形になる）。これが上塗りの下地となり、スサが飛び出る場合は乾燥前に抜くか、焼いておく。

❸上塗り土を塗り、磨く

土壁でいう「大津磨き」の工程。上塗りの急激な乾燥を防ぐため、石灰クリームの下塗りをした後、石灰クリームに色土と糊を混ぜたものを塗り付け、ガラス瓶の口やペットボトルのキャップなどで磨く。乾燥状態を見ながら、上塗り土を剥がさないように力を加減して磨いていき、完成となる。

ここでは左官工法にもとづき、石灰クリームを使った場合のつくり方を紹介したが、ほかにもさまざまなつくり方がある。また、光る泥団子づくりが体験できる施設やイベントなどもある。

■光る泥団子のつくり方

❶ 芯をつくる

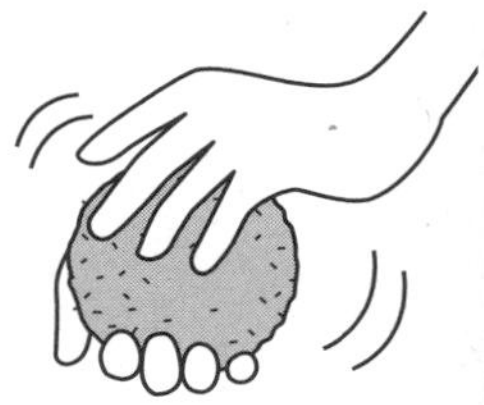

粘土質の高い土に砂を入れた後、つなぎに藁スサを入れ、手で団子状に固める

❷ 形状を整える

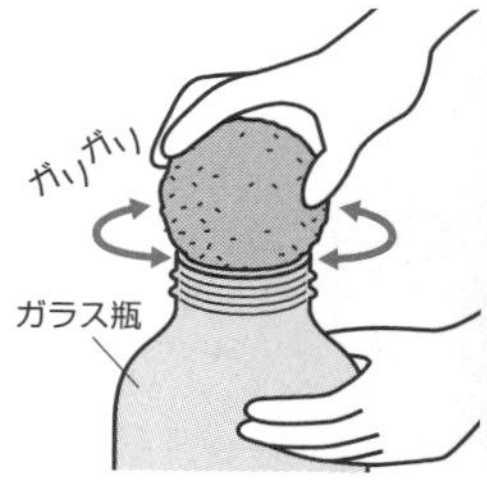

粘土質の土に、細かい砂と藁を混ぜたものを塗り、ガラス瓶の口やペットボトルのキャップで削り、形を丸くする。凹んでいる部分がある場合は、中塗り土を塗る

❸ 上塗り土を塗り、磨く

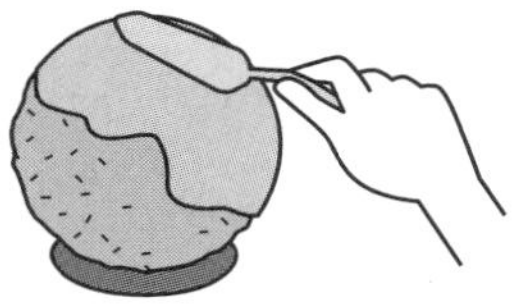

石灰クリーム（砂を入れたもの）を下塗りする

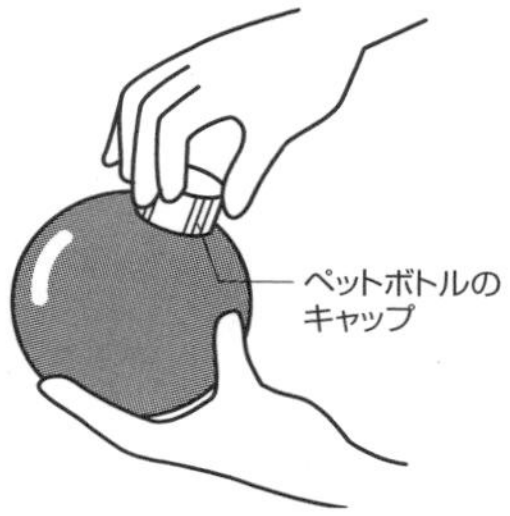

石灰クリームに色土と糊を混ぜたものを塗り、乾燥状態を見ながら、力を入れすぎないようにして磨いていく

完成

■構造

Column

左官職人になるには

年季明けのお祝いの様子。親方や兄弟子、両親などが集まり、お披露目をする

左官講習会の様子。左官職人を目指す人にとっては、有名な職人と直接話をするチャンスの場でもある

入門の間口が広がっている

左官職人になるには、今もやはり徒弟制度のなかで修行し、腕を身に付けていくのが一般的。しかし、昔とは異なり、今は入門の間口が広がっている。全国各地の左官組合や左官事業所のホームページ、ハローワークなどで情報を入手できるほか、左官の講習会やワークショップに参加し、左官職人や親方衆と交流し、紹介を受けることもできる。また、左官の授業がある職業訓練校に入校することも有効であり、左官を理論的に学び、入職後に役立てることができる。

見習いとして3～5年修行

左官職人になる第一歩は「見習い」になること。修行期間・内容は事業所によって異なり、通常は入職して3～5年間、見習いを務め、住み込みで躾から身に付けさせる事業所もあれば、現場での教育を重視した事業所もある。見習いは毎日現場に出て、作業のなかから技術を学び、経験を積んでいく。

昔は見習いに鏝を持たせなかったといわれる。職人と見習いの立場の差が今よりも大きく、簡単には左官の作業をさせず、じっくりと下働きの作業をさせ、職人の動きを徹底的に体に染み込ませていた。しかし、現在は薄塗りの材料が多くなったこともあり、見習い期間中から実際に塗る作業をさせることがある。

「一生修行」といわれるほど奥が深い

左官の世界に限らないが、見習い期間が終わることを「年季が明ける」といい、親方や兄弟子に加え、本人の両親などが集まり、お祝いをする。

見習いを終えると立場は職人になるが、左官のすべてができるようになったわけではない。左官は「一生修行」といわれるほど奥が深く、10年で土壁・漆喰・セメントなどひととおりの仕事を覚え、20年でそれ以上の難しい仕事をこなしていく。

また、左官施工の正解は1つではないため、どんなに経験を積んだ職人でも、日々技術を磨く必要がある。

Part 3 施工編

46

左官の道具【一般編】

Point!

●薄塗りはステンレスの薄い鏝（ペンギン鏝）、厚塗りは厚く硬い鏝を使う

仕上げに使う鏝

鏝にはさまざまな種類があるが、漆喰の模様付け仕上げや珪藻土仕上げなど、薄塗りの場合はステンレスの薄い鏝、通称ペンギン鏝を使用する。適度にしなりがあるため平滑に仕上げやすく、一般の人でも比較的使いやすい。壁の大きさ、細かいところの有無などを確認し、使う場所によって大小の鏝を用意するとよい。一方、モルタルや荒壁など、重い材料を厚く塗る場合は、材料の重量に負けないように厚く硬い鏝を使用する。厚く塗る材料を平滑に仕上げるには、力と技術が必要になる。

また、仕上げに使う道具は鏝だけでなく、スポンジや刷毛、ワイヤーブラシ、発泡スチロールなどを使用したり、素手で模様を付けたりしてもかまわない。道具に決まりはなく、自分だけのオリジナルな仕上げを表現できる。

材料をかき混ぜる攪拌機

攪拌機は材料をかき混ぜる機械で、通称ハンドミキサーと呼ばれる。珪藻土など薄塗りの材料には丸い羽のタイプ、モルタルなど厚塗りの材料にはスクリュータイプが向いている。材料を攪拌する際は、ダマができないように均一に混ぜ、材料の硬さを調整する。材料の攪拌具合は仕上がりに影響し、ダマができていると滑らかな仕上がりにならず、硬さの調整が不十分だと塗った後に剥がれることがある。

その他の道具

シーラーを塗るスポンジローラー、養生テープを切るカッター、材料攪拌用・水洗い用・水溜め置き用など複数のバケツも必要になる。材料の使用量によっては、45ℓまたは75ℓ程度の大きさの水タルのほうが作業効率がよい。

このほか、作業台や床養生材も使用する。作業台は、脚立や立ち馬など、壁の高さに合わせて適正なものを選ぶ。床養生材は、内装仕上げの場合、床が仕上がっていることがあるため、クッション性のあるものが適している。

■鏝の種類

薄塗り仕上げ（漆喰の模様付け仕上げや珪藻土仕上げなど）

●薄い角鏝（ペンギン鏝）

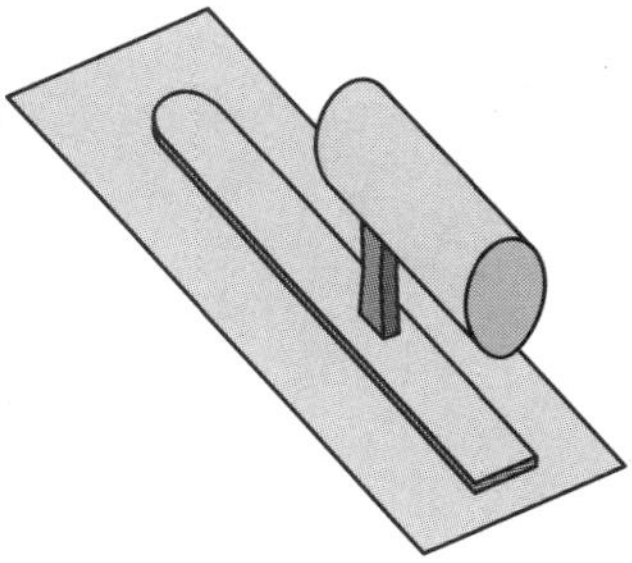

● ステンレス製で、適度にしなりがある
● 平滑に仕上げやすく、模様付けもしやすい

厚塗り仕上げ（モルタルや荒壁など）

●厚く硬い鏝

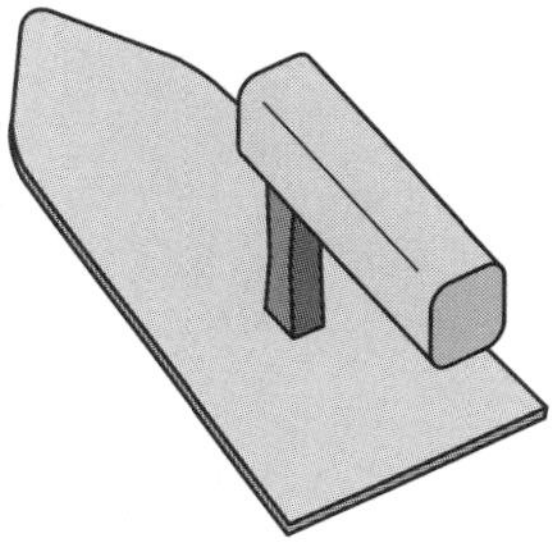

● 材料の重さに負けずに仕上げられる
● 平滑に仕上げるには、力と技術が必要

●その他の鏝と仕上げ道具

木鏝

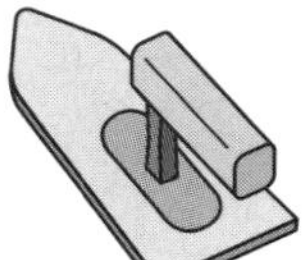

プラ木鏝

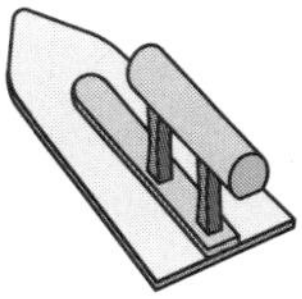

ゴム鏝

スポンジ

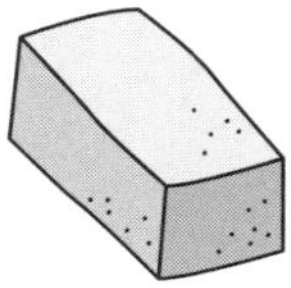

刷毛

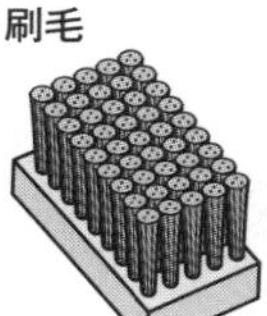

ワイヤーブラシ

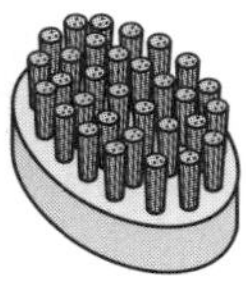

金属のほかにも、木、プラスチックと木を組み合わせたもの、ゴムなど、鏝の材質にはさまざまな種類がある。鏝表面の密度の違いによって仕上がりの表情も変わる

スポンジや刷毛、ワイヤーブラシなどは、左官材料を鏝で塗り付けた後にパターンを施すときに使う。形状や材質によって多種多様なパターンを生み出すことができる

■攪拌機

●丸い羽のタイプ

薄塗りの材料を攪拌する

●スクリュータイプ

厚塗りの材料を攪拌する

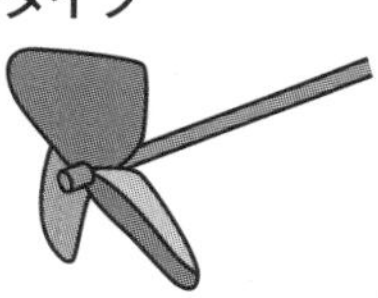

材料の攪拌は仕上がりに大きく影響するため、重要な作業となる

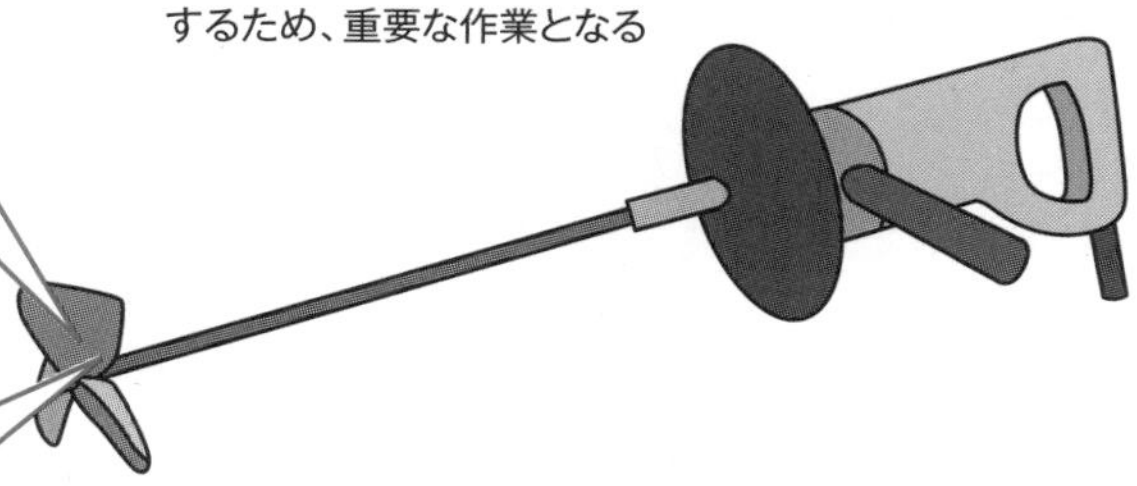

注　攪拌機を使わず、フネとクワで混ぜることもある

47

左官の道具【プロ編】

Point!

●さまざまな道具を使い分けることで、速く、効率よく仕上がる

●左官職人が独自に考えたアイディア道具もある

適切な道具を使い分ける

左官で速く、効率よく仕上げるには、鏝や撹拌機のほかにもさまざまな道具が必要になる。プロの左官職人は、それぞれの道具を適切に使い分けている。ここでは、一般では使わないプロ向けの道具を紹介する。

●定木《じょうぎ》

壁や土間の水平垂直を測ったり、壁の角測りや、蛇腹引きなど直線を引くときに使用するほか、モルタルなどは定木でならして平らにする。形状は刃定木や走り定木などがあり、材質は木やプラスチック、アルミ、ゴムなどがある。木材は杉が一般的だが、壁にあくが出る心配があるときは、白い材質の木材を使用する。また、曲線をつくるときはゴム製を使用する。

●定木パッキン

モルタル笠木などをつくる場合に、定木を両サイドに取り付け、固定する。

●サッシポンプ

窓などのサッシ廻りにモルタルを詰めるときに使用する。鏝で詰めるよりも、効率よくモルタルを詰めることができる。下端用に先が曲がっているものなど、さまざまな種類がある。

●モルタル用下駄

土間モルタルは、材料が半渇きの状態で上に乗り、鏝押さえをする。そのとき深く足跡が付かないように、高下駄や、スチロール材質の下駄を履く。

●吹付けガン器

空気を送り、材料をスプレーガンで吹付ける。塗料系だけでなく、モルタルやスタッコなども吹付けて施工する場合がある。また、鏝塗りのかわりに吹付けで材料を配り、その後に鏝でテクスチュアを付ける工法もある。

●篩《ふるい》

砂や土などの粒度を合わせるときに使用。メッシュの種類が豊富にある。

●刷毛、ブラシ

土間を掃除するときのほか、テクスチュア付けにも使用する。大型から小型まであり、毛足も硬いものから柔らかいものまである。

■プロ向けの左官道具

●定木

刃定木

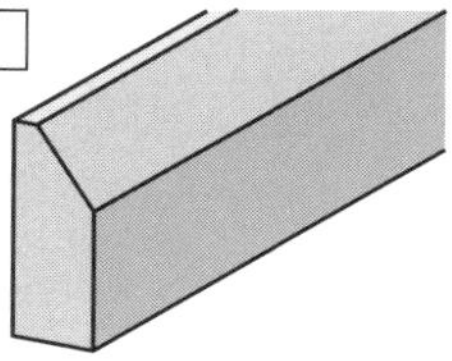

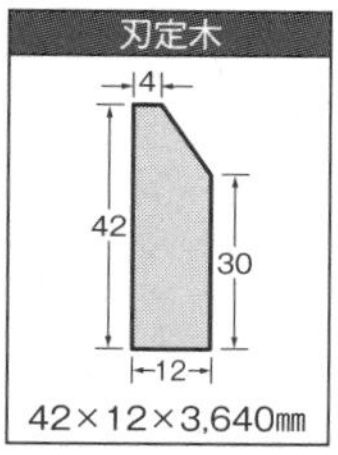

刃定木
42×12×3,640mm

壁や土間の水平垂直の測定、壁の角測り、蛇腹引きなどに使用。形状や材質にさまざまな種類があり、用途に合わせて使い分ける

走り定木

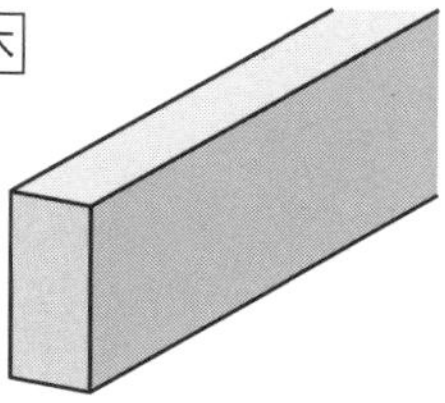

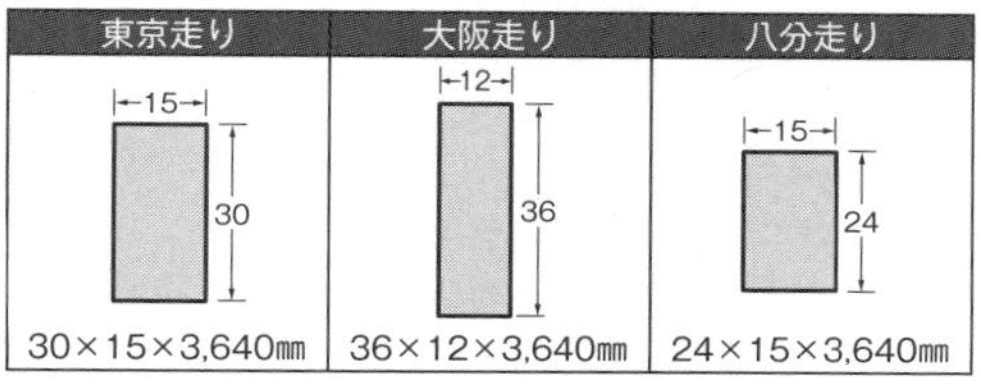

東京走り	大阪走り	八分走り
30×15×3,640mm	36×12×3,640mm	24×15×3,640mm

●定木パッキン

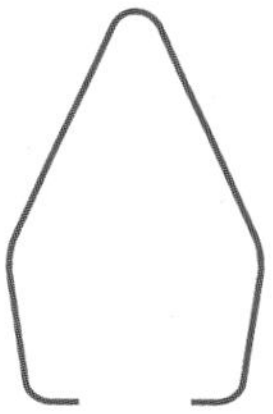

定木を両サイドに取り付け、固定する

●サッシポンプ

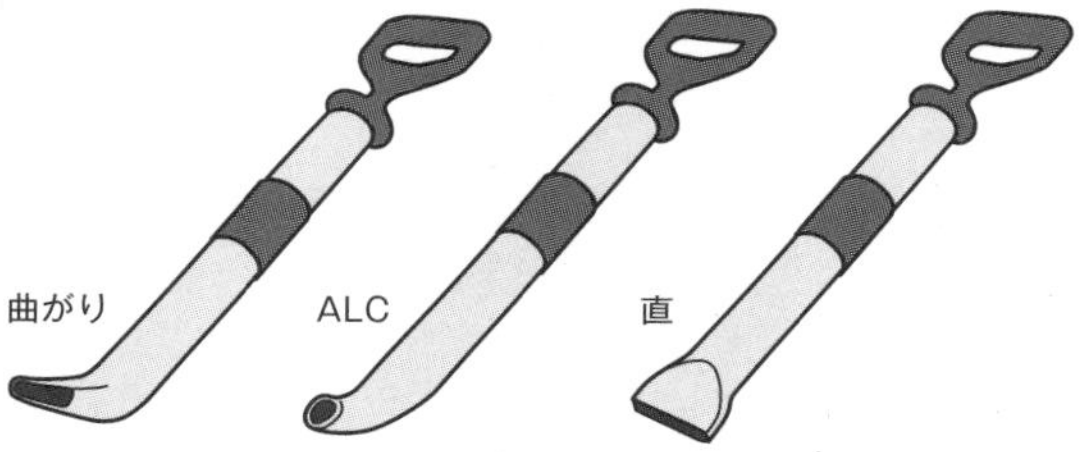

サッシ廻りに効率よく材料を埋めることができる

●モルタル用下駄

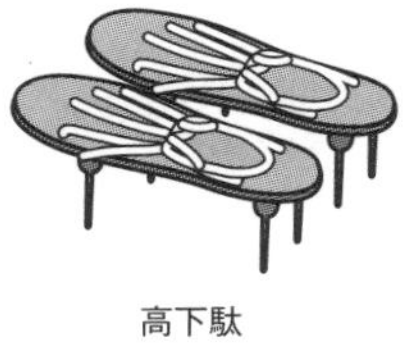

高下駄

アルミスリッパ

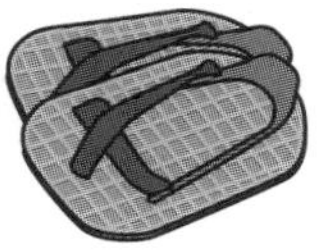

マットスリッパ

モルタルが半乾きの状態で上に乗っても、深く足跡が付かない

●篩《ふるい》

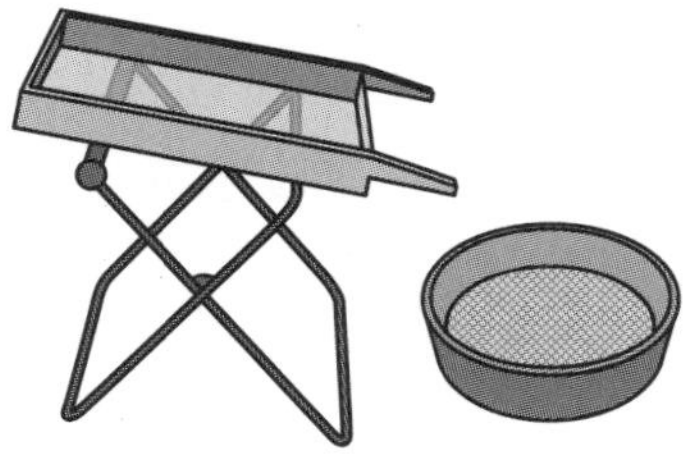

砂や土の粒度を合わせるときに使用

●刷毛、ブラシ

人造ブラシ

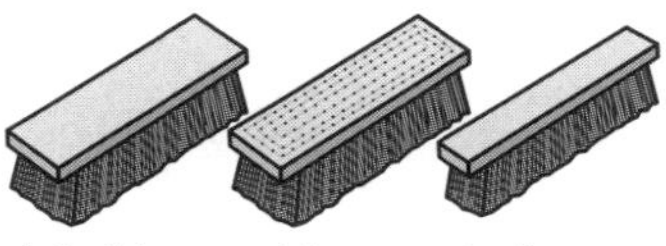

キカイ植　手植　三行ブラシ

サイズや毛の硬軟に豊富なバリエーションがある

柄付ブラシ

フロアーブラシ

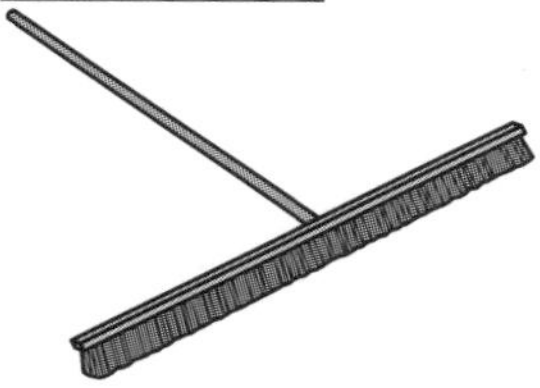

48

金鏝の種類

Point!

- 材料・工法に合わせて選ぶことが、効率のよい作業と、綺麗な仕上がりにつながる
- 金属の製造方法により、硬度や金質が変わり、用途も異なる

金鏝の構造

金鏝は、持ち手の「柄」、「鏝台」（金属の部分）、柄と鏝台をつなぐ「首」の3つで構成されている。左官職人は、材料や工法に合った金鏝をその都度選び、使い分けることで、効率がよく、仕上がりも綺麗な仕事をしている。ここでは金鏝の各部分の特徴を紹介する。

●**柄**　木製で、楕円形や四角形などの断面形状をもつ。形状の違いは、関東と関西の違いにもとづき、関東では漆喰仕上げが多く、柄をつかんだときに力が入りやすいように楕円形になり、関西では土壁仕上げが多く、柄を親指で押さえる持ち方になり、上面が平らになったといわれている。

●**鏝台**　鉄や鋼の製造方法により、硬度や金質が変わり、用途も異なる。

●**首**　鏝尻から出ている「元首」と、鏝の中心から出ている「中首」がある。中首は安定しやすく、現在主流になっているが、細かい作業では元首を使用することが多い。

鏝台の種類と用途

●**地金**《じがね》　鉄の板を焼き入れせず、鍛造したもの。よく鍛造したものは「黒打ち」とも呼ばれる。柔らかいため、土壁の塗り付けや中塗りに使われる。

●**半焼き**　地金を炭火などで着色し、焼き戻しをせずにつくったもの。地金とほぼ同じ用途で使われるが、若干硬く、モルタルの塗り付けにも適している。

●**油焼き**　鋼を鍛造した後、油を付けて焼き入れし、焼き戻し（再度、火にあぶり加熱する）を行ったもの。半焼きよりも硬く、塗り付けにも、光沢を出す押さえ仕上げにも使われる。

●**本焼き**　油焼きと同じ工程でつくり、焼き戻しよりも高温で処理したもの。硬度があり、仕上げに使われる。

●**ステンレス**　近年、首を接着剤で取り付ける技術が考案され、0.3㎜のごく薄いステンレスも鏝台にできるようになった。薄いステンレスの鏝はしなりがあり、薄塗り仕上げが多い現在、さまざまな場面で活躍している。

■柄の断面形状

●楕円形

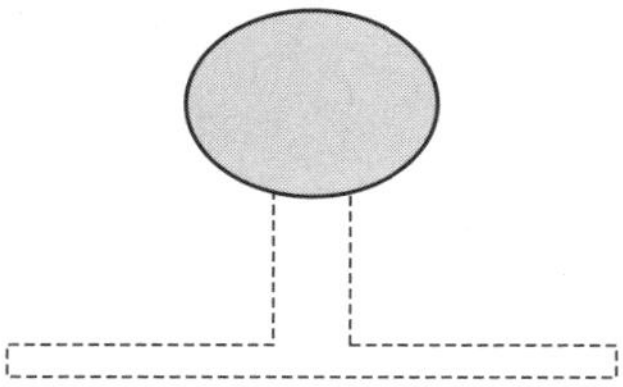

●関東に多い
●握ったときに力が入りやすい

●四角形

●関西に多い
●力をコントロールしやすく、繊細な作業に向いている

■首の種類

●元首

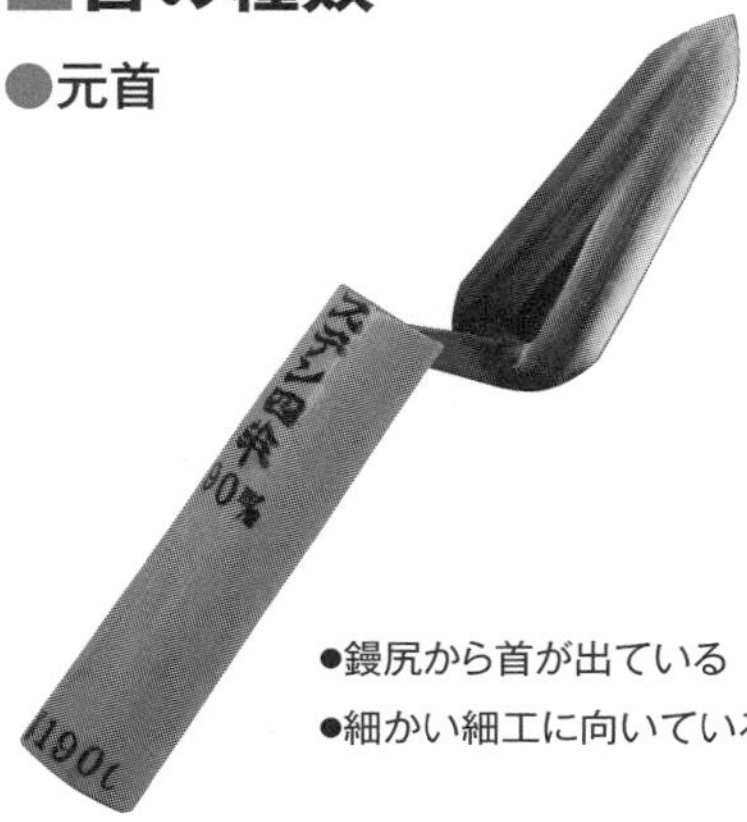

●鏝尻から首が出ている
●細かい細工に向いている

●中首

●鏝の中心から首が出ている
●安定感があり、現在はこのタイプが主流

■鏝台の硬さ

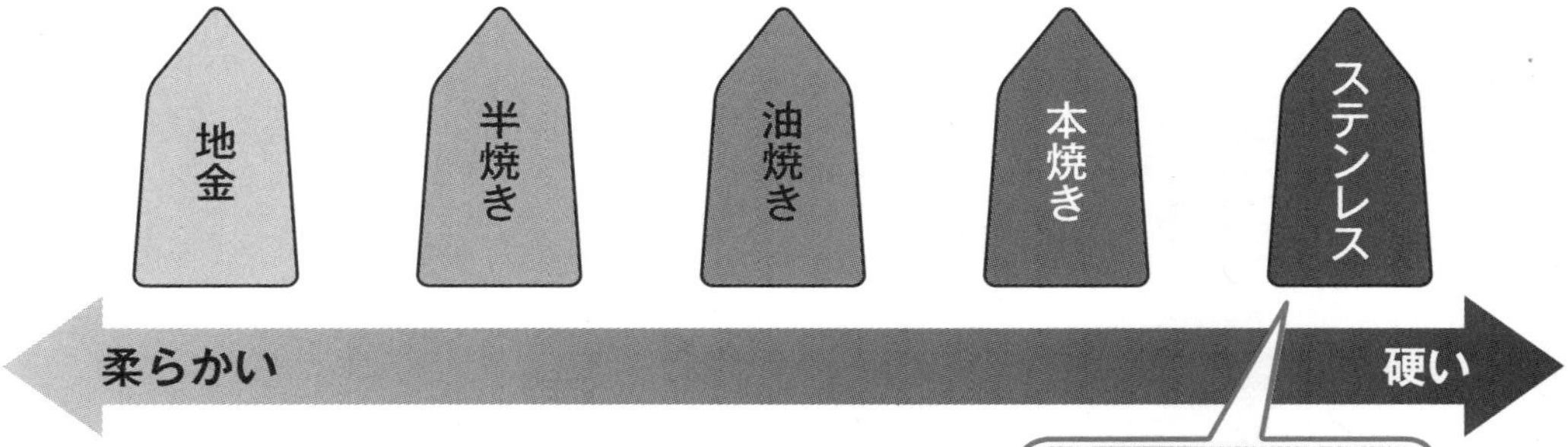

塗る材料によって
使い分ける

薄く、しなりがあるため、
薄塗り仕上げがしやすい

ステンレスの鏝

49 その他の鏝

1000種類以上の鏝がある

土壁をごく薄く塗って仕上げるのは、世界中で日本だけの文化である。さらに、日本の左官は土壁だけでなく、漆喰や石膏、セメントモルタルなど、実にさまざまな材料を扱い、鏝絵などの装飾も行う。そのため、日本の鏝は1000種類以上あるといわれる。ここでは変わった鏝を紹介する。

●壁の形状に合わせた鏝　入隅を塗る「切付け鏝」や、出隅を塗る「面引き鏝」などがある。ピン角に仕上げるものからRを付けるものまで、さまざまな大きさや角度の鏝があり、壁の形状や塗る材料などによって使い分ける。

●模様付けをする鏝　骨材を転がして仕上げる「ニュープラスチック鏝」は、裏に筋が入っており、そこに骨材を引っかける。櫛引模様を付ける「櫛鏝」は、櫛目の大きさに豊富な種類がある。

●細かい部分を塗る鏝　細部の押さえ仕上げや手直しをする「トメサライ鏝」、ちり廻りを塗る「ちり鏝」、ごく細かい部分を細工する「ツマミ鏝」などがある。仕上げにこだわる分だけ、使う鏝の種類が増えていく。

●用途に合わせた鏝　洗い出しや研ぎ出しの仕上げで種石を伏せ込むときに使う「人造鏝」は、種石を隙間なく伏せ込めるように分厚くなっている。「人造」という名前は、「人がつくる石調の仕上げ」に由来する。

●薄塗り仕上げに適した鏝　近年は薄塗りで仕上げる左官材料が多く、今までの金属の素材とは違う鏝もつくられている。「ステンレス鏝」はしなりがあり、薄塗りを平滑に仕上げやすい。「プラスチック鏝」は薄塗り材料の鏝波を消すときに使う。また、京壁水捏《こ》ね仕上げ（▼P80参照）や引きずり仕上げは、砂の目をそろえる繊細な仕上げのため、薄い鏝ではなく「黒打ち」と呼ばれる分厚い鏝を使用する。

このほか、鏝を製造する鍛冶屋（鏝鍛冶）に職人自身が依頼し、柄のサイズや形状など、細部にまでこだわった特注の鏝をつくることもある。

Point!

- ●日本の鏝は1000種類以上あるといわれる
- ●入隅用、出隅用、模様付け用などを用途に合わせて使い分ける

■変わった鏝の種類

●壁の形状に合わせた鏝

さまざまな大きさや角度があり、壁の形状などに合わせて使う

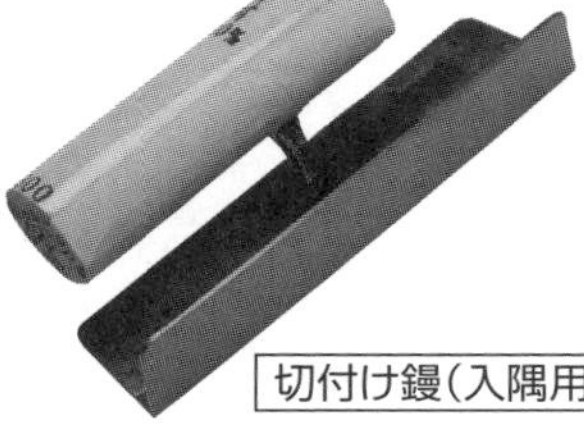
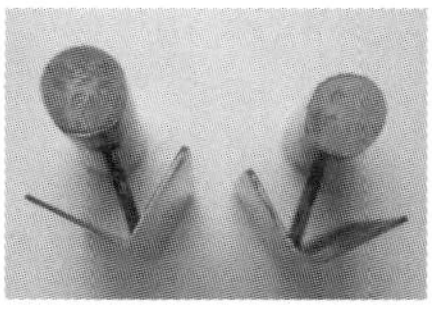

切付け鏝(入隅用)

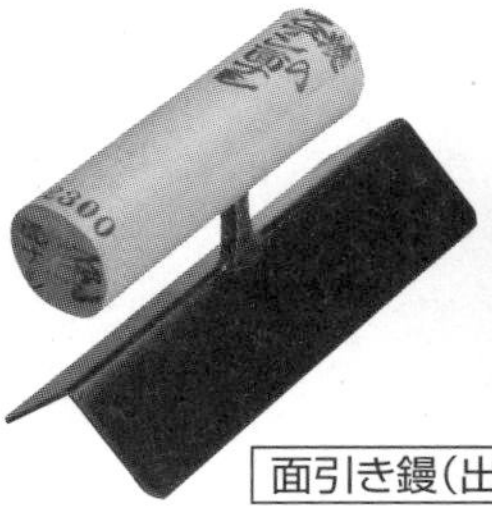
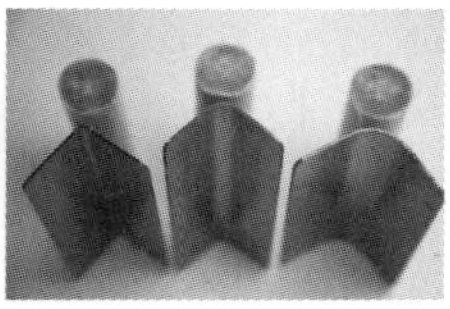

面引き鏝(出隅用)

●模様付けをする鏝

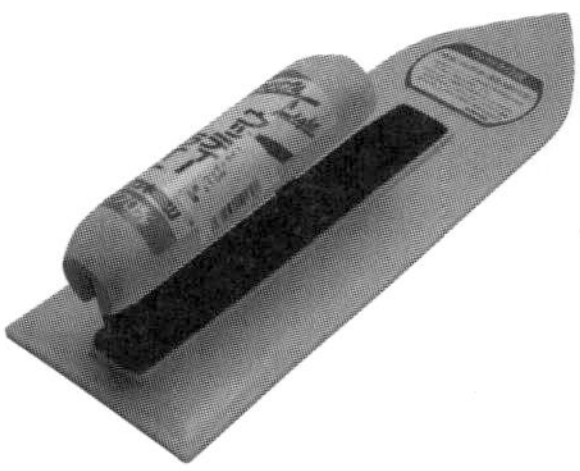

ニュープラスチック鏝

裏面の筋に骨材を引っかけ、転がしながら模様を付ける

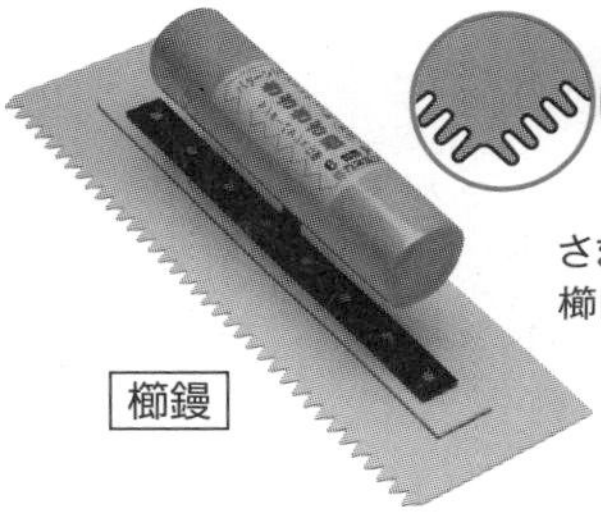

櫛鏝

さまざまな大きさと形の櫛目がある

●細かい部分を塗る鏝

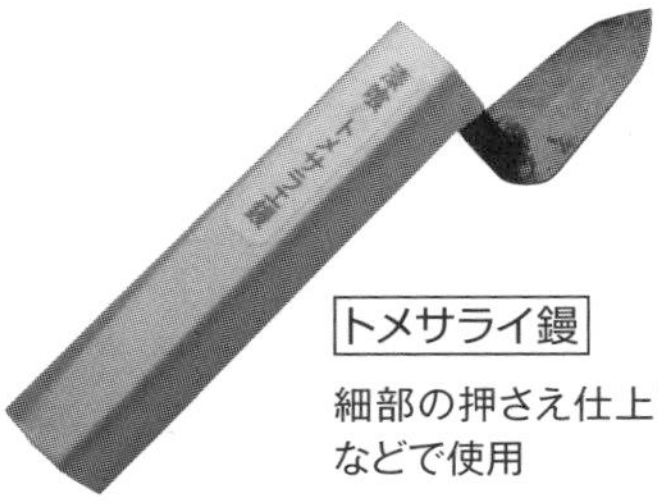

トメサライ鏝

細部の押さえ仕上げなどで使用

●用途に合わせた鏝

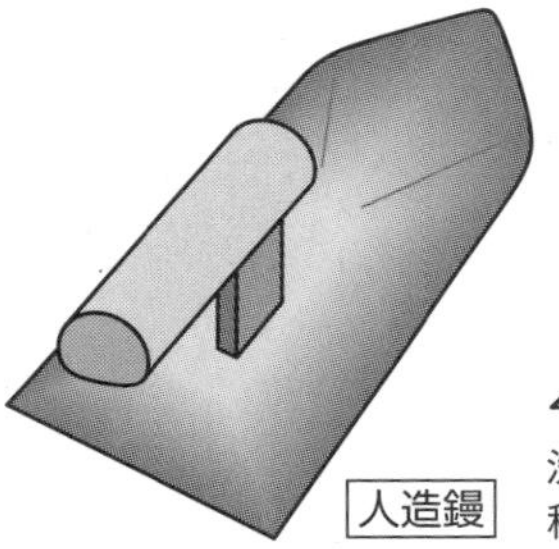

人造鏝

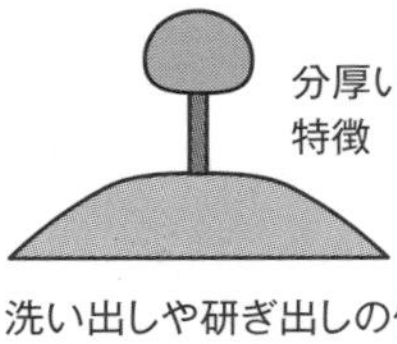

分厚い形状が特徴

洗い出しや研ぎ出しの仕上げで、種石を伏せ込むときに使う

●薄塗り仕上げに適した鏝

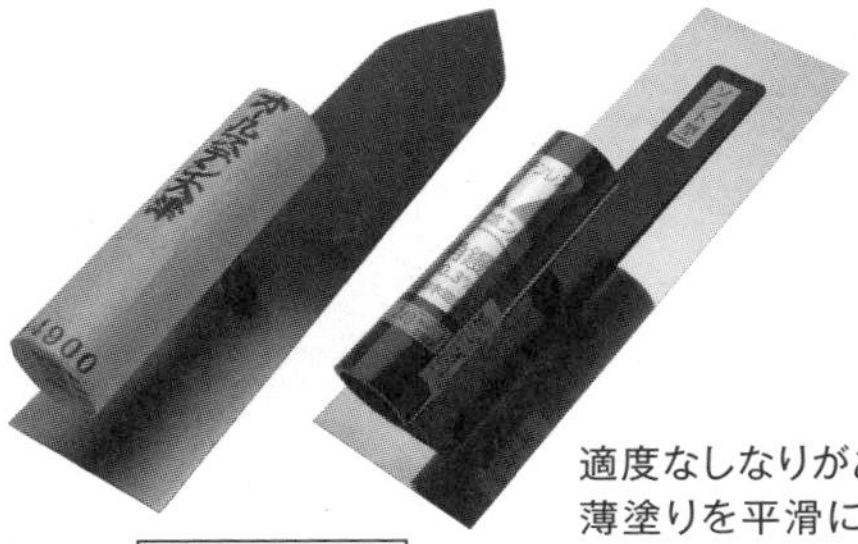

ステンレス鏝

適度なしなりがあり、薄塗りを平滑に仕上げやすい

黒打ち

京壁水捏ね仕上げなど、砂の目をそろえる繊細な作業で使用。形状に厚みがある

50

ラス下地

Point!

●ラスの種類によってモルタルの塗り厚や壁の強度が変わる
●外壁は防水紙、ラス、ステープルの選定に注意

ラス下地とは

ラス下地は、主に合板下地と木摺下地にモルタルを塗る場合に用いる下地材である。合板下地には直接モルタルが塗れないため、金属系の金網（メタルラス）を張り、その上にモルタルを施工する。外壁の場合は雨水の浸入を防ぐため、事前に防水シート（アスファルトフェルト）を張る。内壁はラスやモルタルの使用に制限はないが、外壁は防火認定や住宅瑕疵担保履行法にかかわり、認定基準にもとづいて施工する。

外壁モルタルの施工

●防水紙　合板下地や木摺下地の場合、まず防水紙を張る。それも20kg（430g／㎡）のものを使用し、透湿防水シートは避ける。その理由は、ステープルを打ったとき、あけた穴が自然につながる「パッチング効果」が得られず、穴がふさがらないためである。防水紙は20kg、17kg、8kgの3種類があり、そのなかで20kgのものが最も防水性が高い。また、サッシ廻りは防水テープ（ブチル系テープ）を事前に張っておき、その上に防水紙を張り付ける。

●ラス　防錆処理が施された波形1号という規格（700g／㎡以上、網目寸法16㎜×38㎜以下）を使用し、モルタルを厚く塗る。ラスにはさまざまな形状のものがあるが、特に波形はモルタルが最もよく絡むため、規定量の塗り厚を容易に実現しやすい。

●ステープル　地震発生時にモルタルと下地の剥落《はくらく》を抑えるもので、線幅10㎜・足高19㎜以上がよい。打ち込みはハンマータッカーで行い、コンプレッサーによる機械打ちとする。

●モルタル塗り　現場調合の砂セメントモルタルは20㎜、防火基準をとっている既調合軽量モルタルは16㎜の塗り厚を確保する。軽量モルタルの利点は、薄い形状のなかに軽量骨材のパーライト（▼P118参照）が入っていることで、耐火性が高い。また、1回塗りで20㎜や16㎜の塗り厚とするのは不可能なため、2回塗りで規定量の厚みにする。

■一般的なモルタルの断面

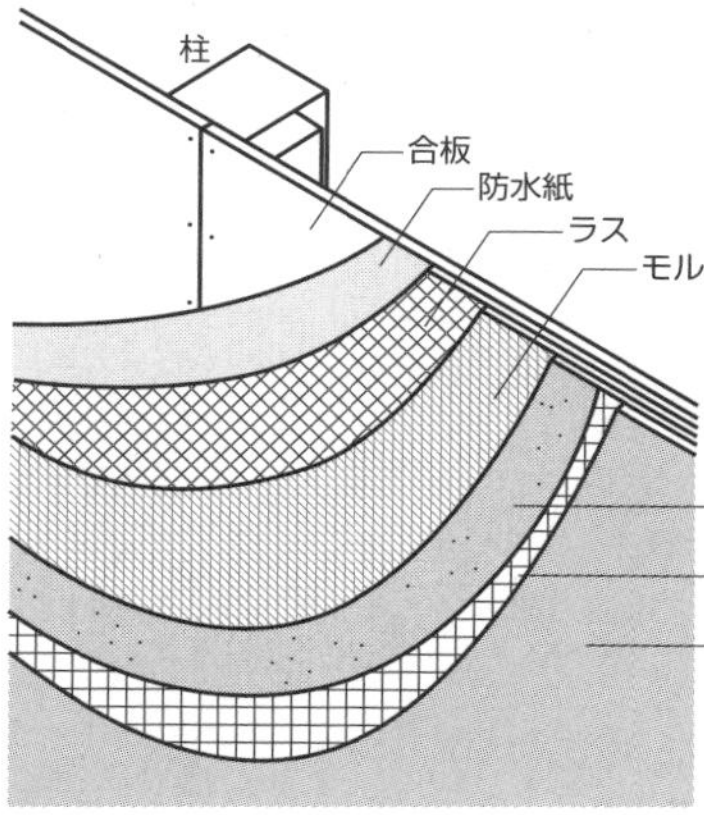

●主な仕様

防水紙	アスファルトフェルト　20kg（430g／㎡）
ラス	波型1号
ステープル	線幅10㎜·足高19㎜
モルタル	砂·セメントモルタル　20㎜ 軽量モルタル　16㎜

- ラス下地モルタルには、直接雨が掛かりにくいよう庇を設けるか、通気工法を選択することが望ましい
- 最近は、仕上げ材のクラック発生を防止するため、ガラスメッシュを採用することもある

■ラスの形状

●波型ラス

モルタルがよく絡み、規定量の塗り厚を実現しやすい

●メタルラス

薄い鉄板に切れ目を入れ、引き伸ばして網状にしたもの。内外装などに使用

●リブラス

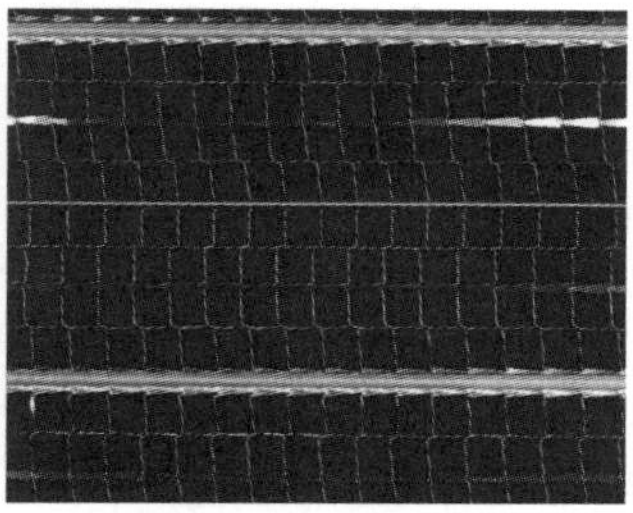

メタルラスに150㎜間隔のリブを付けたもの。リブが入っている分、強度がある

●ハイラス

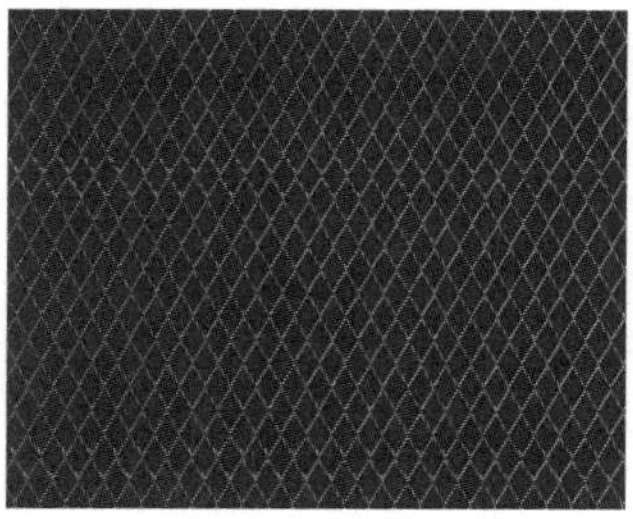

メタルラスの高級品。厚い鉄板からつくられ、網目が小さい

●ラスシート

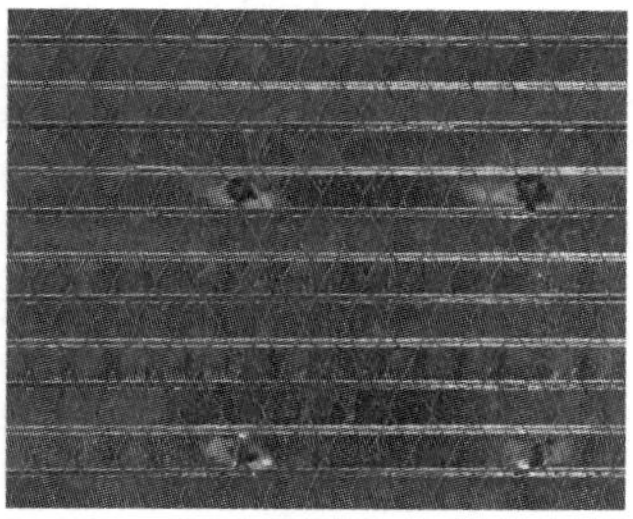

角山形に打ち曲げた亜鉛メッキ薄鉄板の片面に、メタルラスを溶接したもの

51 小《こ》舞《まい》下地

Point!

- 自然素材の竹は、土との相性がよく、耐久性のある壁になる
- 土壁の仕上げにより、竹の大きさや小舞下地の種類が変わる

小舞下地とは

小舞下地は、竹を格子状に組み、藁縄やシュロなどで巻いたもので、主に外壁を土で塗る際に使用する伝統的な下地材のひとつである。つくり方は、柱や梁に一定間隔で小さな穴を彫り、そこに間渡し竹を差し込んだ後、真竹を割ったもの（小舞竹）を藁縄などで等間隔に結束していく。竹の間隔は、3尺で22本にするのが基本になる。竹の間隔が狭すぎても広すぎてもよくないため、竹の幅を均等にする必要があり、作業は竹割り道具を使って行う。

両側から土が塗られ、小舞下地が挟まれた状態になるため、竹の骨組みが土と一体化して壁の強度が出る。また、間渡し竹は柱や梁に差し込まれているが、真竹は差し込まれていないため、軽い地震が起きてもちり際の割れは発生する恐れはあるが、壁全体に故障が生じることはほとんどない。

種類と用途

小舞下地には、並小舞、縦四ッ小舞、総四ッ小舞、真壁《しんかべ》小舞、すだれ小舞、大壁小舞などさまざまな種類がある。並小舞は一般的に使用されているもので、立四ッ小舞は中級の土物壁に、総四ッ小舞は上級の土物壁に使用される。真壁小舞は数奇屋造りなどの薄い壁に、すだれ小舞は狭い壁に使用されるほか、大壁小舞は土蔵《どぞう》（▼P172参照）などの大壁工法で使われ、丸竹をそのまま用い、非常に厚い壁となる。

土壁工法の施工手順

小舞下地は、土壁工法によって土が塗られる。施工手順は、まず荒壁を塗り、貫の部分は土壁の付き代が薄いため、藁などを塗り込んでひび割れを防ぐ。

また、木材の乾燥収縮や土の収縮の影響で、ちり際は隙間が空いたり、クラックが生じやすいので、「のれん」（柱に打ち付けられるように加工された寒冷紗《かんれいしゃ》）を打ち付けて、ちり廻りを塗るとよい。そして、高さを合わせるために底埋め塗りをし、中塗りをした後に、上塗りを施す。

■小舞下地のつくり方

竹を格子状に組み、藁縄やシュロなどで巻く。竹の間隔は、3尺で22本が基本

竹割り道具

竹の間隔が重要になるため、竹割り道具を使い、幅を均等にする

■種類

●並小舞

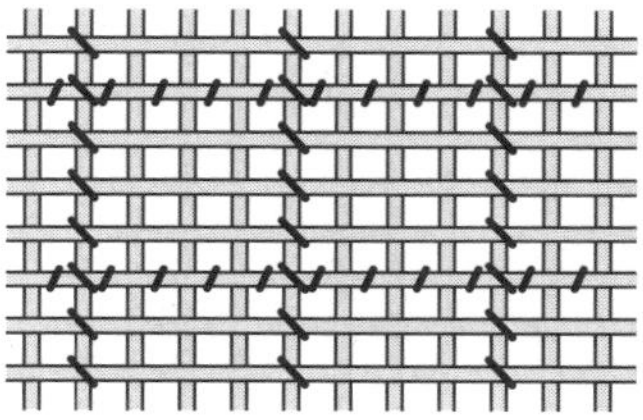

●縦四ッ小舞

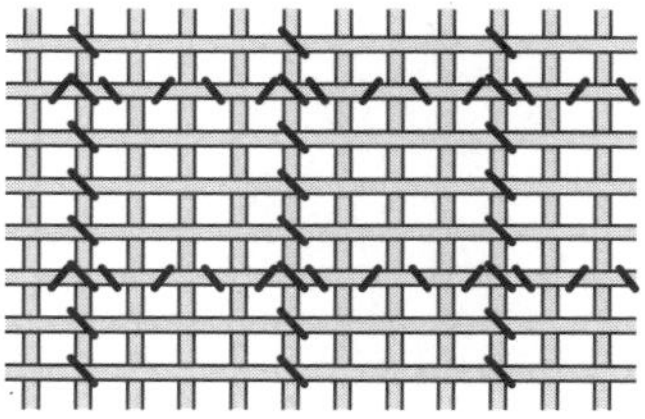

●総四ッ小舞

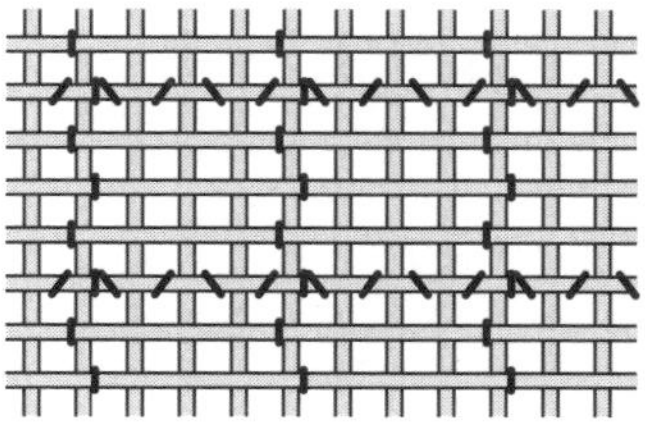

●すだれ小舞

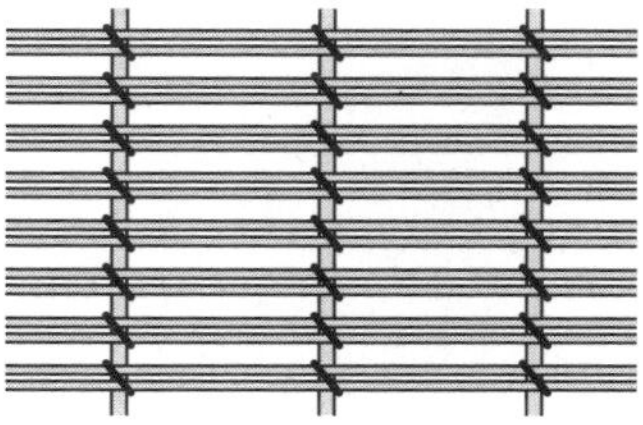

■土壁工法の塗り工程

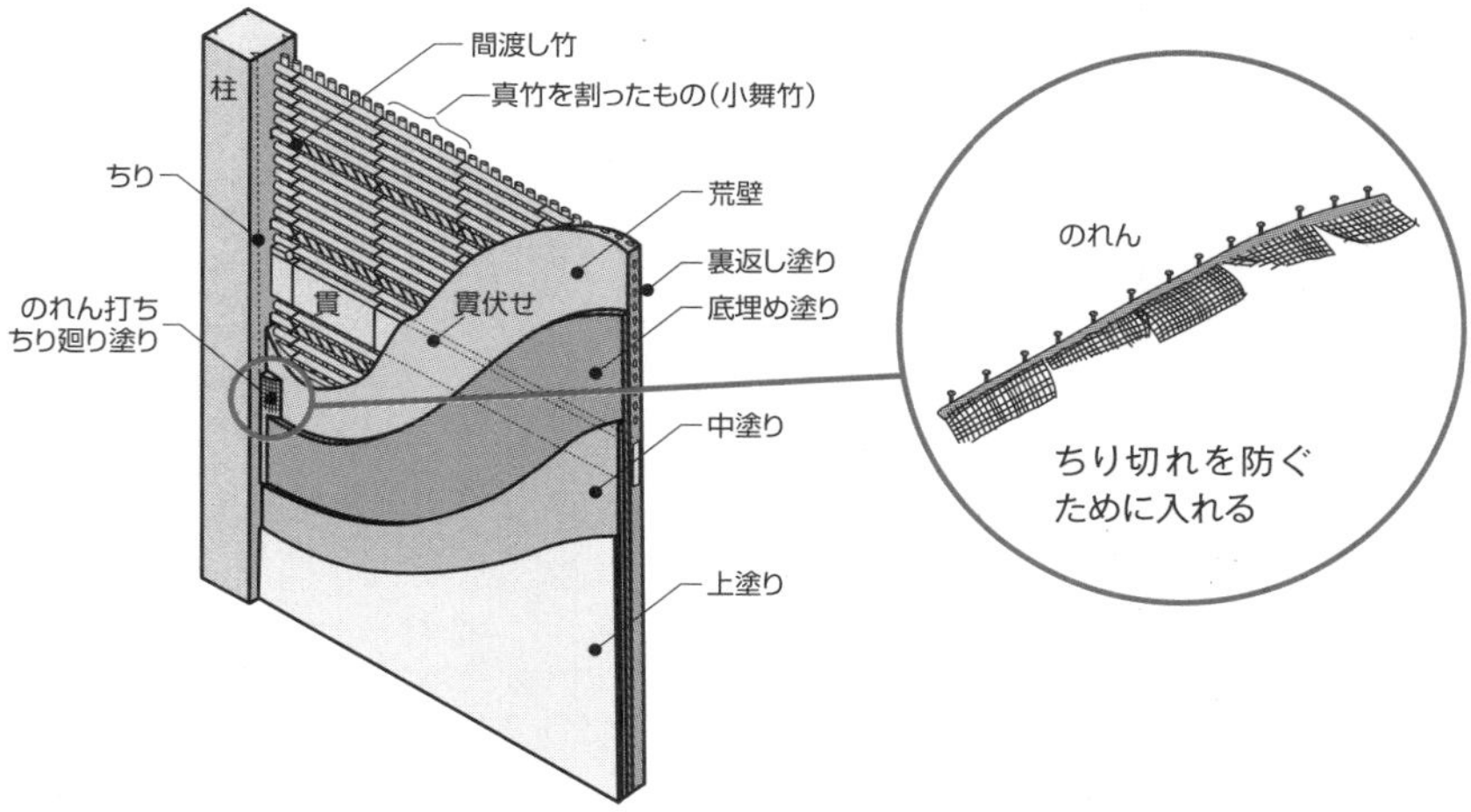

52 外壁下地

Point!

●下地に合わせた処理が必要になる
●動きに強い、工期が短縮できるなど、それぞれの特性がある

下地の種類と処理

●無塗装サイディング下地

窯業系のサイディングでできている。ジョイントを専用の弾性寒冷紗《かんれいしゃ》やコーキングで処理し、フラットな下地をつくる。シーラーを塗ればその上に仕上げ材を塗ることができるため、仕上げ材とセットになったシステムが多い。弾力性の強い樹脂系左官材料を仕上げに選び、ジョイントを塗り込む大壁工法もある。

●セメントボード下地

セメント質でできている。セメントボードの上にファイバー入りモルタルを塗り、フラットな下地をつくる。湿式工法と乾式工法を組み合わせた下地で、硬度と柔軟性を併せもち、ゆるやかな曲面にも対応できる。仕上げ材は弾力性の強い樹脂系左官材料を使うとよい。

●木毛セメント板下地

表面が粗面のため、モルタルの付着がよい。板の収縮が大きく、ジョイントにメタルラスやファイバー入りモルタルを入れるなど、クラック防止の対策をする必要がある。

●断熱材下地

ウレタンフォームなどの断熱材（外断熱・外張り断熱）を張った上にメッシュを張り、専用の下塗り材を塗る。

●コンクリート下地

コンクリート面にモルタルを下塗りした後、仕上げを行う。コンクリート面がツルツルの場合は、目荒らしをして食い付きをよくする必要がある。

●コンクリートブロック下地

湿式工法で積むコンクリートブロックは、モルタルとの相性がよい。ブロックのジョイント部分にクラックが発生する場合があるが、全面メッシュを入れることで防げる。

●ＡＬＣパネル下地

ＡＬＣの表面はコンクリートに比べてもろいため、厚塗りモルタルのような重みのある材料は適さず、薄塗りモルタルを塗り、薄塗りの仕上げをする。ジョイントはクラックが発生しやすいので目地をシーリングし、ジョイントを出した仕上げにしたほうがよい。

■下地の種類と処理

●無塗装サイディング下地

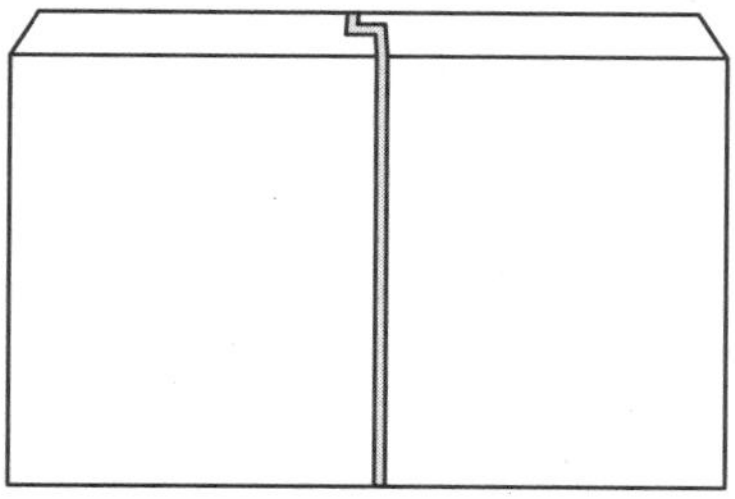

ジョイントを専用の弾性寒冷紗やコーキングで処理する

●セメントボード下地

ファイバー入りモルタルを中塗りに使用する

●木毛セメント板下地

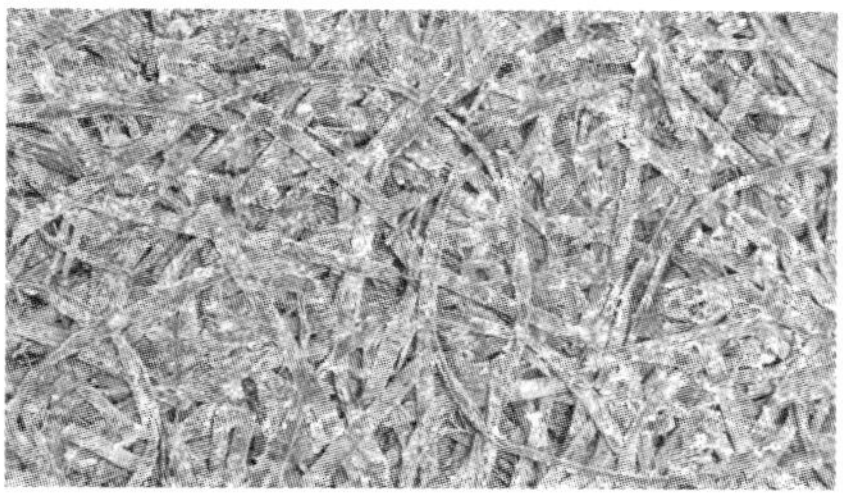

板形状の下地は、ジョイントを割れないようにする処理が最重要となる

●断熱材下地

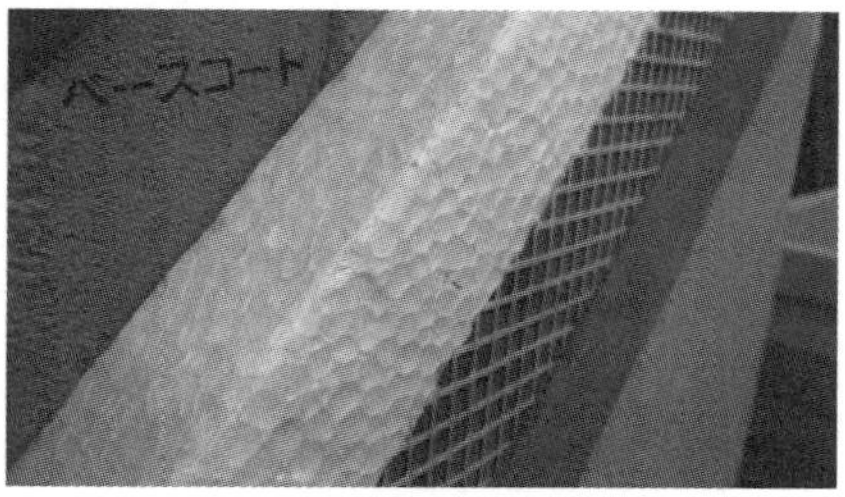

断熱材メーカーの仕様によって特徴が異なる。全面メッシュを入れる

●コンクリート下地

ツルツルのコンクリートの場合は、目荒らしをしてから下塗りする

●コンクリートブロック下地

モルタル直塗りも可能だが、全面メッシュを入れれば割れづらくなる

●ALCパネル下地

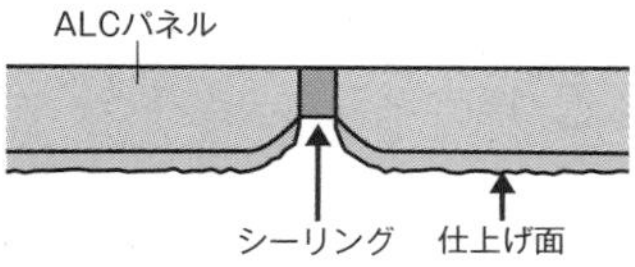

ALCのジョイントをつぶさずに、出したほうがよい

53 内壁下地①

Point!

●石膏ラスボード下地には、厚塗り用石膏プラスターを使用する
●クラックを防止するには、下地ボードの張り方が重要になる

石膏ラスボードと石膏ボード

住宅の内壁には、石膏ラスボード下地か石膏ボード下地を使用することが多くなっている。

●石膏ラスボード

塗り壁用の下地として開発され、左官材料の付着がよいようにくぼみが付いている石膏ボードのこと。厚みは7㎜と9.5㎜の2種類があり、現在主流の石膏ボードが開発される前は、石膏ラスボードの下地に左官で下塗りをし、塗り壁やクロス、塗装の下地をつくっていた。

処理を行う際は、ジョイント部分にファイバーテープを張ってクラックを防止する。その上に厚塗り用の石膏プラスターを塗り、上塗りとする場合は金鏝仕上げとする。中塗りをする場合は刷毛引きなどにして、次の工程の食い付きをよくする。このほか、仕上げの材料によっては、経年後にちり際の隙間ができるため、事前にちり廻りを塗っておくとよい。

●石膏ボード

石膏ラスボードを発展させたもので、左官の下塗りをしなくてもクロスや塗装仕上げができ、工期を短縮できる。厚みは主に9.5㎜、12・5㎜、15㎜の3種類がある。石膏ボード下地を使用して塗り壁をつくる場合は、ジョイント部分に石膏系や樹脂系などのパテを充填し、ファイバーテープを張る。その上に薄塗り石膏プラスターを塗り、仕上げ塗りを行う。

ジョイントにパテを充填したほうがクラックに強くなるため、ボードはベベルエッジのものを選び、ボードの切断面などのエッジがとれていない場合は、カッターでエッジを付ける。その場合は石膏部分がむき出しになるため、切り口にアクリル系のシーラーを塗っておく。また、薄塗り石膏プラスターは厚さが1～2㎜のため、ジョイント部分が盛り上がって仕上げ材に影響が出ないよう、よく擦り付けるか、広めにパテを塗ってなだらかにしておく。

エッジがなだらかなテーパーボードや平ボードを使用する場合は、ジョイントにパテの盛り上がりが出ないよう、擦り付けるようにして丁寧に処理する。

■石膏ラスボードの特徴

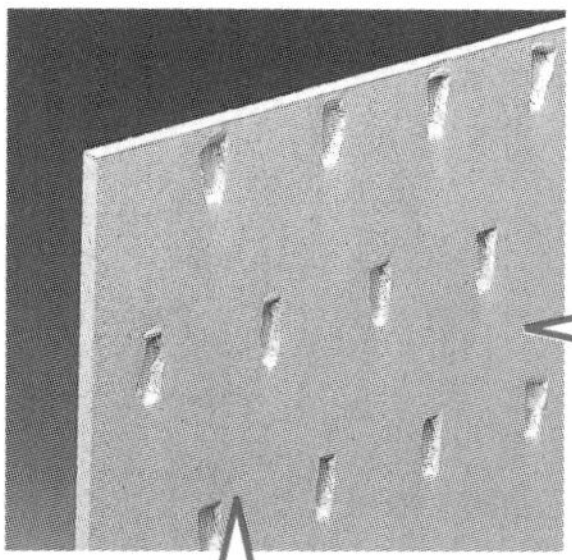

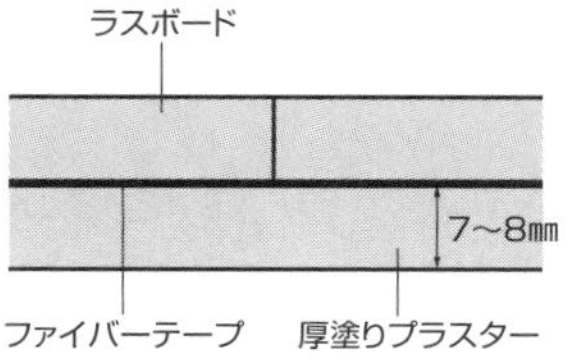

等間隔でくぼみがあり、下塗り材がよく食い付く

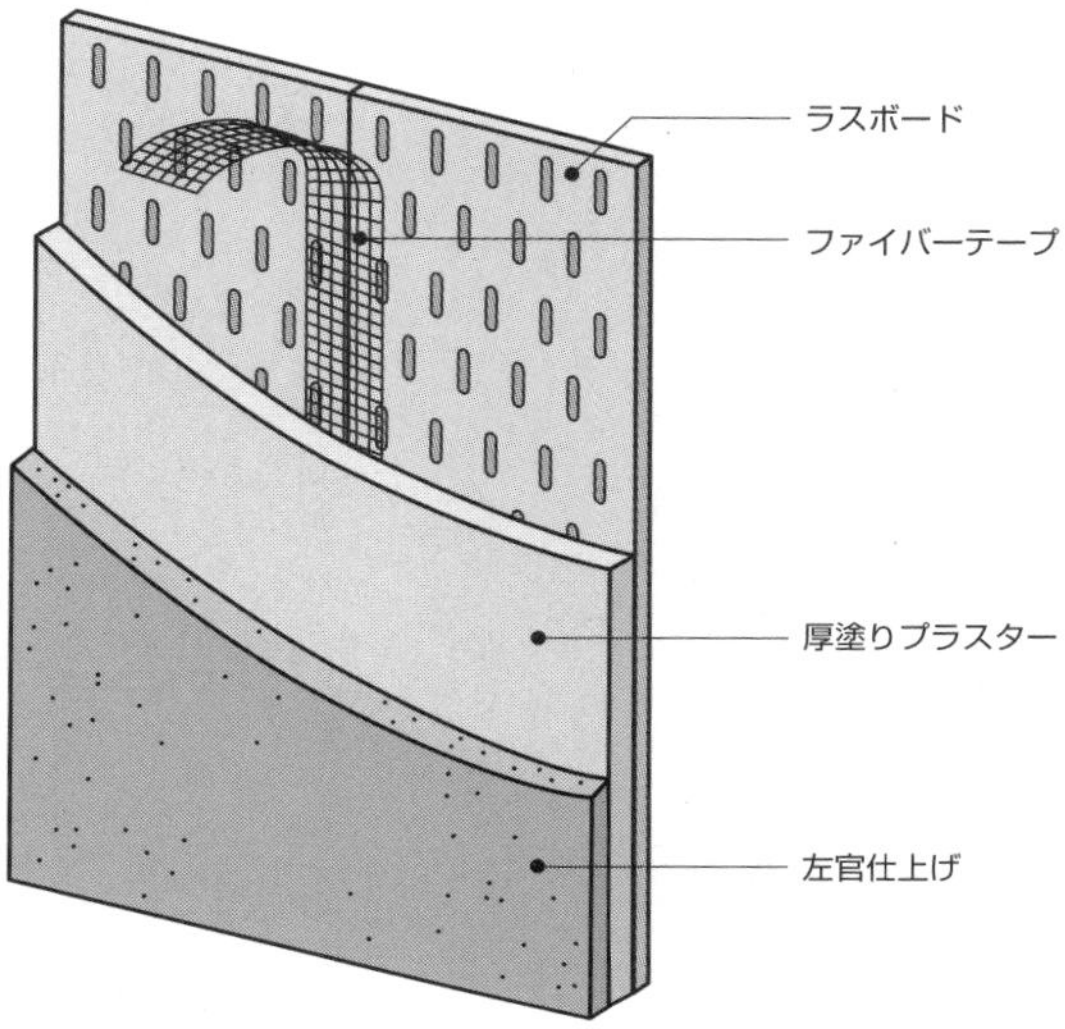

●厚塗りプラスターを塗るため、左官仕上げの水引がちょうどよくなる

■石膏ボードの特徴

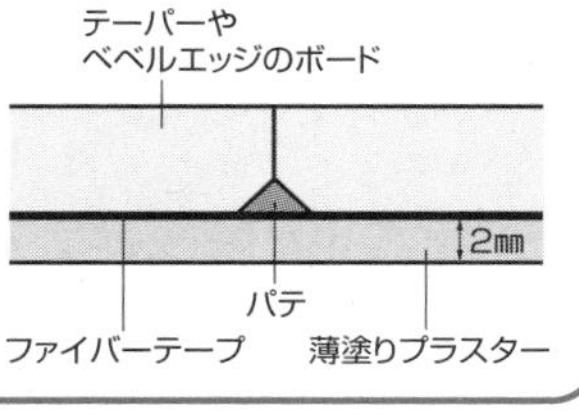

フラットな形状のため、下塗りが薄塗りでよい

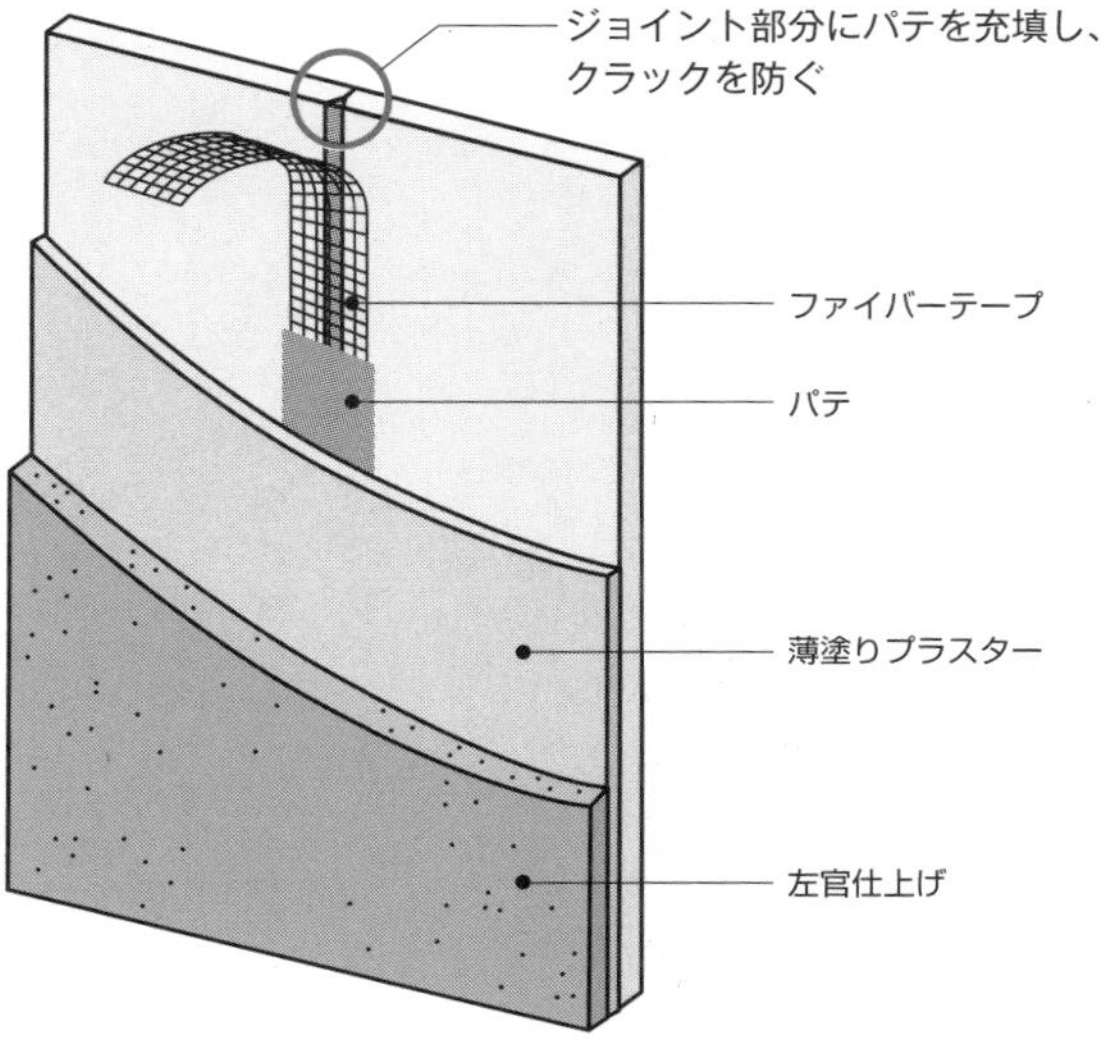

●薄塗りプラスターを塗るため、仕上げ材によっては乾燥が速くなり、工期を短縮できる

●クラックが入りづらいように、ボードを細かいピッチでビス留めしたほうがよい

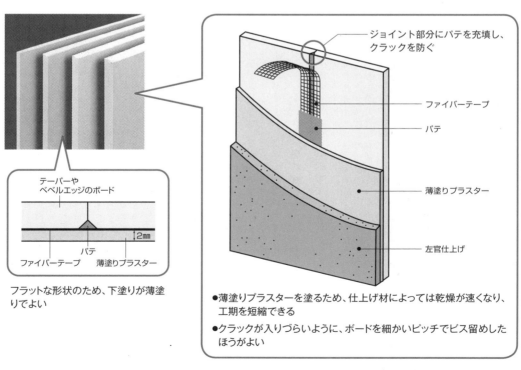

54 内壁下地②

その他の内装用下地

小舞、石膏ラスボード、石膏ボード以外にも、内装で塗り壁を塗ることができる下地は多くあり、種類によっては下地に合わせた処理が必要になる。ここでは代表的なものを紹介する。

●合板下地

本来は、左官の内装下地に合板は適さない。その理由は、素材が木であると乾燥と湿潤による収縮・膨張があり、ジョイントにクラックが入りやすいことである。しかし、左官壁に薄型テレビなどを設置する場合、石膏ボードでは強度的にもたないため、合板を使うことがある。その際は、ラワン合板では左官材料を塗ったときに木のあくが出やすいため、シナ合板などを使用する。

●珪酸カルシウム板下地

珪酸カルシウム板は非常に丈夫だが、表面の吸い込みが激しいため、左官材料を塗るときは事前にシーラーを塗る。シーラーの種類は、エチレン酢ビ系、アクリル系、カチオンSBR系のどれでもかまわない。その後、ジョイント部分に石膏ボード下地と同じ処理を行う（▼P146参照）。

塗装面の調査と処理

●既存塗装面

リフォームのときに、現状の壁の塗装面がしっかりしていれば、下塗り処理のうえで左官仕上げができる。調査の際は、塗装面に剥がれがないか、粉が吹いていないかを確認し、問題がなければ表面の汚れをとる。その後、接着力増強のためにシーラー（カチオンSBR系）を塗り、左官材料を塗る。

●既存タイル面

タイル面も、しっかり処理をすれば左官仕上げができる。タイルに剥がれや浮きがないかを調査し、ある場合はその部分を剥がし、モルタルや石膏で埋める。その後、表面の汚れをとり、カチオンSBR系のシーラーを塗り、目地にモルタル系の薄塗り材を塗る。そして、全面をモルタル系の薄塗り材で塗り、平らな下地をつくる。

Point!

- ●下地に合わせた処理をする
- ●使用中の壁を再利用する場合は、塗装面の事前調査が重要

■その他の内装用下地

●合板下地

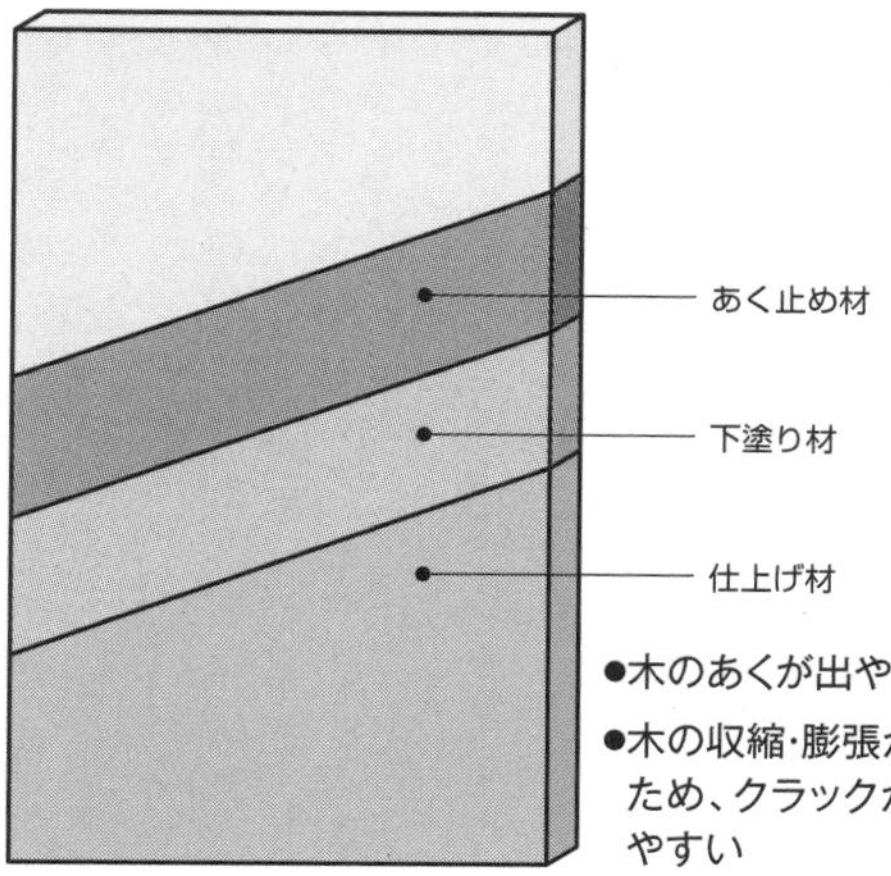

- 木のあくが出やすい
- 木の収縮・膨張があるため、クラックが入りやすい

●珪酸カルシウム板下地

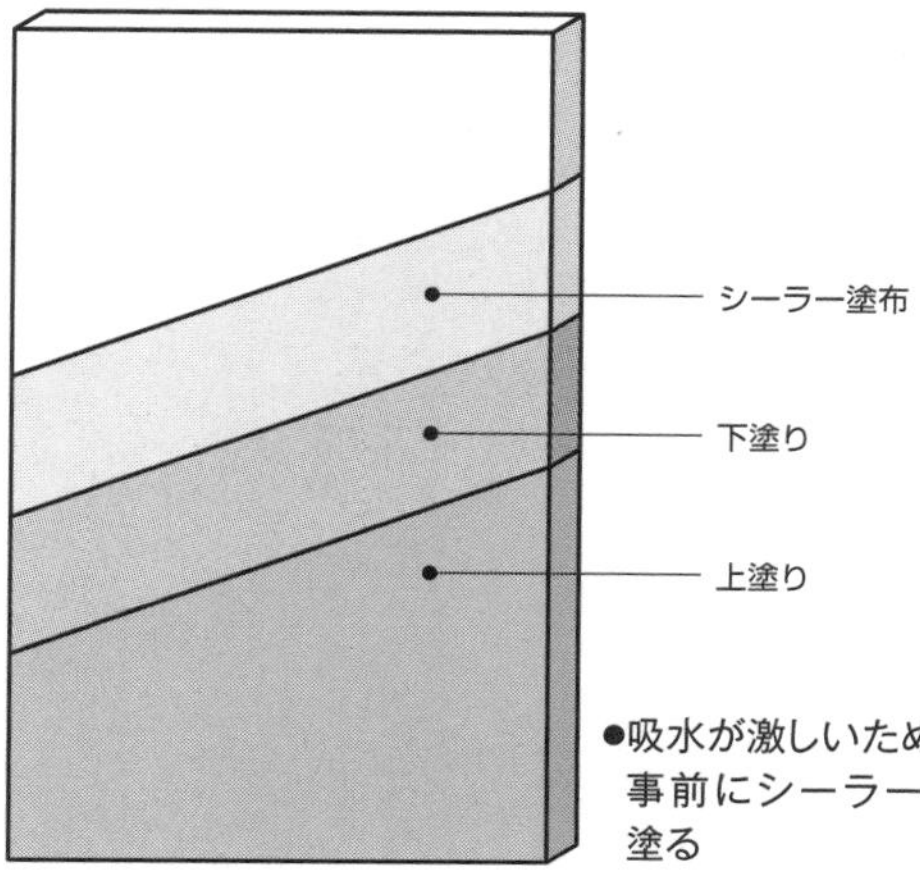

- 吸水が激しいため、事前にシーラーを塗る

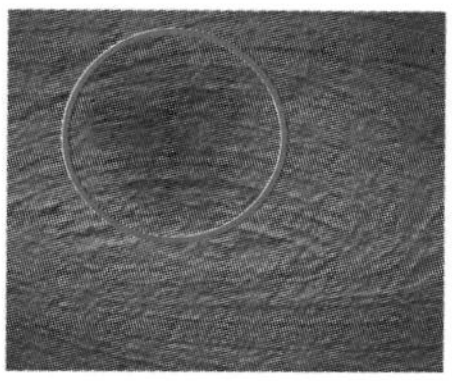
あくの例

石膏ボードと同じように、ジョイント部分をV字にカットするとパテが入りやすく、割れづらい下地になる

■塗装面の処理

塗装面の剥がれ

スクレーパーで剥がす

パテ処理をし、フラットにする

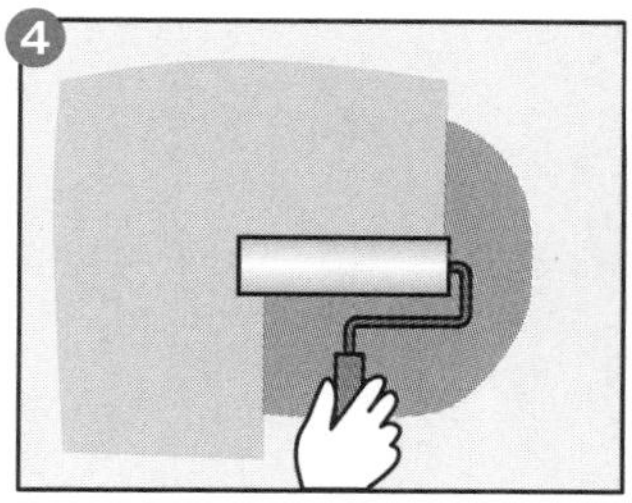

シーラーを塗る

下塗りをした後、仕上げ材を塗る

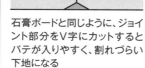

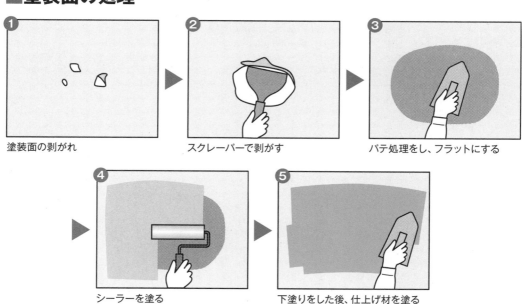

55

石膏ボードの張り方

Point!

- 張り方によって、クラックが入りづらい丈夫な下地にできる
- ファイバーテープによる補強も有効

石膏ボード下地とクラック

石膏ボード下地でのクラックの発生は、ほとんどの場合、石膏ボード同士のジョイント部分で起きる。原因は、木造住宅などは特に軸組が動くため、石膏ボードにも動きが発生するからだ。

一方、ジョイントのない部分は、急激な乾燥があるか、材料が厚く付いたなどの施工的要因がない限り、ほとんどクラックの心配がない。そのため、ジョイントのクラックさえ抑えれば、クラックの入らない壁をつくることができる。

クラックが入りづらい張り方

下地をつくる際は、石膏ボードを柱などの軸組材に留めていくが、このとき150㎜ピッチ程度に細かく留めることが、動きの少ない下地をつくる基本となる。石膏ボードを2重張りすることも有効で、1層目と2層目のジョイントをずらして張るとよい。

ジョイントのラインが通っているとクラックが入りやすいため（**図1**）、ジョイントを千鳥状にずらすことも重要である（**図2**）。また、日本の住宅は高さ２４００㎜程度の仕上がりとすることが多いため、ボードのサイズはＨ１８００×Ｗ９００㎜ではなく、Ｈ２４００×９００㎜にすることで横のジョイントが不要になり、クラックの心配も少なくなる（**図3**）。

クラックの入りやすさは場所によっても異なり、開口部やドア廻りは特に入りやすいため、ジョイントが入る部分を考慮する。開口部からまっすぐ伸びる部分にジョイントを設けるとクラックが入りやすく（**図4**）、ジョイントを避けて下地を設けると、振動があってもクラックが入りづらい（**図5**）。

ファイバーテープも有効

クラックが入りそうなところに、どうしてもジョイントができてしまう場合は、ファイバーテープで補強する（**図6**）。さらに、ファイバーテープを2重に張ったり、全面メッシュを伏せ込んだりすることも有効である。

■クラックが入りづらい石膏ボードの張り方

●図1

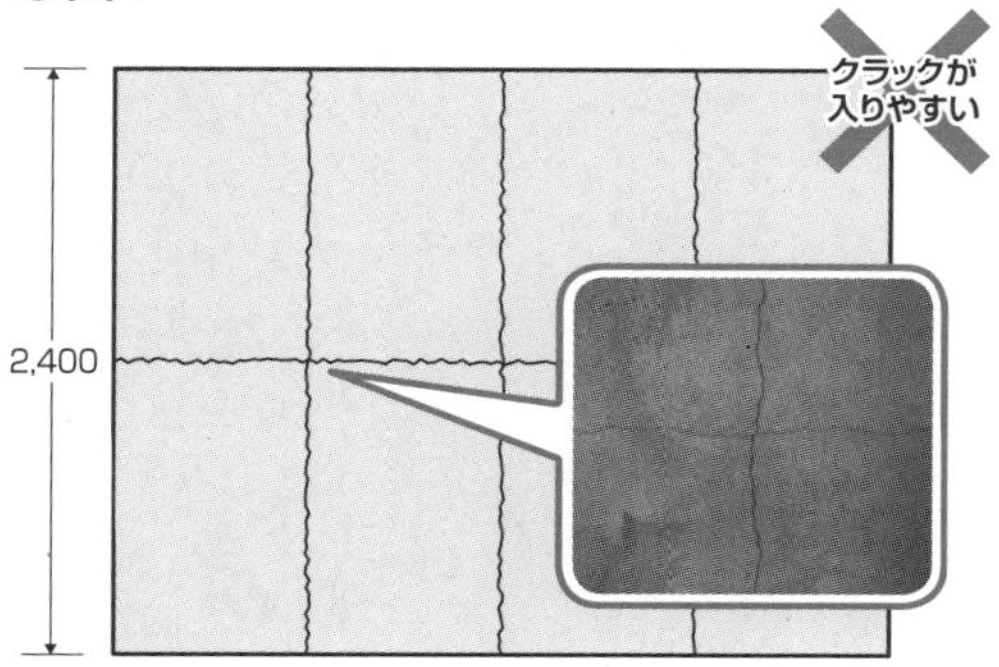

横方向にジョイントが入っているため、クラックが入りやすい

●図2

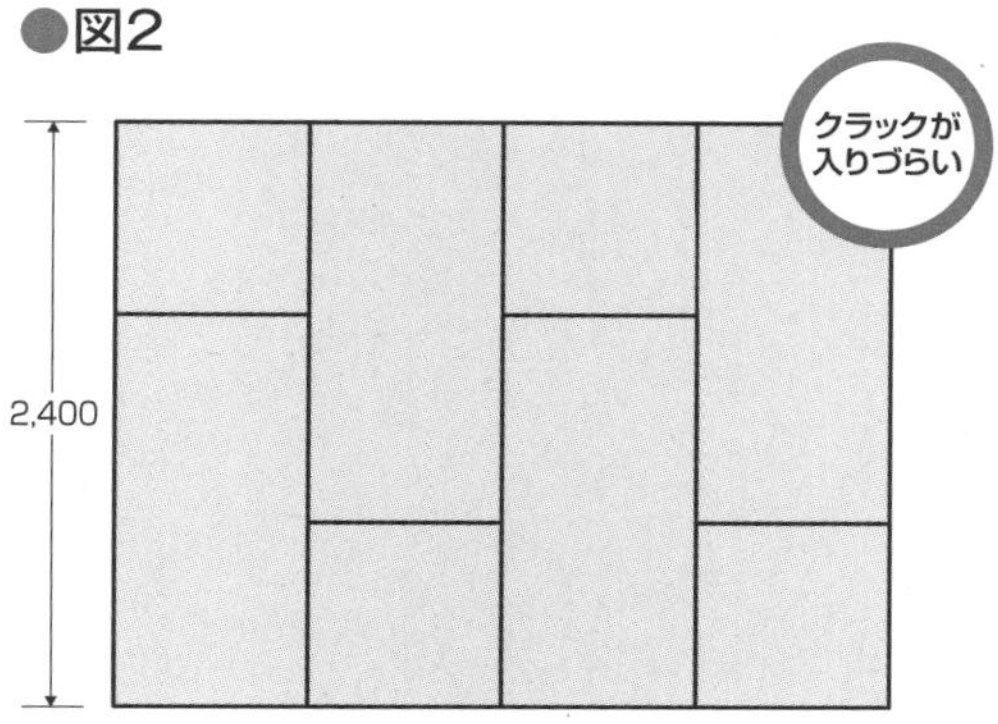

ジョイントが通っていないため、クラックが入りづらい

●図3

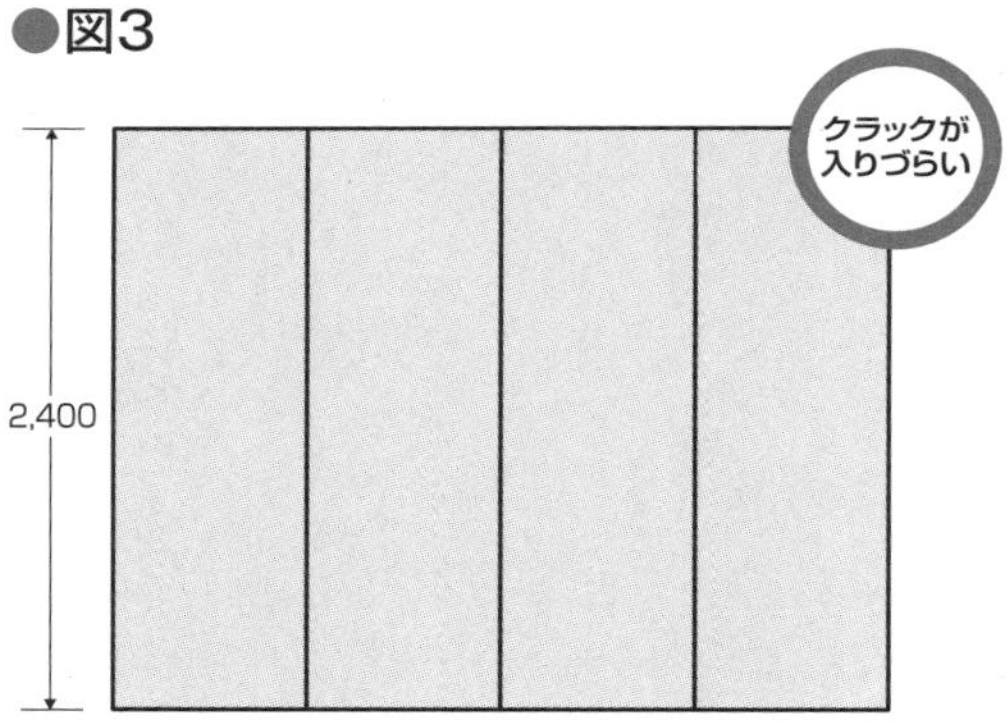

高さ2,400㎜の石膏ボードを使えば、横方向のジョイントが出てこないため、クラックが入りづらい

●図4

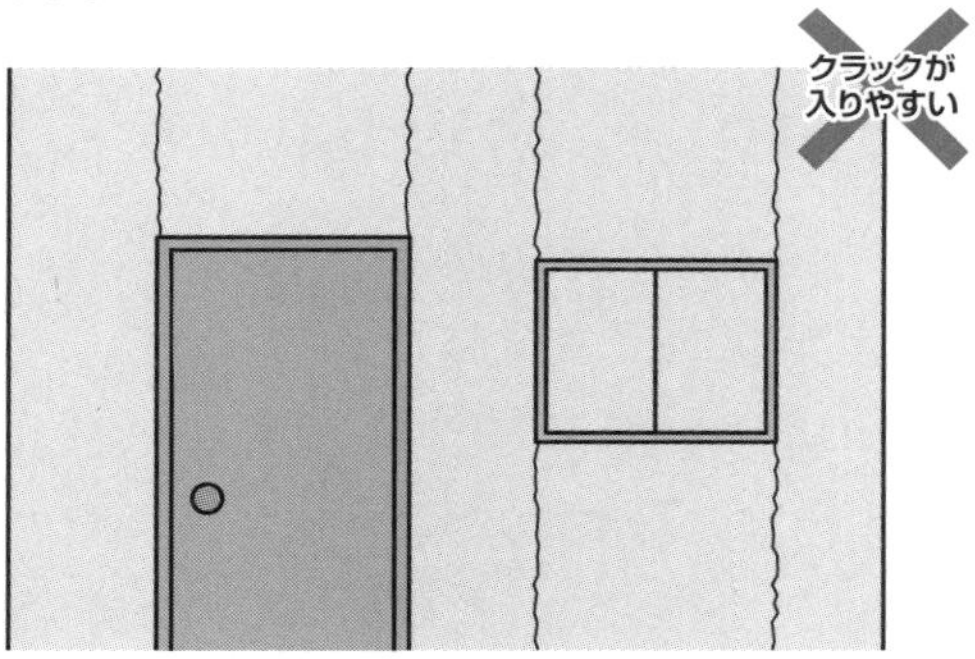

ドアや窓など、開口部からまっすぐ伸びる部分にジョイントを設けると、クラックが入りやすい

●図5

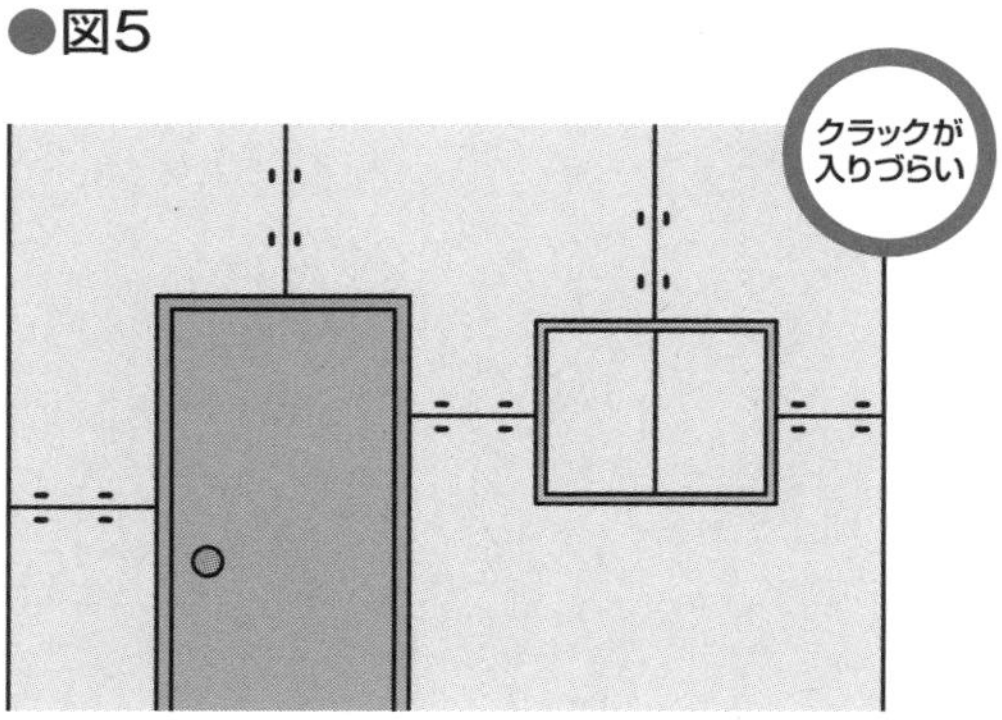

ドアや窓などは、ジョイントを避けて下地を設けると、振動があってもクラックが入りづらい

●図6

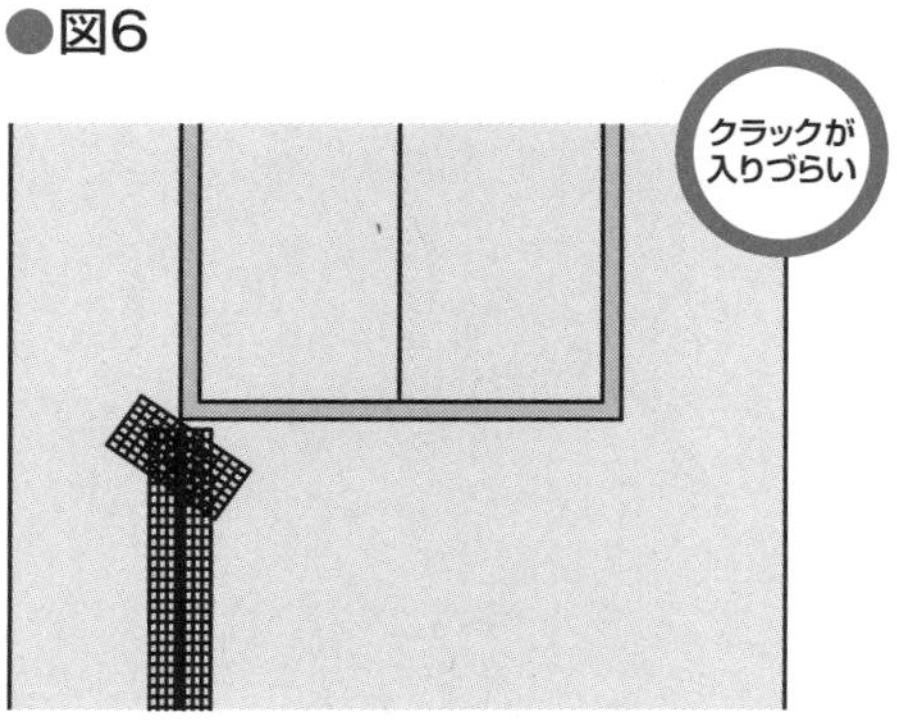

クラックが入りそうな部分は、ファイバーテープで補強する

56 クラックの防ぎ方

Point!

●外部の開口部や窓廻りのクラックは、補強のラスで防ぐ
●内部のちり切れは「ちり決《じゃく》り」か「のれん」＋ちり廻り塗りで防ぐ

外部のクラック防止法

外部のモルタル壁下地は、適切なラスやステープルを使って丈夫につくる（▼P140参照）。そのうえで、割れにくいようにガラス繊維入りの軽量モルタルを塗ることが多い。そのとき、全面にガラスメッシュを伏せ込むと、表面にクラックが発生しにくい。この方法は、土佐漆喰仕上げにおける中塗りのハンダ土などでも有効である。また、開口部や窓廻りなど建物の動きが発生しやすい場所は、補強のラスを入れるとよい。

内部のクラック防止法

内部を厚塗りで仕上げる場合は、経年変化により、柱と土壁の両方でちり際の体積が収縮し、隙間が空くことがある（ちり切れ）。これを防ぐためには、あらかじめ隙間が空くことを見越し、柱に溝を付け、上塗りまでその部分に差し込んで仕上げる必要がある。こうすることで、柱と土壁が収縮しても隙間が空かないようになる。この方法を「ちり決り」という。

また、土壁のように荒壁・中塗り・仕上げと数回に分けて塗る場合や、丸柱でちり決りができない場合などは、細い竹の棒にメッシュ状の布が付いた「のれん」を取り付けることで、ちり切れを防ぐことができる。のれんは、壁になじませるため、取り付けた後、ちり廻りを塗っておくとよい。

石膏ボード下地の場合

石膏ボードはP150で紹介した張り方を基本とし、次のことに注意する。まず、石膏ボード下地は、入隅にクラックが入ることが多い。これを防止するには、入隅にも木下地を入れ、ボードの動きを止める必要がある。

また、ファイバーテープを張り、パテ処理をするかわりに、左官用のコーナービードを入隅に取り付けることも有効である。L型のものは折り曲げられないが、ロール状のものは内側にも外側にも折り曲げることができ、入隅にも出隅にも使用できる。

■外部のクラック防止法

●全面にガラスメッシュを伏せ込む

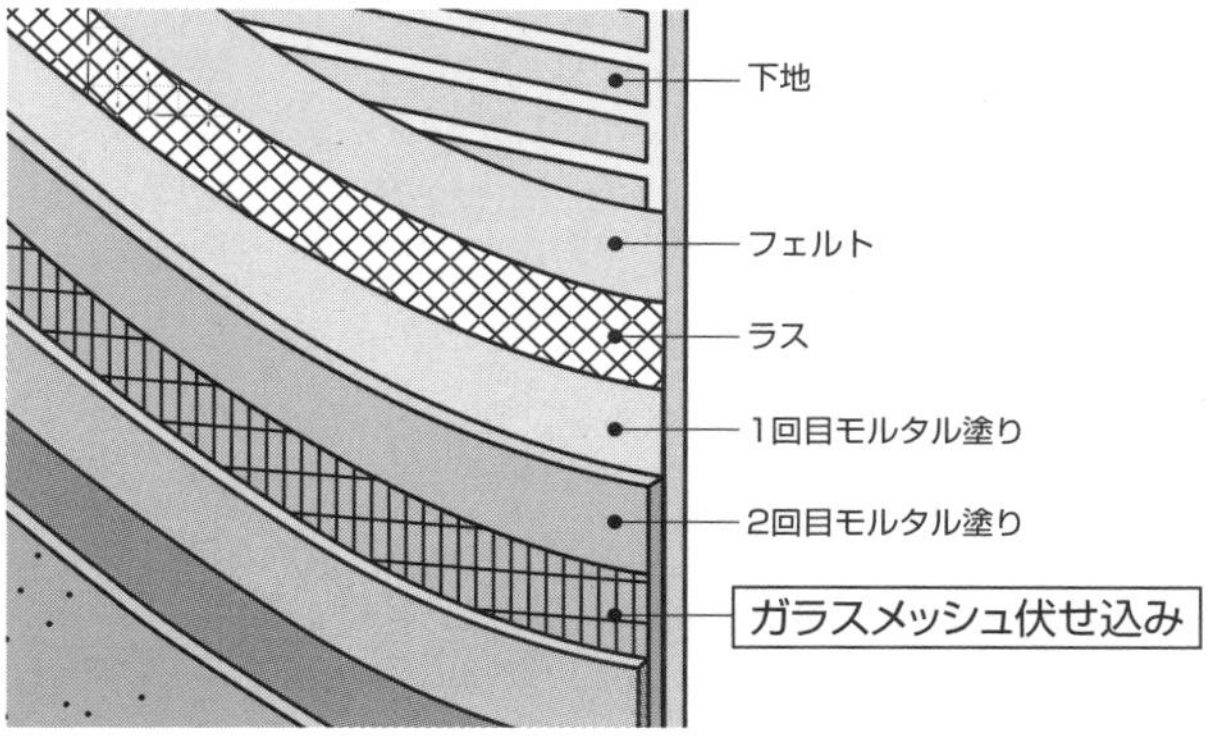

表面に出るクラックの防止法として非常に有効

●補強のラスを入れる

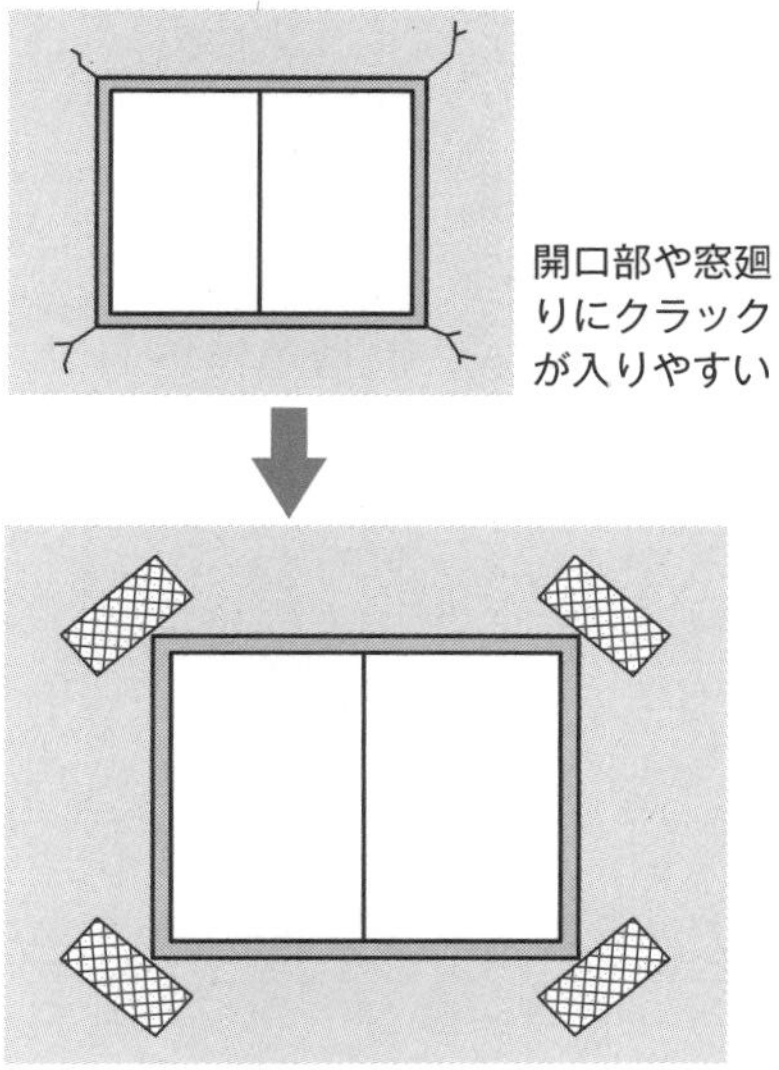

モルタルを塗る前に、クラックが入りそうなところに補強のラスを入れる

■内部のクラック防止法

●ちり決《じゃく》り

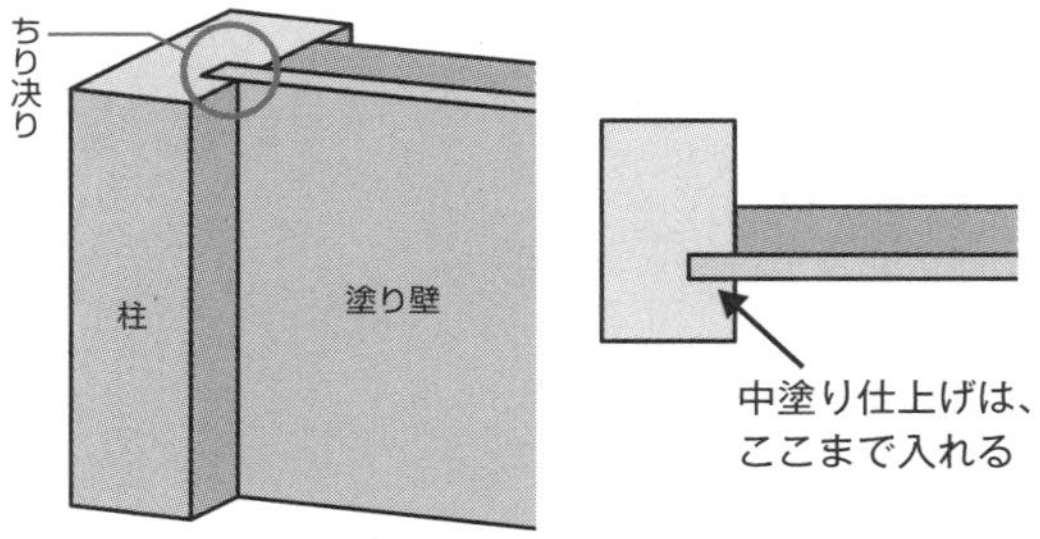

柱に溝を付け、そのなかにも仕上げ材を入れることで、柱と土壁が収縮しても隙間が空かないようにする

●のれんを取り付ける

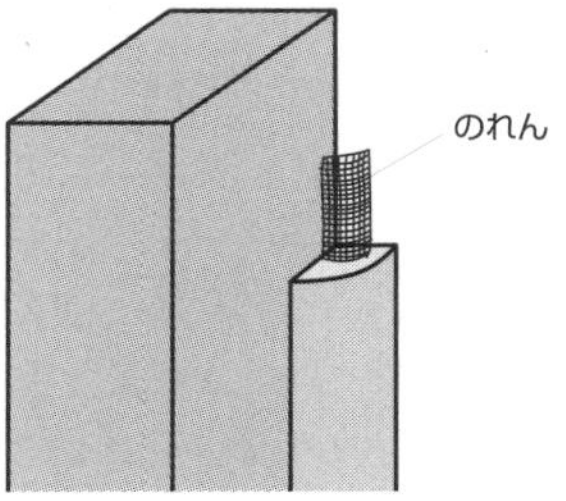

ちり廻りを塗ることで、ちり切れが防げる

■石膏ボード下地のクラック防止法

●入隅にも木下地を入れる

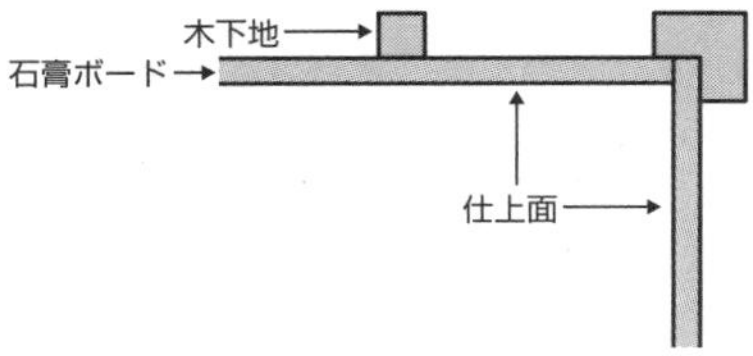

●入隅にファイバーテープを張る

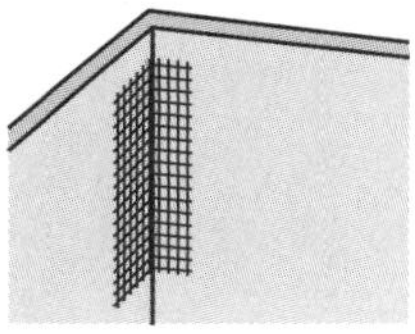

●コーナービードを取り付ける

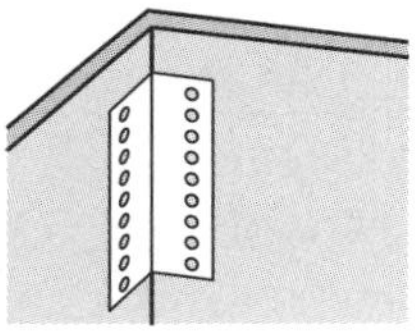

57

曲面仕上げの下地

Point!

●割れづらい下地とする
●湿式工法か乾式工法か、工期を考慮して決める

湿式工法と乾式工法

曲面に左官仕上げをする場合の下地は、湿式工法（左官など水を使った施工）と乾式工法（板やパネルなどを使った施工）に大きく分かれる。

湿式工法は、水を使うため乾燥に時間がかかるが、しっかりと乾燥させればクラックの入りづらい丈夫な下地になる。一方、乾式工法は板やパネルを張るため工期が短いが、板材を張る骨組みをしっかりと施工し、ビスなどを細かく留めないと曲線部分に力がかかり、ジョイントにクラックが入りやすい。2つの工法の長所と短所をよく理解し、適切に選択する必要がある。

湿式工法の種類

●**鉄筋＋ラス張り**　鉄筋を等間隔で流し、ラスを結束してモルタルを下塗りする。

●**木摺下地**　杉板などを等間隔で曲線に張り付け、下塗りをする。荒壁や砂漆喰の場合は、ひげこを打ち、食い付きをよくする。このとき、全面にメッシュを伏せ込むとクラックが発生しづらい。モルタルの場合は、ラスなどを張り、下塗りをする。

乾式工法の種類

●**曲げ合板、曲げ石膏ボード**　湾曲するように加工されており、下地の処理をすれば、プラスターを塗った後に仕上げ材を塗ることができ、工期が短くなる。合板は木のあくが出やすいため、あく止め処理を施し、外部に使用する場合はフェルト＋ラス張りの後、モルタルを下塗りする必要がある。石膏ボードはあくが出ず、収縮もないが、外部への施工はできない。

●**曲がるセメントボード**　ある程度のR下地がつくれる。ジョイントにファイバーテープを張り、専用モルタルを下塗りする。

●**硬質ウレタンフォーム**　石膏ボードなどとウレタンフォームを併用し、R下地がつくれる。クラックが入らないようにジョイントの処理を行う。

■湿式工法と乾式工法を使い分ける

湿式工法

●鉄筋＋ラス張り

先に鉄筋を等間隔で流し、それにラスを結束してモルタルを下塗りする

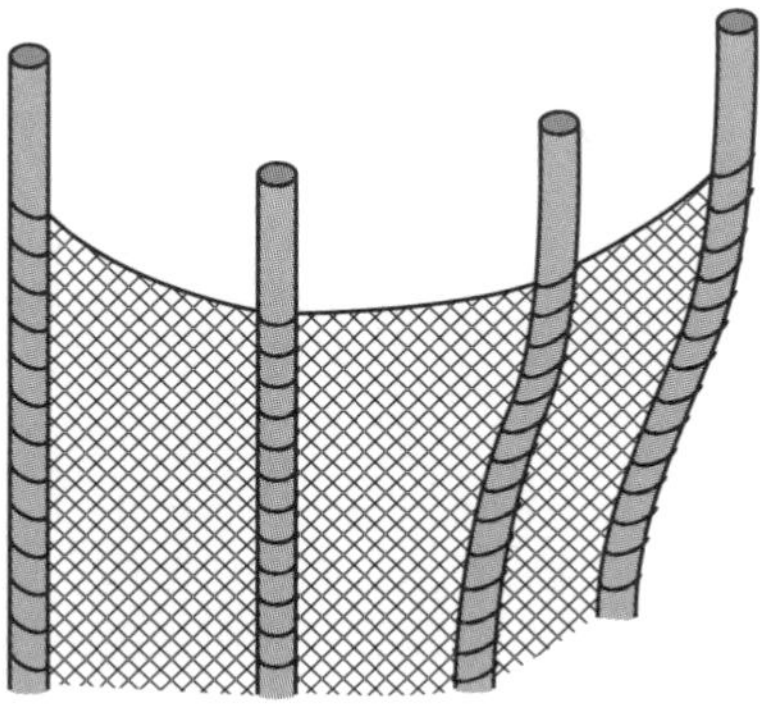

●木摺下地

杉板などを等間隔で曲線に張り付け、下塗りする

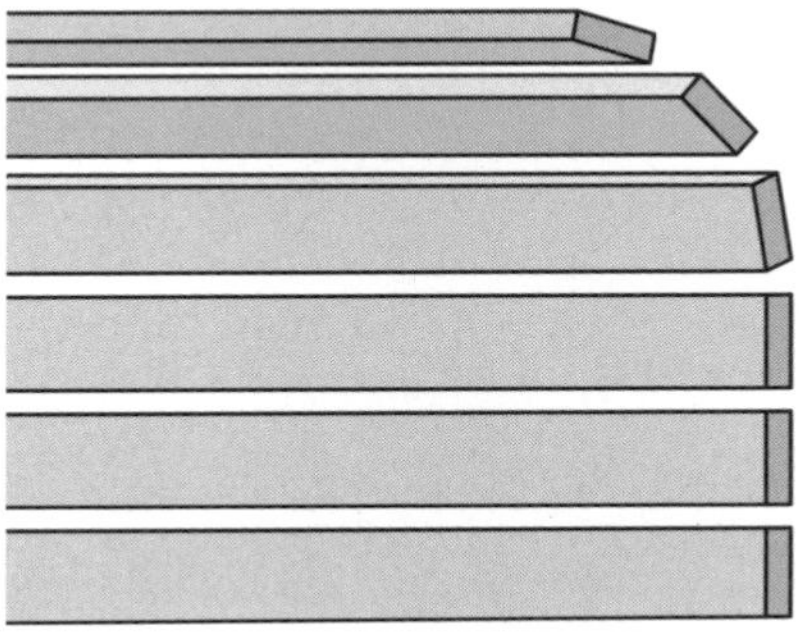

乾式工法

●曲げ合板

- あく止め処理が必要
- 木の収縮によるクラックが入りやすいため、ファイバーテープを2重に張る

●曲げ石膏ボード

- 外部の施工は不可
- 曲げる範囲に限界があるものがある

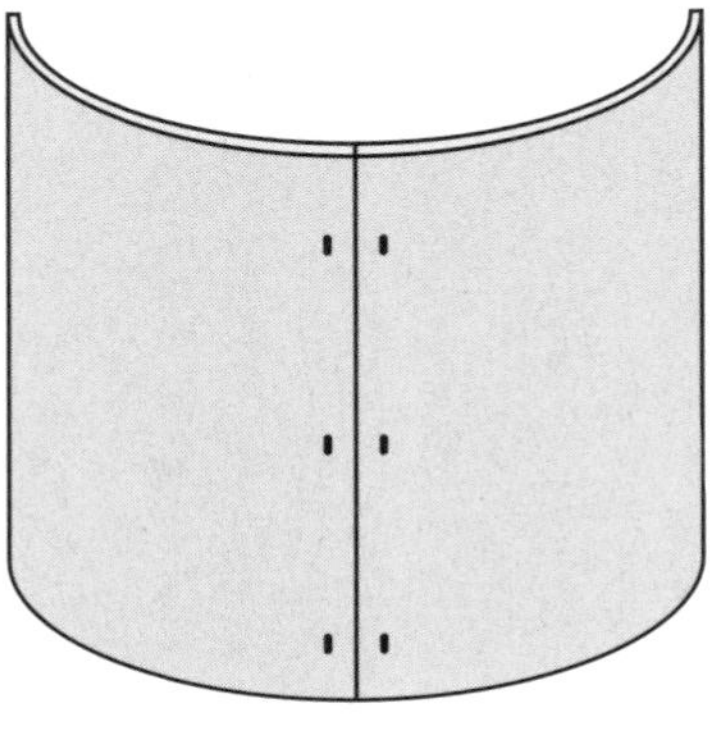

●曲がるセメントボード

- 外部にも使用できる
- 専用のモルタル下塗り材がある

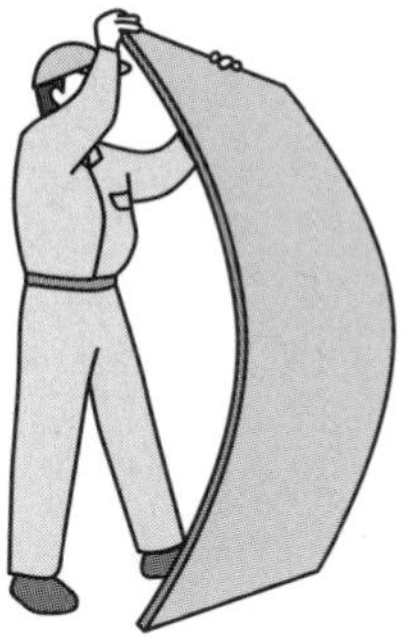

●硬質ウレタンフォーム

- ウレタンフォームを加工し、R下地をつくる
- 下塗りの食い付きをよくするため、カチオンSBR系のモルタル下塗り材を使用する

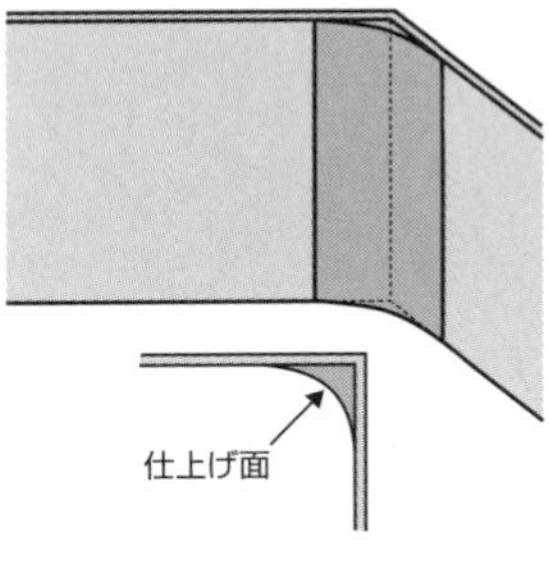

58

出隅の処理

Point!

- まっすぐ通った出隅をつくるのは、左官の腕の見せどころ
- 定木《じょうぎ》を使用すると綺麗に仕上がる

定木を使用して仕上げる

外部にモルタルなどを厚塗りする場合、出隅をまっすぐに通すことは、左官の腕の見せどころである。出隅の施工は、定木を使うことで綺麗に仕上がる。刃定木などを側面に取り付けてから塗り、塗り厚や仕上がりを考慮しながらまっすぐに塗っていき、塗った面が硬化したら、定木を返して側面を仕上げる。

最近はプラスチック製のコーナー定木を使用することも増えてきている。「三又」と「への字」の2つのタイプがあり、取り付けたときに角の位置が決まるため、両面を同時に仕上げられる。ただし、突端の部分が出てしまうため、下地となるモルタル塗りのみに使用するのが一般的である。

石膏ボード下地の処理

内壁は石膏ボード下地が使用されることが多く、出隅の処理は石膏ボードの張り合わせとなる。ここでは代表的な処理方法を紹介する。

❶石膏ボードをそのまま巻き込む

出隅に石膏ボードの切り口が出ないように張るか、シーラーなどを塗り、石膏の面が直に左官材料に触れないようにする。石膏自体が水分に弱く、むき出しになっていると吸い込みが異なるため、色ムラになりやすいからだ。また、出隅にファイバーテープを張り、パテなどで角を起こす方法もある。ただし、出隅は角が立っているほうが欠けやすいため、仕上げが模様付けだったり、ピン角の出隅が必要ない場合は、ボードの角をやすりなどで削り、面をとったほうが丈夫になる。

❷コーナービードを取り付ける

穴があいている左官用のコーナービードを取り付けると、パテの食い付きがよくなる。ビニルクロス用のツルツルしたものは使用しないほうがよい。

❸化粧のコーナー材を張る

意匠的な影響が出るが、化粧のコーナー材を張ることも有効である。目立つのを避けたい場合は、腰下など、よくぶつかる部分のみに張る。

■出隅の処理（外部モルタルの場合）

●作業手順

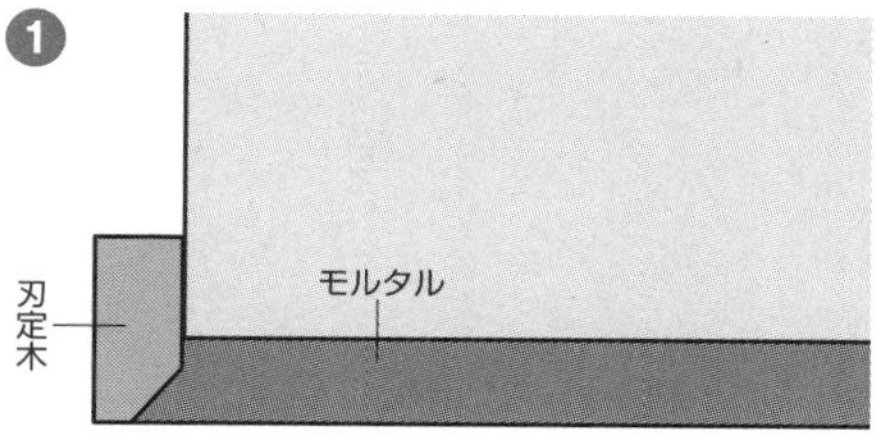

刃定木を側面に取り付け、仕上がりの高さに合わせて塗る

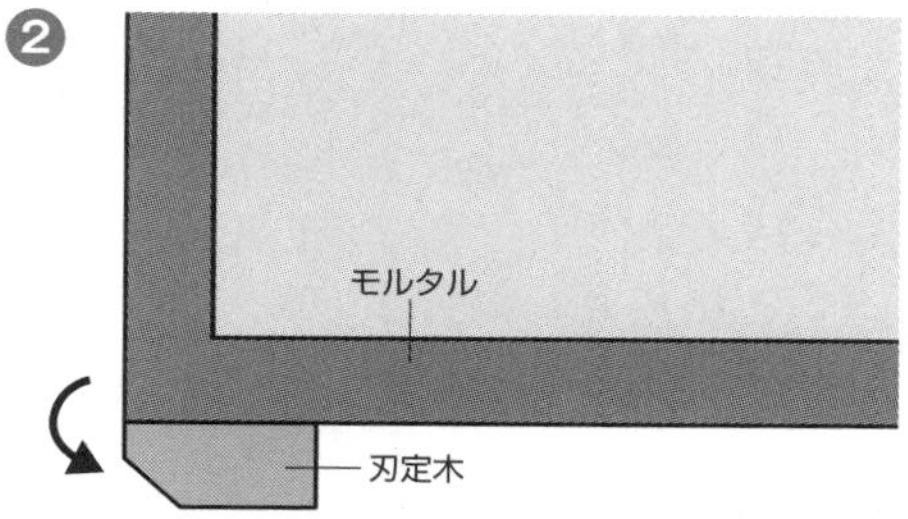

塗った面が硬化したら、定木を返して別の側面を塗る

■コーナー定木

取り付けたときに角の位置が決まり、両面を同時に仕上げられるため効率がよい

●三又タイプ

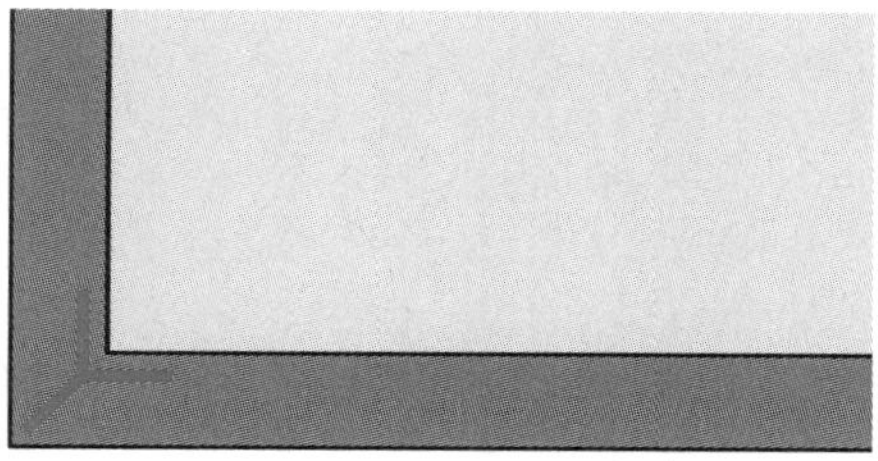

●への字タイプ

■石膏ボード下地の処理

●石膏面にシーラーを塗る

●角を斜めにとる

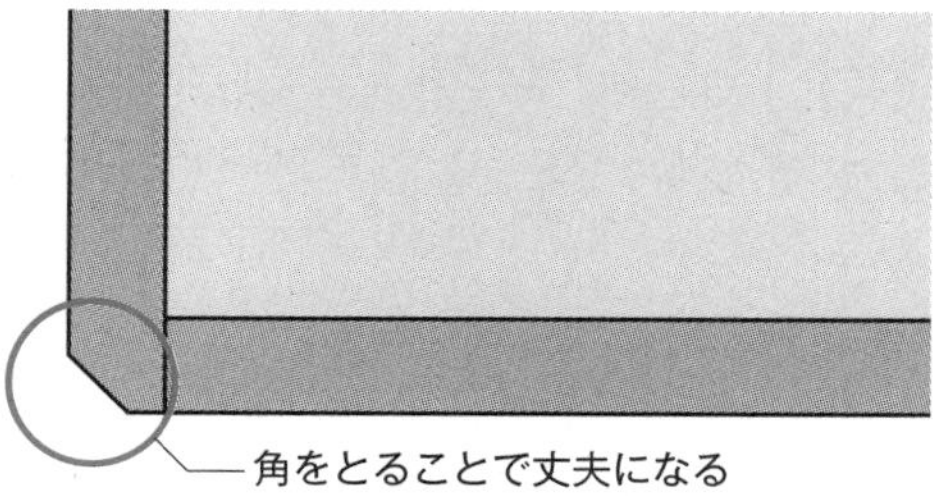

●左官用コーナービードを使う

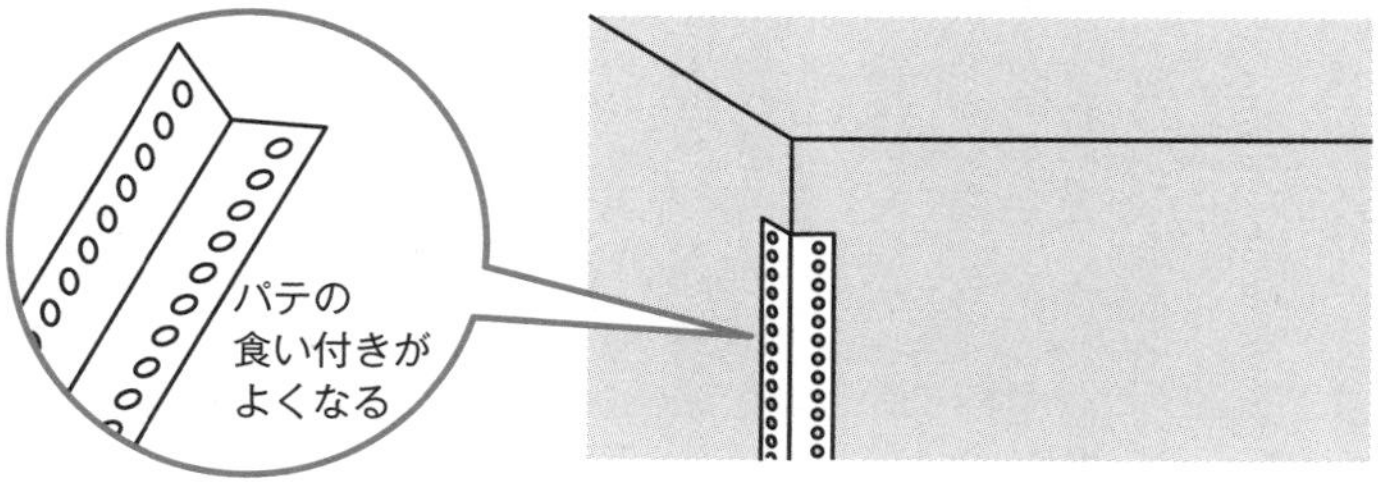

59 ビニルクロスの上に直塗り①

Point!

- 工期を短縮でき、コストダウンも図れる
- 専用の材料を選ぶ

直塗りのメリット

リフォームにおいて、ビニルクロスから塗り壁に変えたい場合、塗り壁の仕様によってはビニルクロスの上から直に塗れるものがある。直塗りのほうが工期を短縮でき、ビニルクロスを剥がさないので余分な廃材を出すこともなく、コストダウンにつながる。

また、剥がさないほうが塗り壁の下地として施工しやすい場合も多い。剥がして施工するときは、裏紙まで綺麗に剥がさなければならず、残った部分があると、塗り壁が乾くまでにその部分が水分を含み、ふくれ・剥がれの原因になってしまう。さらに、すでにビニルクロスを数回張り直している場合は、裏紙が何層にも残っていることがあり、剥がすのに時間がかかる。

直塗り施工のポイント

ビニルクロスの上から直塗りする場合は、まず浮きがないか下地をチェックする。浮きがある場合は、部分的に剥がすか、木工用ボンドなどで張り付けるとよい。次に清掃を行い、シーラー塗りをした後に、上塗りをして仕上げていく（具体的な施工手順はP160参照）。塗る面積にもよるが、最短で1日で仕上げることができる。

注意すべきなのは、専用の仕上げ材を選ぶこと。直塗りできる材料は限定されているため、材料メーカーに確認する必要がある。ただし、専用の材料以外でも、左官施工店によっては経験上、ビニルクロスの上に施工しても問題ない材料のノウハウをもっていることがあるので、相談してみるとよい。

ビニルクロスを剥がす場合

ビニルクロスを剥がしてから塗る場合は、剥がした後に出てくる下地の諸条件に対処する必要がある。石膏ボード下地のときは、ジョイントにファイバーテープが張られていないことがほとんどなので、施工前にファイバーテープを張る。合板下地の場合は、あく止めの処理を行う。

■施工手順

●ビニルクロスの上に直塗りする場合

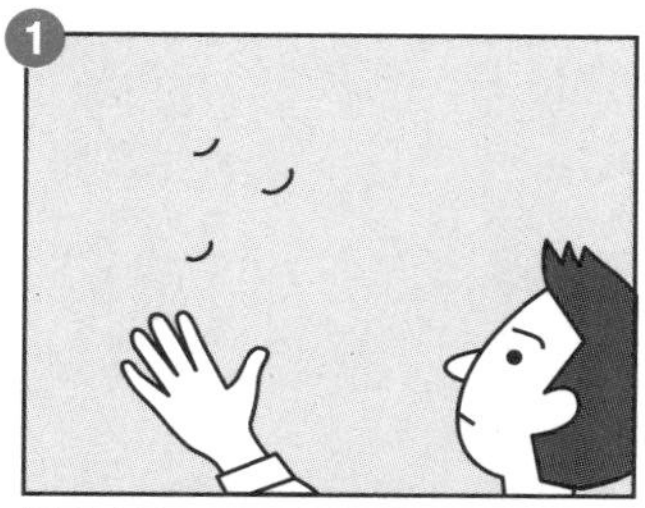

浮きがないか、直接触ってチェックする

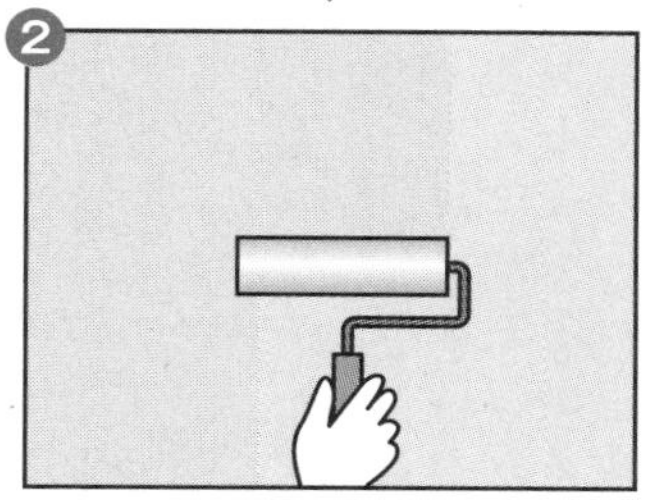

清掃した後、シーラーを塗る

上塗りをして仕上げる。最短で1日で施工完了できる

●ビニルクロスを剥がして塗る場合

ビニルクロスを裏紙まで綺麗に剥がし、下地を出す

石膏ボード下地の場合

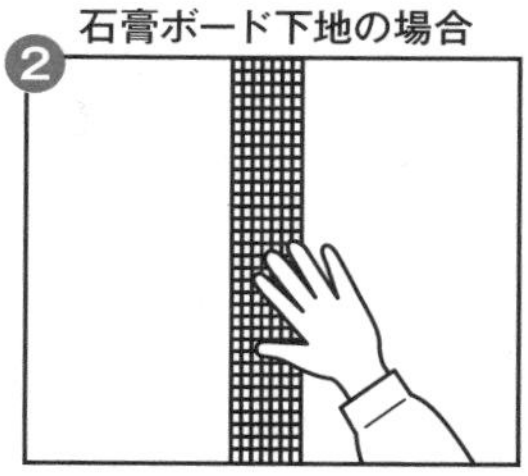

ファイバーテープを張る

合板下地の場合

あく止めを塗る

下塗り、上塗りをして仕上げる

■ビニルクロスに直塗りできる仕上材（一部）

メーカー	製品名	URL
四国化成工業	けいそうリフォーム（珪藻土建材）	http://kenzai.shikoku.co.jp/products/wall_inner/paint/index.html
フジワラ化学	リフレタッチ	https://www.fujiwara-chemical.co.jp/product/21437/
日本プラスター	うま～くヌレール（漆喰）	https://www.umakunureru.com/
二瀬窯業	スマイル（土壁系建材）	https://futaseyogyo.co.jp/products/finish_material/smile/
高千穂	ビオセラ　白洲リフォーム（シラス建材）	http://www.takachiho-shirasu.co.jp/products/
アトピッコハウス	「はいから小町」（珪藻土建材）	http://www.atopico.com/

その他、インターネットなどで情報を出しているメーカーも多数ある。

60 ビニルクロスの上に直塗り②

Point!

- 薄手のビニルクロスで接着状態がよいものは施工可能
- 厚手のビニルクロスはクッション性があるため施工不可

点検・処理・施工の流れ

ビニルクロスの上に直塗りする施工法は、材料メーカーによって異なるが、ここでは基本的なものを紹介する。

❶下地の素材・状況を点検

すべてのクロスに直塗りできるわけではないので、まず施工可能な下地かどうかを点検する。施工可能なのは、接着状態のよい薄手のビニルクロスであり、紙クロスや布クロスは塗り壁の水分によって剥離があるため、剥がしてから施工する。また、厚手のビニルクロスは、クロス自体に動きがあり、仕上げ表面に小ひびが発生しやすいため、剥がしたほうがよい。薄手か厚手かの判断は、立てた指をビニルクロスに押し当て、爪の跡が消える時間を見る。しばらく経っても爪の跡が消えない場合は、厚手のクロスと判断する。

❷清掃・下地処理

クロス表面のほこりや汚れを除去するため、綺麗な布で拭き取る。汚れがひどい場合は薄めた中性洗剤を使用し、カビがあるときは市販のカビ取り剤や酢酸などで除去する。クロスの浮きや剥がれがあるときは、カッターでその部分を切り取り、ボンドやパテ材などで押さえるか、ステープルで細かく留める。ちり廻りのクロスのめくれも同様に処理し、下地が欠損している個所は、石膏パテなどで補修しておく。

❸シーラーを塗る

壁面にシーラーを薄く塗り広げる。シーラーはビニルクロスと仕上げ材の接着増強の役割を果たし、自然素材かＥＶＡ系（ノンホルマリン）のものが望ましい。仕上げ材によっては、この工程が不要なものもある。

❹仕上げ材を塗る

ビニルクロスの下地は水引がないので、鏝で平らに押さえる仕上げは適さず、パターン仕上げとなる。パターン仕上げでは、ローラーや刷毛で模様を付けることができる。漆喰のような鏝押さえ仕上げをしたい場合は、クロス下地用の下塗り材を施工してから上塗り材を塗ると、水引加減がよくなる。

■点検・処理・施工の流れ

❶ 下地の状況を点検

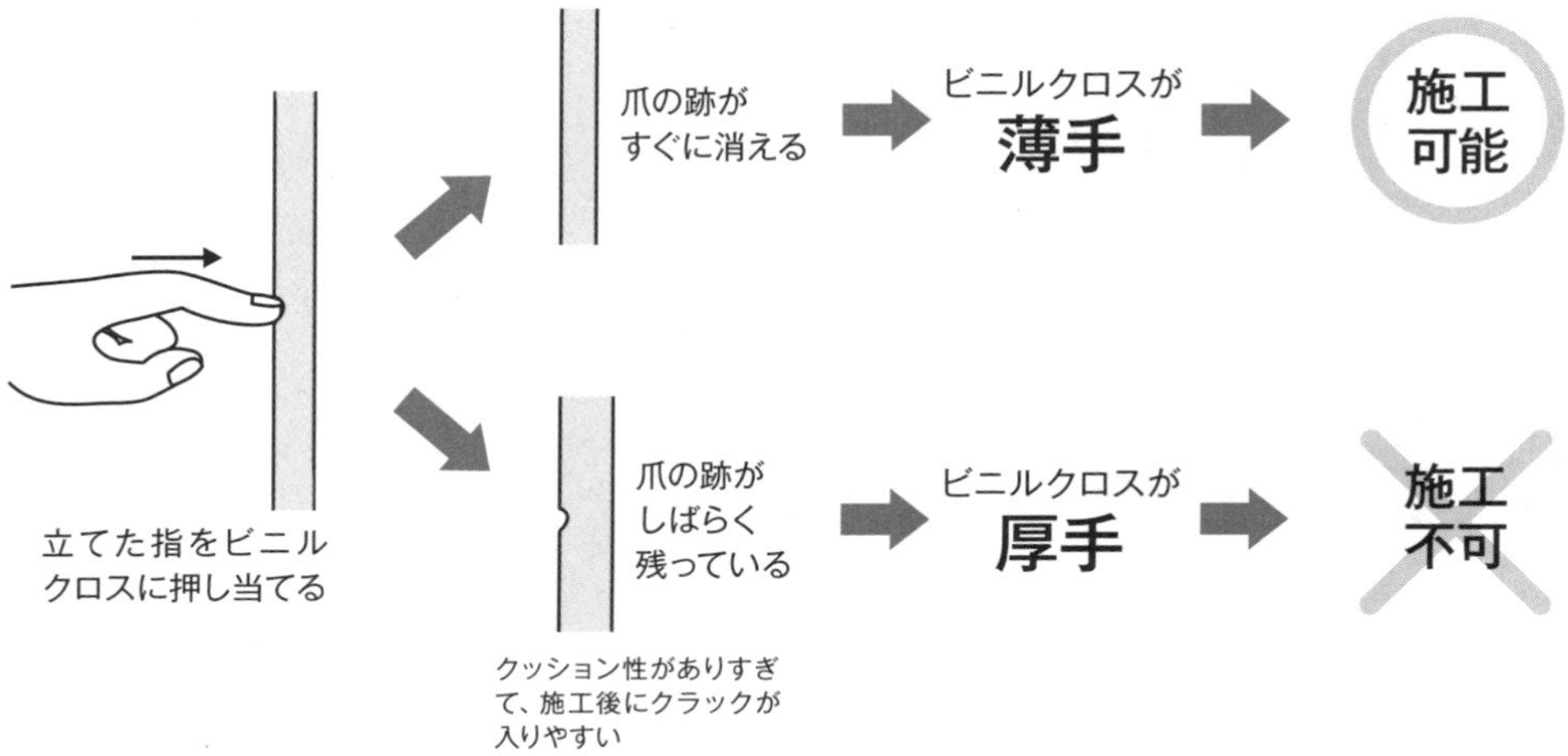
爪の跡が
すぐに消える
ビニルクロスが
薄手
施工
可能
爪の跡が
しばらく
残っている
ビニルクロスが
厚手
施工
不可
立てた指をビニル
クロスに押し当てる
クッション性がありすぎ
て、施工後にクラックが
入りやすい

❷ 清掃・下地処理

ほこりや汚れを綺麗な布で拭き取る

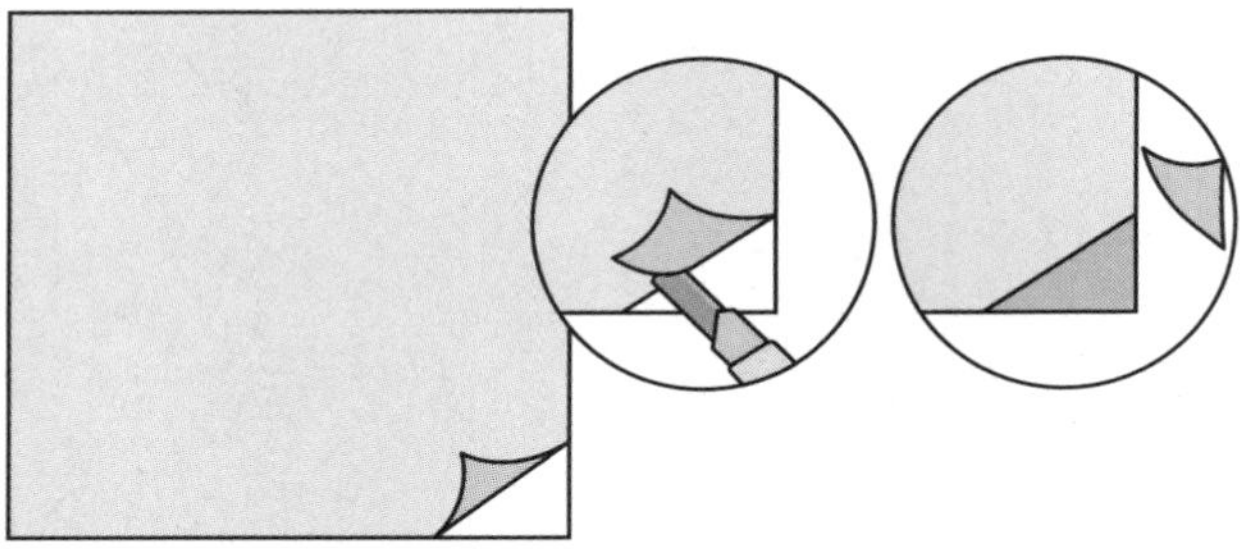

浮きや剥がれがあるときは、その部分をカッターで切り取り、ボンドやパテ材で押さえる

❸ シーラーを塗る

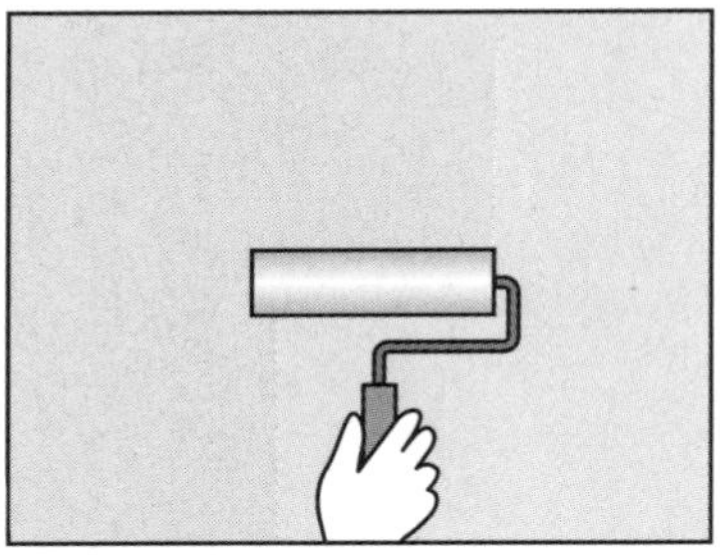

自然素材かEVA系（ノンホルマリン）のシーラーを薄く塗り広げる

❹ 仕上げ材を塗る

水引がないため、押さえ仕上げには向かず、パターン仕上げが標準となる

61 失敗しない左官仕上げ①

Point!

●見本を実際の施工個所に置き、仕上がりを確認する

●ほかの素材と取り合う場合、見切を設けると綺麗に納まる

見本で仕上がりを確認

左官仕上げはタイルやクロスとは異なり、人の手でつくったものが仕上がりとなる。そのため、事前に写真だけで仕上がりを判断すると、完成した壁とイメージが大きく異なることがある。イメージどおりに仕上げるには、現物の仕上がり見本で確認することが重要である。

しかし見本は面積が小さく、通常は机の上に置いて見ることになる。それでは陰影などが想像しにくいため、実際の施工個所に置き、光の当たり具合などを見る。また、模様付け仕上げは見本と仕上がりのギャップが出やすいため、大きめ（45～60㎝）の見本をつくってもらい、全体の模様のバランスなどを確認したほうがよい。

見本は施工現場にも置いておき、確認しながら作業を行うことで、仕上がりイメージの行き違いが少なくなる。模様付け仕上げの場合は、施工に立ち会い、模様の付け方にリクエストを出すことで納得のいく仕上がりになる。特に、出隅の納め方（角まで模様を付けるか、面引き鏝でフラットに押さえるか、Rの大きさをどうするかなど）は自分の目で確認したほうがよい。

模様付けはバランスが重要

模様付け仕上げはおもしろく、つい大きめの模様や極端な模様を付けてしまいがちだが、塗る面積が大きいと、壁が主張しすぎることがある。メインやポイントの壁のみに主張する模様を付け、周りはおとなしめの模様にしたほうが、飽きがこない壁になる。

異なる素材と取り合う場合

左官と異なる素材が取り合う場合は、見切を設けたほうがラインが出て綺麗に納まるほか、お互いの素材がめくれたり、剥がれたりせず、壁が長持ちする。見切を設けない場合は、綺麗に仕上がる施工順序をよく考える必要がある。また、紙クロスは見切がないと毛細管現象［※］で紙が左官の水分を吸い上げ、色ムラになることがある。

※　細い管を液体中に立てるとき、その液体が管内でほかの水平面より高くなる（または低くなる）現象

■見本で仕上がりを確認

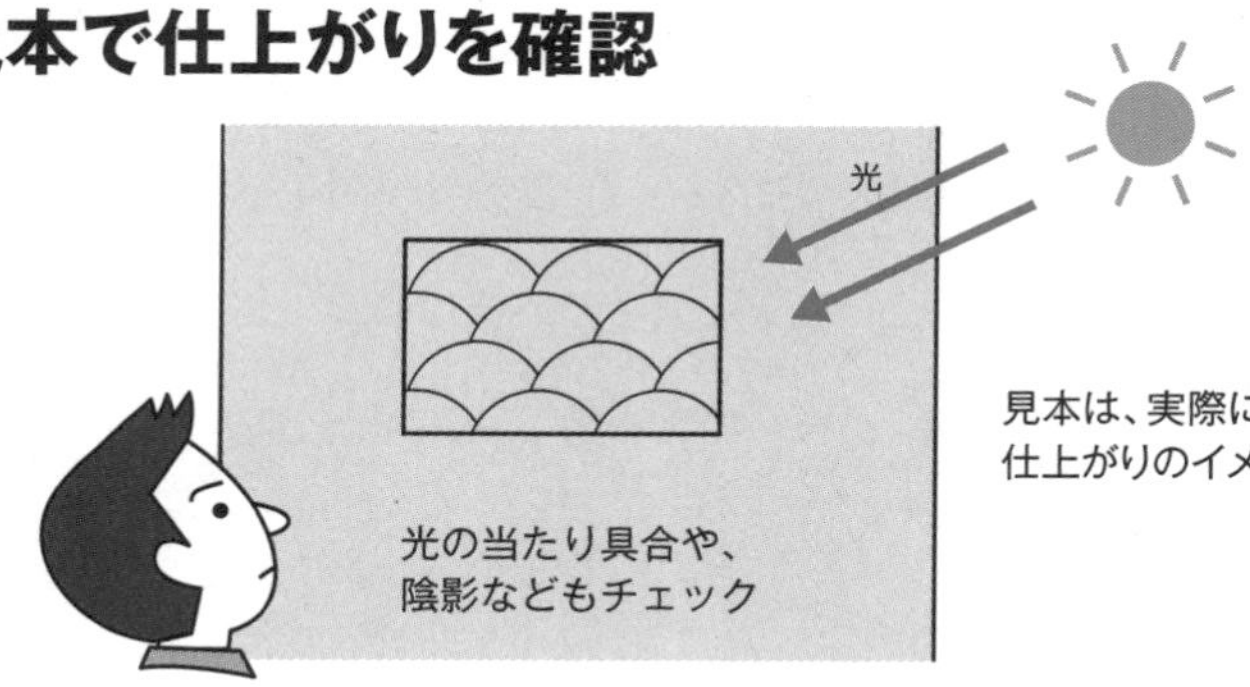

光
光の当たり具合や、
陰影などもチェック

見本は、実際に施工する場所に置いたほうが、
仕上がりのイメージをつかみやすい

■模様付け仕上げの違い（扇模様の例）

●模様の大きさが違う

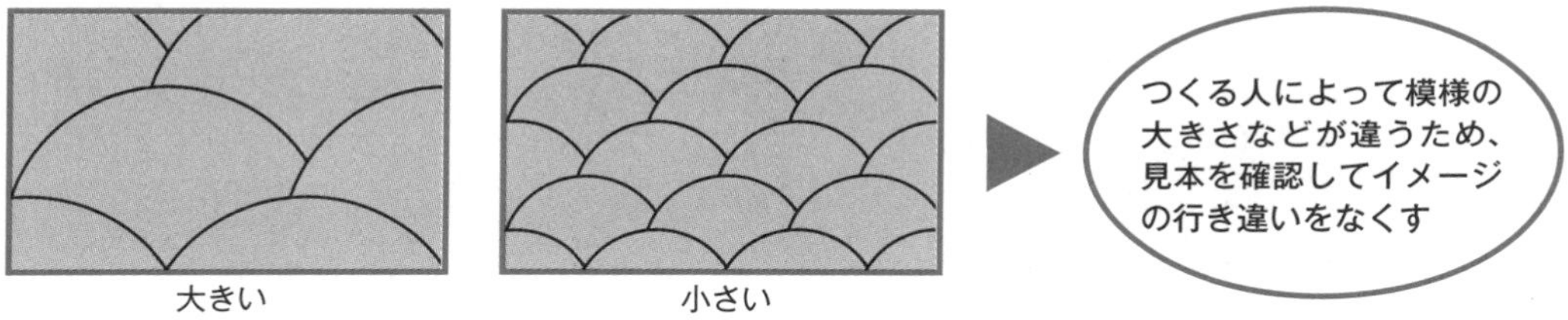

大きい
小さい

つくる人によって模様の
大きさなどが違うため、
見本を確認してイメージ
の行き違いをなくす

●出隅の仕上げ方が違う

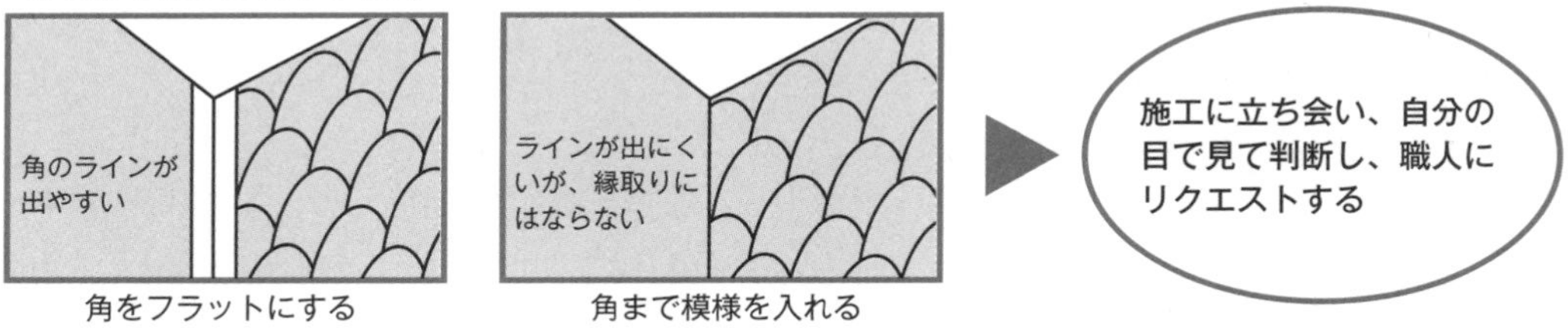

角のラインが
出やすい

角をフラットにする

ラインが出にく
いが、縁取りに
はならない

角まで模様を入れる

施工に立ち会い、自分の
目で見て判断し、職人に
リクエストする

■異なる素材との取り合い

●見切を設けた場合

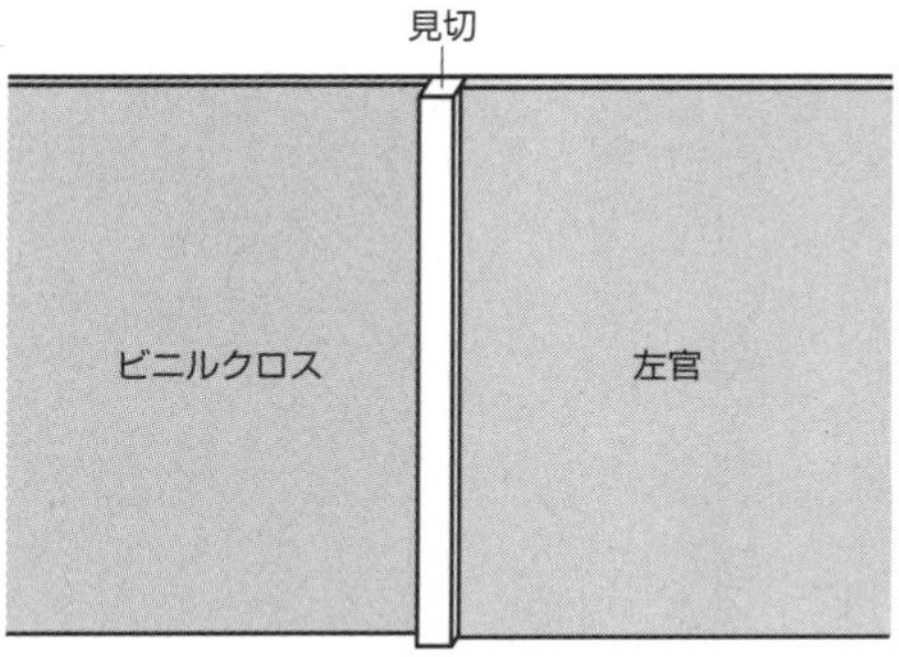

ビニルクロス

ラインが出て綺麗に納まり、お互いの素材がめくれたり、剥がれたりすることがない

●見切を設けない場合

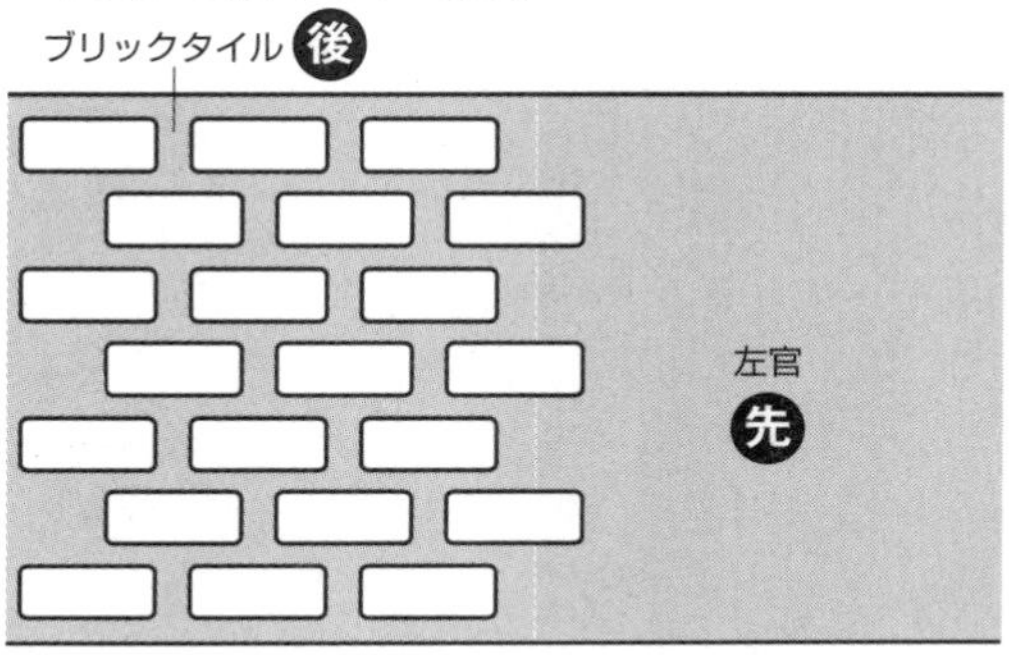

左官を先に塗り込んだほうが、ブリックタイルとの取り合い部分が綺麗になる（タイルに凸凹があるため、左官が後だと接する部分が綺麗に仕上がらない）

62 失敗しない左官仕上げ②

Point!

- 左官の特性をよく知る
- 乾燥、気温、雨に注意する

左官の特性を知る

左官は水を使う湿式仕上げであり、乾燥や反応硬化をさせることで完成する。この特性を知ることが、失敗を防ぐポイントとなる。ここではケース別の対処法を紹介する。

●乾燥が速い場合　急激な乾燥は左官の大敵である。下地の吸水が激しい場合は、シーラーを塗るか、下塗り材を塗って適切な下地をつくる。夏に直射日光が当たる場合や、風が強い場合は、壁の表面だけが乾いてドライアウト（硬化不良現象）することがあるため、シートで囲って保護する。

●乾燥が遅い場合　仕上がった壁は水分を多く含んでおり、部屋を締め切っておくと、水分が逃げずに壁が硬化しないことがある。この現象は、部屋全体や壁・天井を1日で仕上げるときや、トイレなどの狭い部屋で起こりやすく、最悪の場合は壁が水分でだれてしまう。

これを防ぐため、施工後は窓を開けるか、エアコンや換気扇で空気を入れ替え、湿気を早く飛ばす。扇風機を弱く回してもよいが、1カ所だけ風を当てると乾燥スピードが周りと異なり、色ムラなどを起こす場合がある。

●気温が低い場合　左官材料は水を扱うため、気温が5℃以下の場合は外部の施工を避ける。セメント系の材料は白華（▼P48参照）したり、凍ることがあり、また、施工後の夜、急激に気温が下がる場合も同じ現象が起こるので注意する。

●雨による白華の心配がある場合　セメント系の仕上げ材は、仕上げた後、2〜3日以内に雨に打たれると白華することがある。雨の心配があるときは、直接掛からないようにシート養生を行うほか、軒が出ていて直接掛かる心配がなくても、足場板などに雨が当たり、跳ね返ることがあるので気をつける。

●大面積に施工する場合　1面が大きい面積の壁を仕上げる場合は、大勢の職人が必要になる。人数が足りないと仕上げる前に壁の硬化が始まり、色ムラや塗り継ぎが出る。その場合は、目地で見切るなどの方法で対処する。

■乾燥が速い場合

●下地の吸水が激しいとき

乾燥している

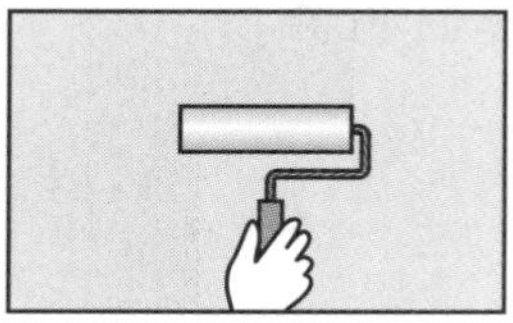

シーラーを塗る

下塗りをする

下地の吸水速度を抑える

●強い日差しや強風が当たるとき

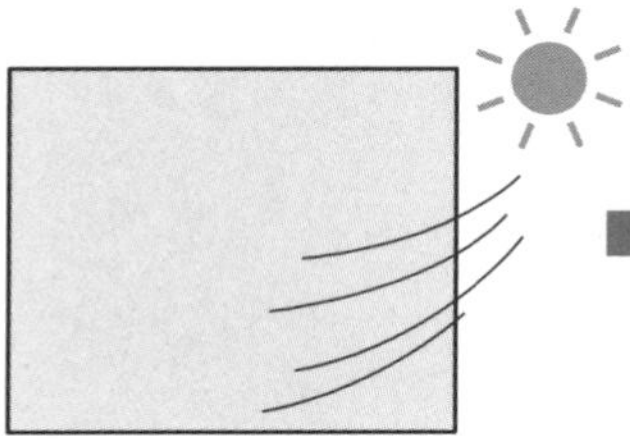

直射日光を避けるため、足場などにシートをかける

急激な壁の乾燥を防ぎ、施工しやすくする

■乾燥が遅い場合

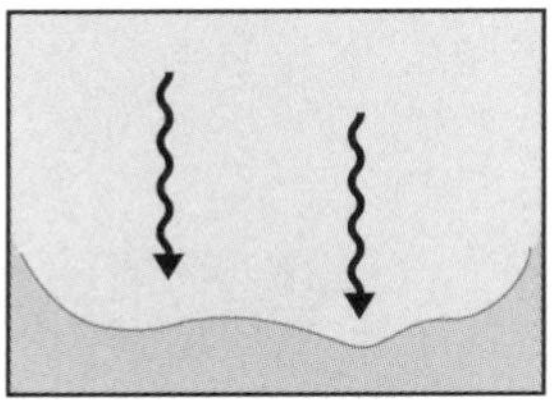

いつまでも水分があると、壁がだれて下がってくる

窓を開けるか、エアコンや換気扇で空気を入れ替える

湿気を飛ばし、硬化させる

■気温が低い場合

外部で気温が5℃以下の場合、材料が白華したり、凍ったりする

気温が低い日は施工を避ける

気温が 5℃以上の日に施工し、硬化不良を防ぐ

63

DIYの注意

Point!

●アルカリ性が強い材料があるため、軍手やゴム手袋などは必須
●まずは小さい面から挑戦する

DIYで準備するもの

最近の左官材料は付着力が強く、軽量にできているため、一般の人が自分で施工することも可能である。ここでは、ＤＩＹで準備するものを紹介する。

●**保護用品**　漆喰やセメントはアルカリ性が強いため、手が荒れないように軍手やゴム手袋を用意。撹拌時に粉が飛び散る場合があるためマスクも用意し、天井を塗る際は保護メガネを使用する。

●**DIY用左官材料**　まずは専用の左官材料を使いたい。壁に対する付着力が強いものや、軽量のものが塗りやすい。水で練ってある状態の材料を使うと、撹拌の手間が省ける。

●**撹拌機**　ハンドミキサー。少量であれば手で混ぜることも可能。

●**シーラー**　壁への接着増強と、急激な乾燥の防止のため、ローラーなどを使ってシーラーを塗る。

●**養生用品**　ガムテープにビニールが付いたマスカーやマスキングテープなど、周りを汚さないための養生テープを用意。床に敷くブルーシートも必要。

●**バケツ**　練った材料の小分け用、道具の洗浄用など、数個必要になる。

●**鏝などの道具**　鏝は、ステンレス製の柔らかいものが塗りやすく、パターンも付けやすい。スポンジや刷毛、ヘラなどを使ってもよく、また、材料を載せる鏝板も用意する。

作業時の注意

材料を粉状から混ぜる場合は、粉塵を吸い込まないように注意する。材料はダマにならないように練り混ぜることが重要であり、均一にするのが難しい場合は、最初から練ってある材料を使用したほうがよい。

鏝塗りは独特なので、最初は難しいかもしれないが、慣れれば自分の好きなように模様が付けられる。まずは小さな面を塗って感覚をつかむとよい。また、厚く塗るとクラックが入りやすいものなど、材料ごとに特徴があるため、使用する材料の施工要領書をよく読んでから作業することも大切である。

■DIYで準備するもの

●保護用品

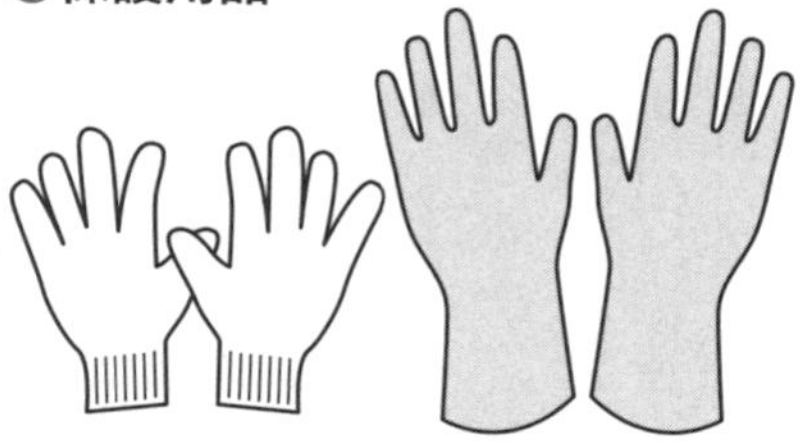

軍手、ゴム手袋

手荒れを防ぐ

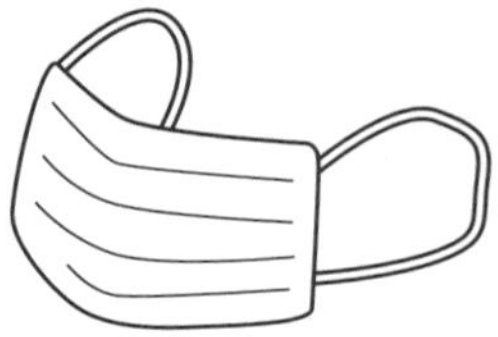

マスク

粉を吸い込まないようにする

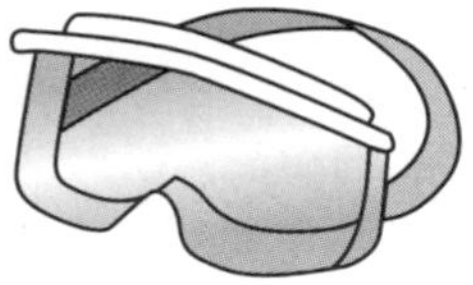

保護メガネ

天井を塗るとき、
材料が目に入るのを防ぐ

●DIY用左官材料

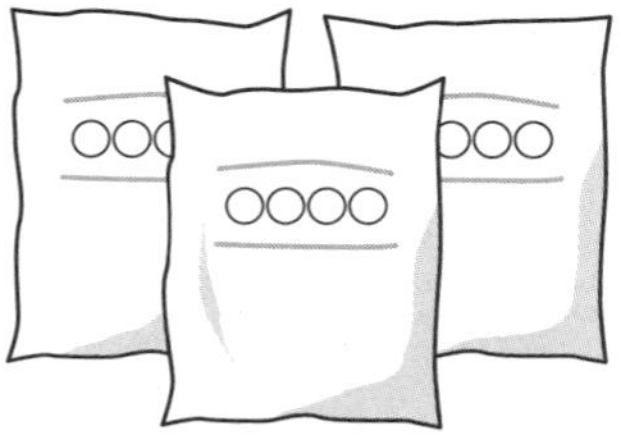

粉タイプ

練ってあるタイプ

付着力が強く、軽量のものを選ぶと使いやすい

●攪拌機

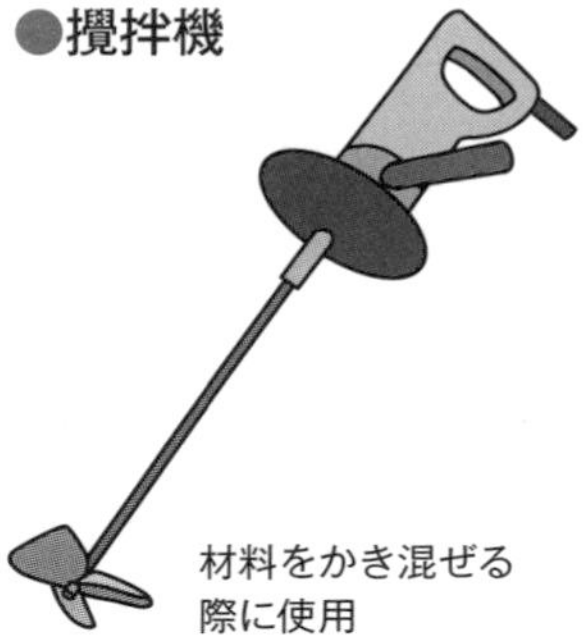

材料をかき混ぜる
際に使用

●シーラー

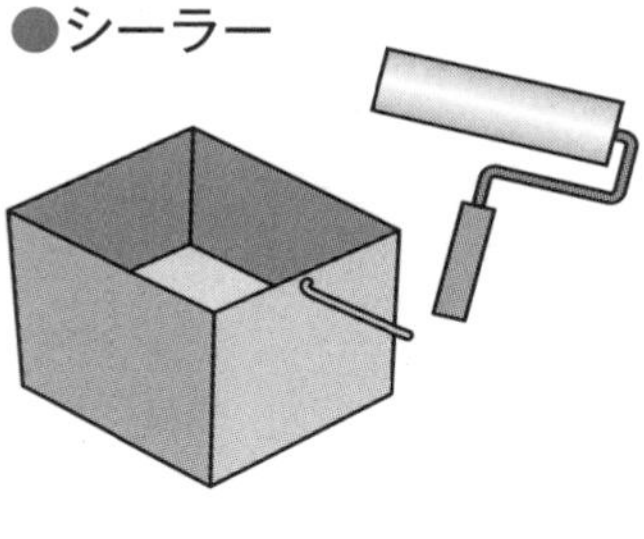

接着強化と、急激な乾燥の防止に
有効。ローラーや刷毛で塗る

●養生用品

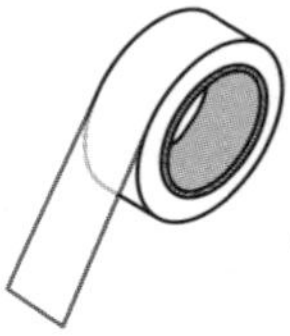

養生テープ

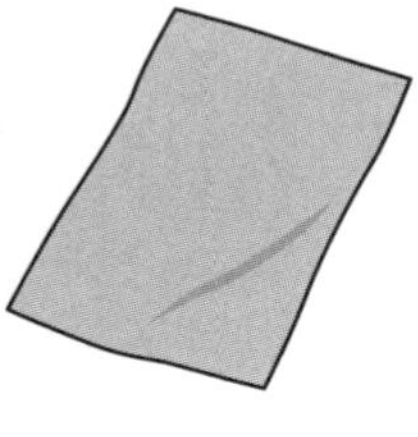

ブルーシート

周りを汚さないために使用

●バケツ

材料の小分け、道具の洗浄など、用途に合わせ、
大きさが異なるものを数個用意する

●鏝などの道具

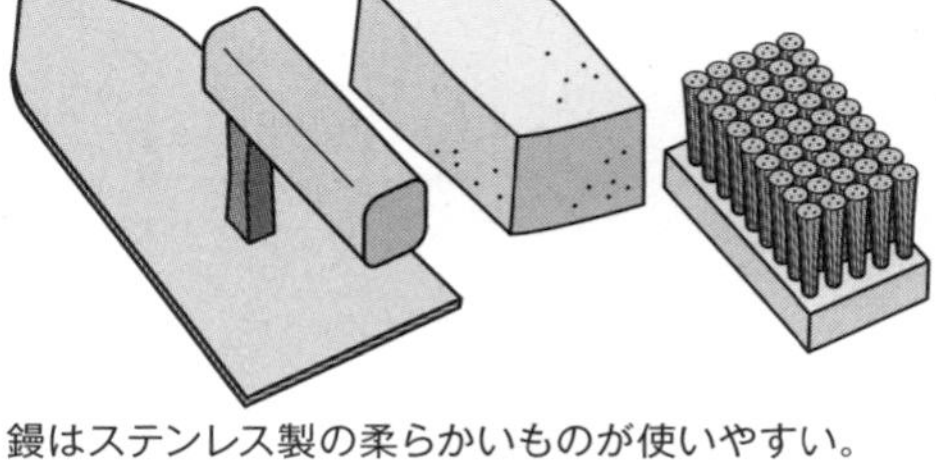

鏝はステンレス製の柔らかいものが使いやすい。
また、スポンジや刷毛などで塗ってもよい

64 部分補正

Point!

- 後から部分的に補正すると目立ちやすい
- 固化材の性質により、適切な補正方法が異なる

材料別の補正方法

左官仕上げでは、後から部分補正をして補正個所が完全に分からないようにするのは難しい。左官材料は厚みが付くため、擦り付けて周りと高さを合わせても若干盛り上がってしまい、また、同時に練り混ぜた材料でも、乾燥のタイミングが違うと色が合わないので、後から補正した部分が周りとなじまず、目立ちやすくなる。

とはいえ、壁が削れたり、角が欠けたりすると部分補正が避けられないため、ここでは材料別に目立ちにくい補正方法を紹介する。

●**漆喰系**　白い漆喰は、色の違いが出ないので補正しやすい。また、押さえ仕上げの場合は、周りと質感を合わせるため、乾燥を待ってから金鏝押さえをしてなじませる。逆に色漆喰は、本施工と同じ材料を使用しても色の違いが目立ちやすい。そのため、事前に試験用ボードに材料を塗ってドライヤーなどで乾かし、色粉で調整して周りと色を近づけてから補正する。

●**セメント系**　カラーモルタルは、色漆喰と同じように補正箇所が目立ちやすい。そのため、事前の色合わせが必要になるが、施工後、色粉を水とエマルジョンで溶いたものを布で周りに塗布し、補正ジョイント箇所をぼかすという方法もある。

●**アクリルエマルジョン系**　漆喰やセメントに比べて色の差が出にくい。パターン仕上げの場合は、周りとパターンが合うようにスポンジやヘラで模様を付けると目立ちにくく、メーカーによっては補正キットが発売されている。

●**石膏系**　石膏は後から施工すると色飛びがあるため、色を合わせづらい。既調合のものは、メーカーによっては補正キットが発売されており、色粉を吹き付けて周りと色を合わせることができるので活用したい。

●**粘土系**　聚楽や大津壁は非常に繊細な肌のため、色だけを付けて補正するなど、あまり手をかけないほうが結果として目立たない場合がある。

■部分補正の方法

●漆喰系

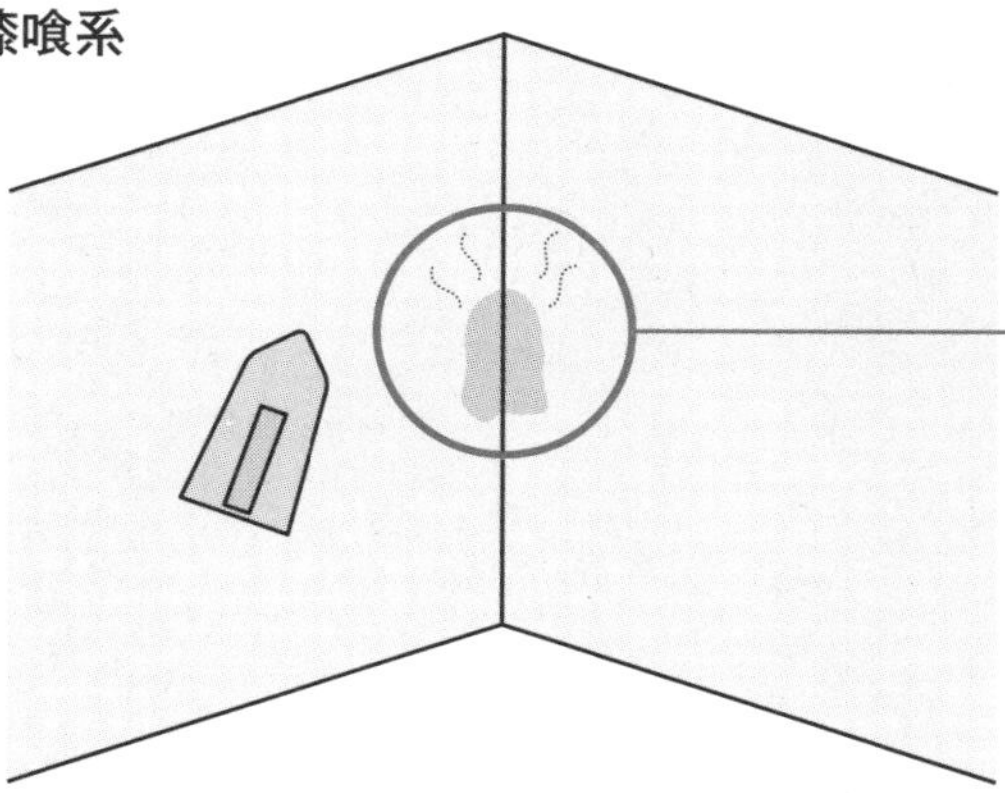

- 白い漆喰は、乾燥状態を見ながら周りになじませる。こうしないと、補正部分だけ艶が出てしまう
- 色漆喰は、補正個所の色を合わせにくいため、事前に色合わせを行う
- 白い漆喰も、経年変化で若干色が付いている場合があるので、事前の色合わせを行ったほうがよい

●セメント系

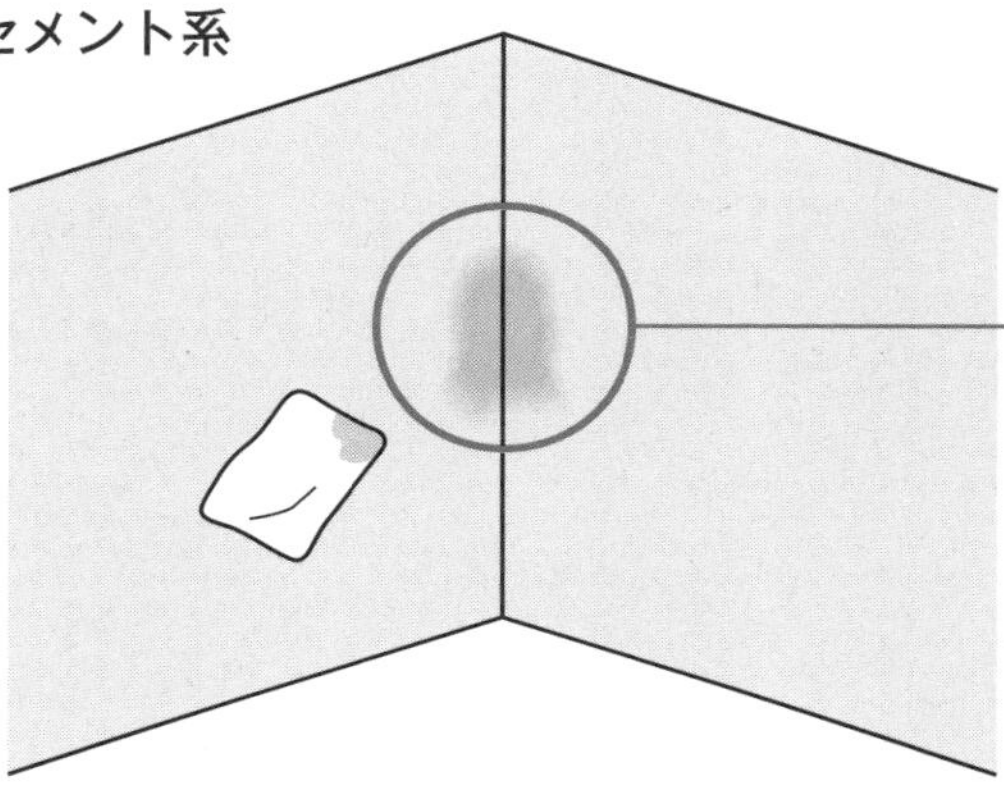

- カラーモルタルは、欠けた部分などを補正し、色が合わなければ、色粉を溶いたものでぼかすことができる

●その他の材料（石膏など）

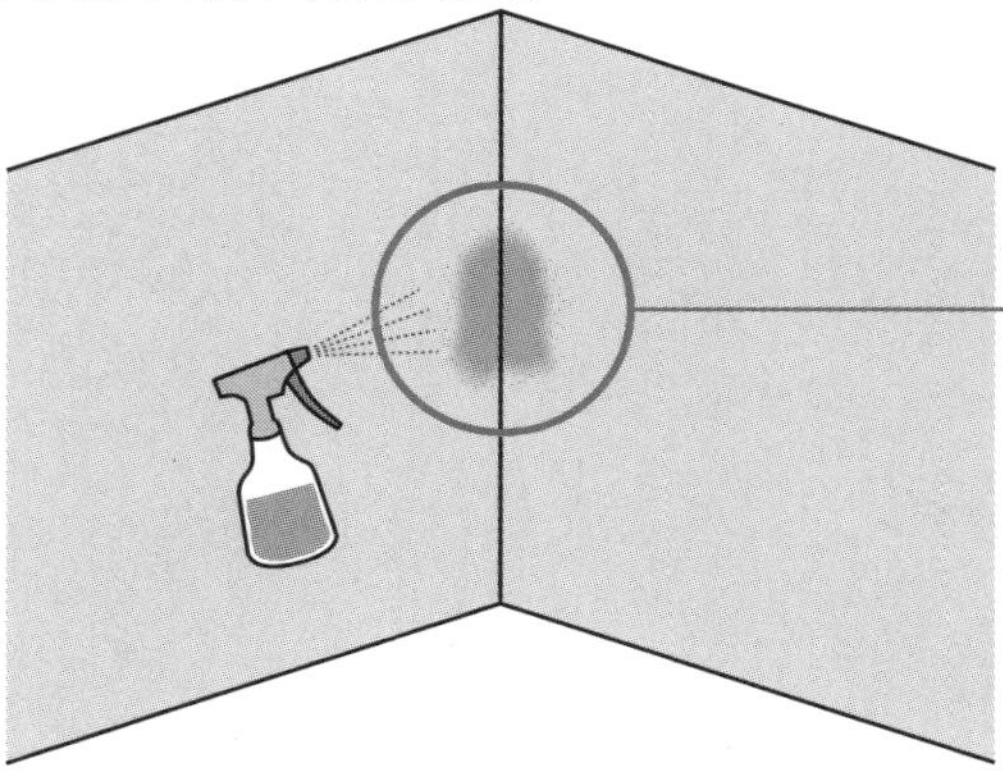

- 色粉を吹き付けて、補正個所をぼかす方法もある

注意

傷が付いても、補正すると、かえってその部分が目立ってしまうことがあるため、ある程度の傷は「味」と考えたほうがよい

65 メンテナンス

Point!

- 日々の適切なメンテナンスにより、味わいのある壁が長持ちする
- 光触媒の効果で汚れにくい壁もある

ほこりや汚れの落とし方

珪藻土や漆喰など、主に調湿効果の高い塗り壁を長持ちさせるためのメンテナンス方法を紹介する。

●表面にほこりが付いた場合

ハタキを軽く当てて落とすか、掃除機を軽く当てて吸い込む。濡れ雑巾などで拭き取ると、逆にほこりを擦り付けてしまい、汚れがとれなくなる場合があるので注意する。

●表面に汚れが付いた場合

スイッチ廻りや玄関の壁などは手でよく触れるため、手垢などでだんだん汚れてくる。その場合は、柔らかい消しゴムや、メラミンフォーム製の磨くスポンジで軽くこすって落とすことができる。表面に強く当てたり、こすりすぎたりすると、その部分だけ色が飛び、目立ってしまうので注意する。

●液体のシミが付いた場合

コーヒーや味噌汁などをこぼし、染み込ませてしまった場合は、かたく絞った綺麗な布でその部分を軽く叩き、シミを吸い出す。洋服に付いたシミを吸い出すような感覚でやるとよい。それでも落ちない場合は、漂白剤を薄めたものを布に染み込ませ、同じ方法で吸い出す。油分が入ったシミは落ちづらいので、こぼさないようにする。

●クラックや欠けが発生した場合

施工時に補正用の材料を少量もらっておき、部分補正ができるようにしておく。小さな傷やクラックは、補正すると逆に目立ってしまうことがあるので、補正は慎重に行う（▼P168参照）。完全に周りと同じように補正する場合は、一面塗り替える必要があるため、リフォームや模様替えのタイミングに合わせ、プロに相談したほうがよい。

光触媒で汚れを防止

珪藻土のなかには酸化チタンが含まれているものがあり、光触媒の効果によって汚れにくくしている壁もある。ただし、メンテナンス方法は材料によって異なるため、メーカーに問い合わせたほうがよい。

■内装壁のメンテナンス

●表面にほこりが付いた場合

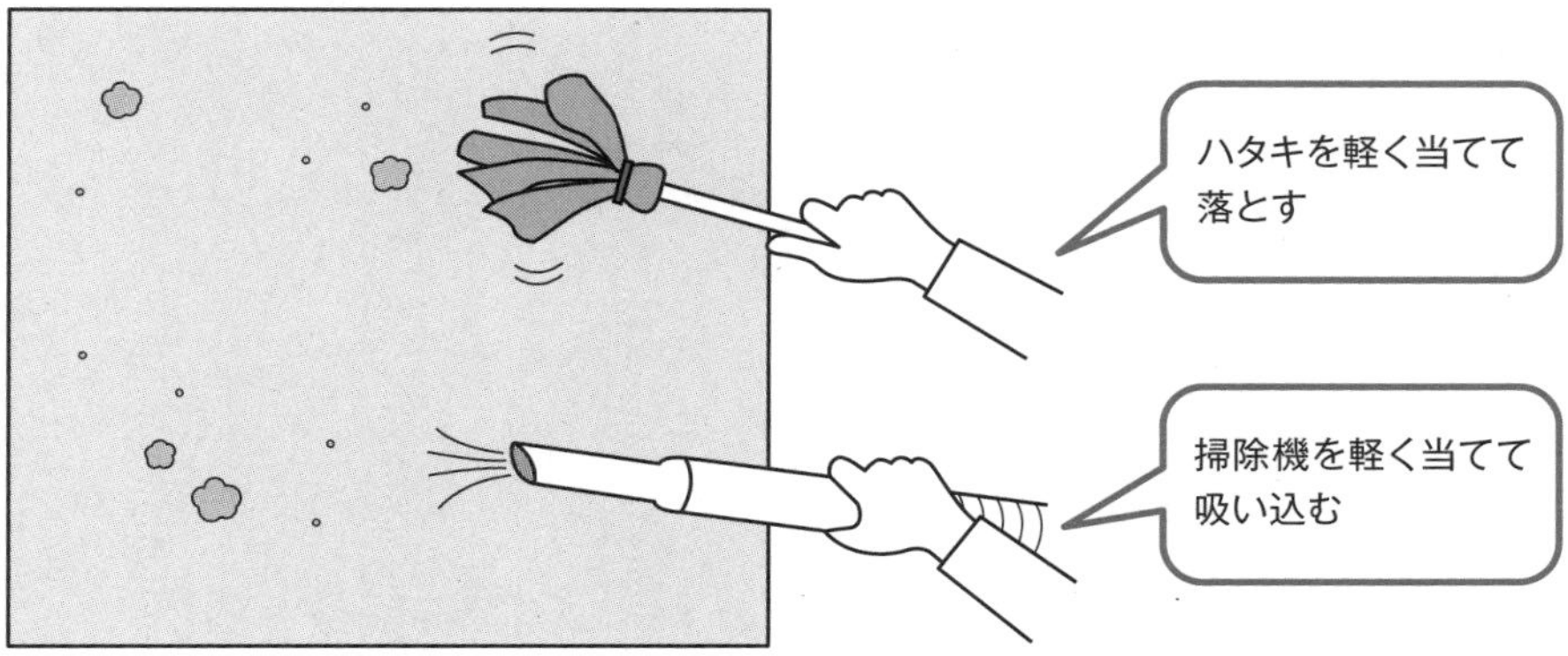
ハタキを軽く当てて落とす
掃除機を軽く当てて吸い込む

●表面に汚れが付いた場合

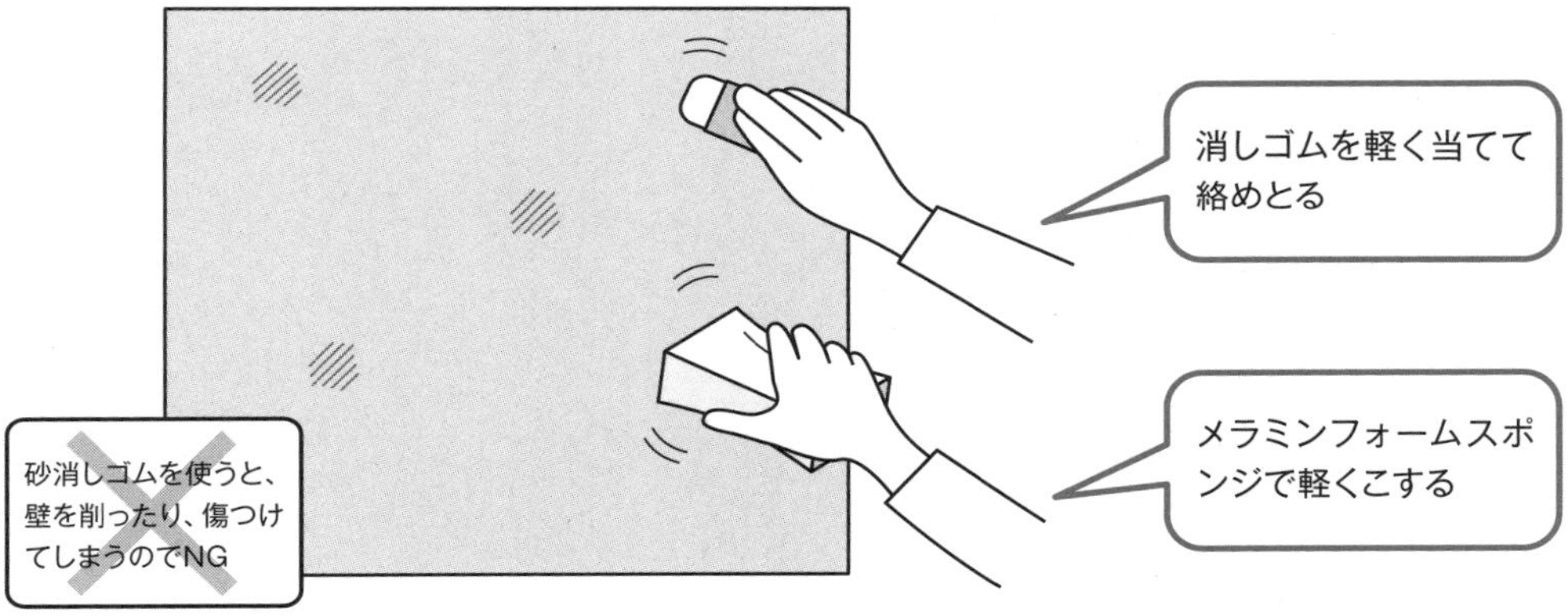
消しゴムを軽く当てて絡めとる
メラミンフォームスポンジで軽くこする
砂消しゴムを使うと、壁を削ったり、傷つけてしまうのでNG

●液体のシミが付いた場合

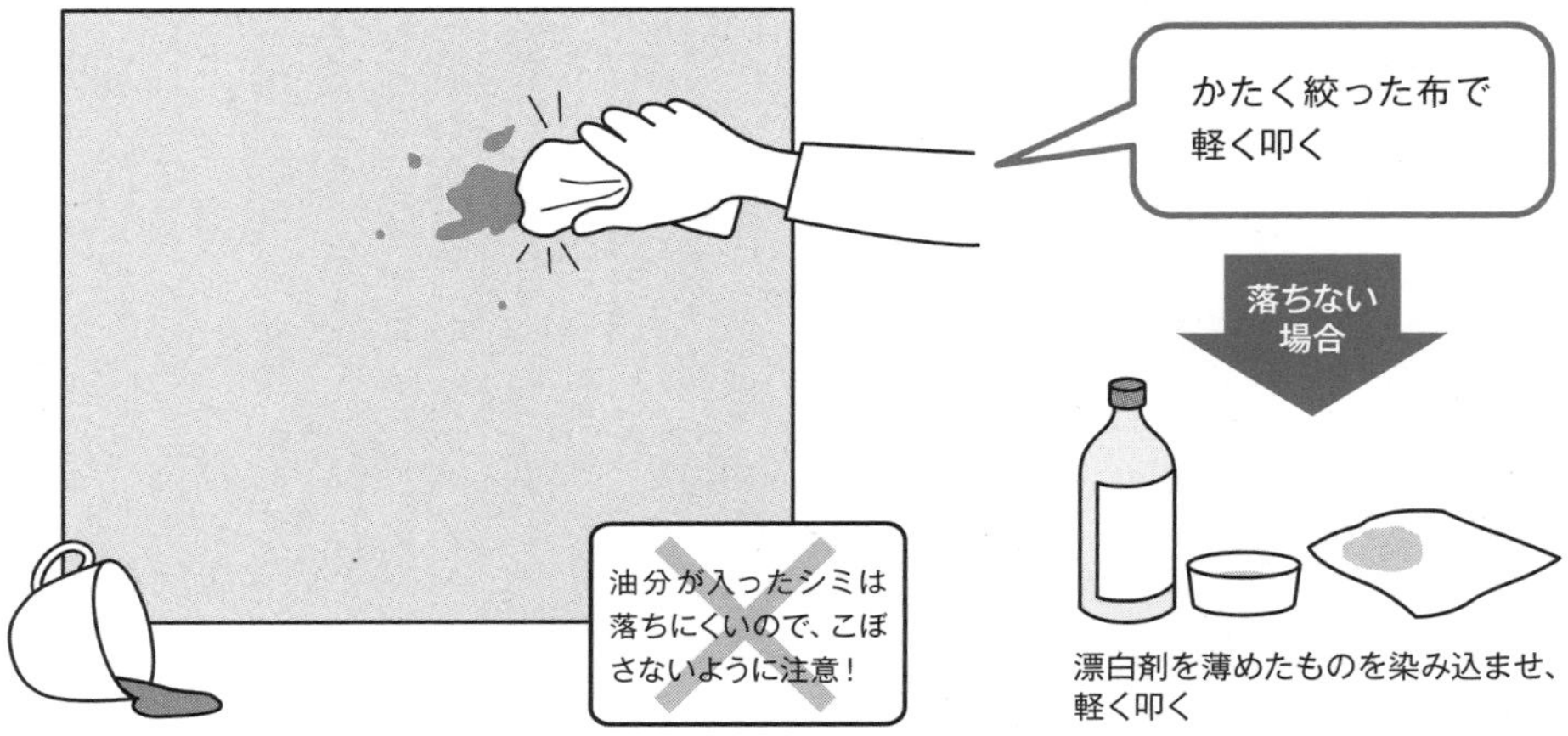
かたく絞った布で軽く叩く
落ちない場合
漂白剤を薄めたものを染み込ませ、軽く叩く
油分が入ったシミは落ちにくいので、こぼさないように注意！

Column

土蔵《どぞう》は、左官技術の結晶である

■観音扉の構造

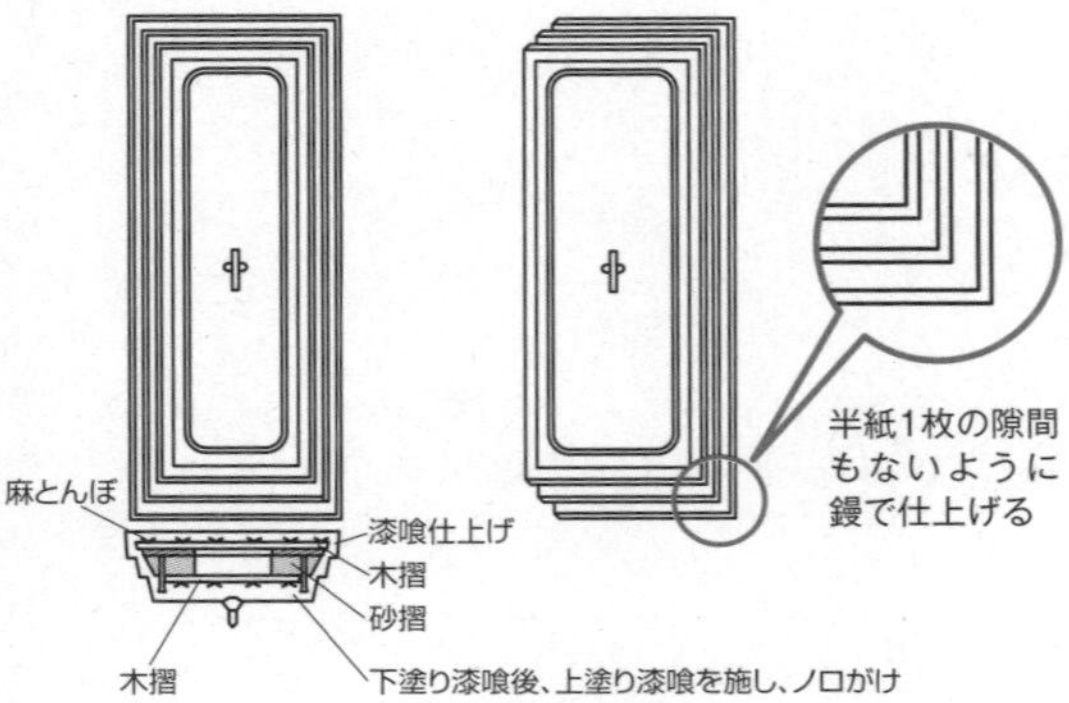

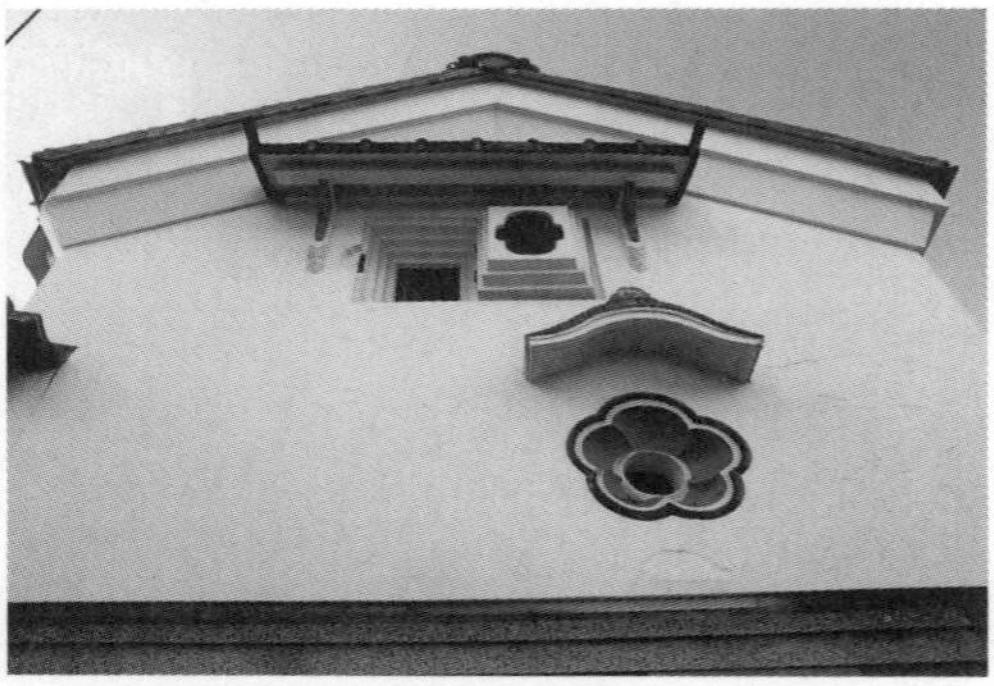

漆喰で仕上げられた装飾性の高い土蔵

■土蔵の構造

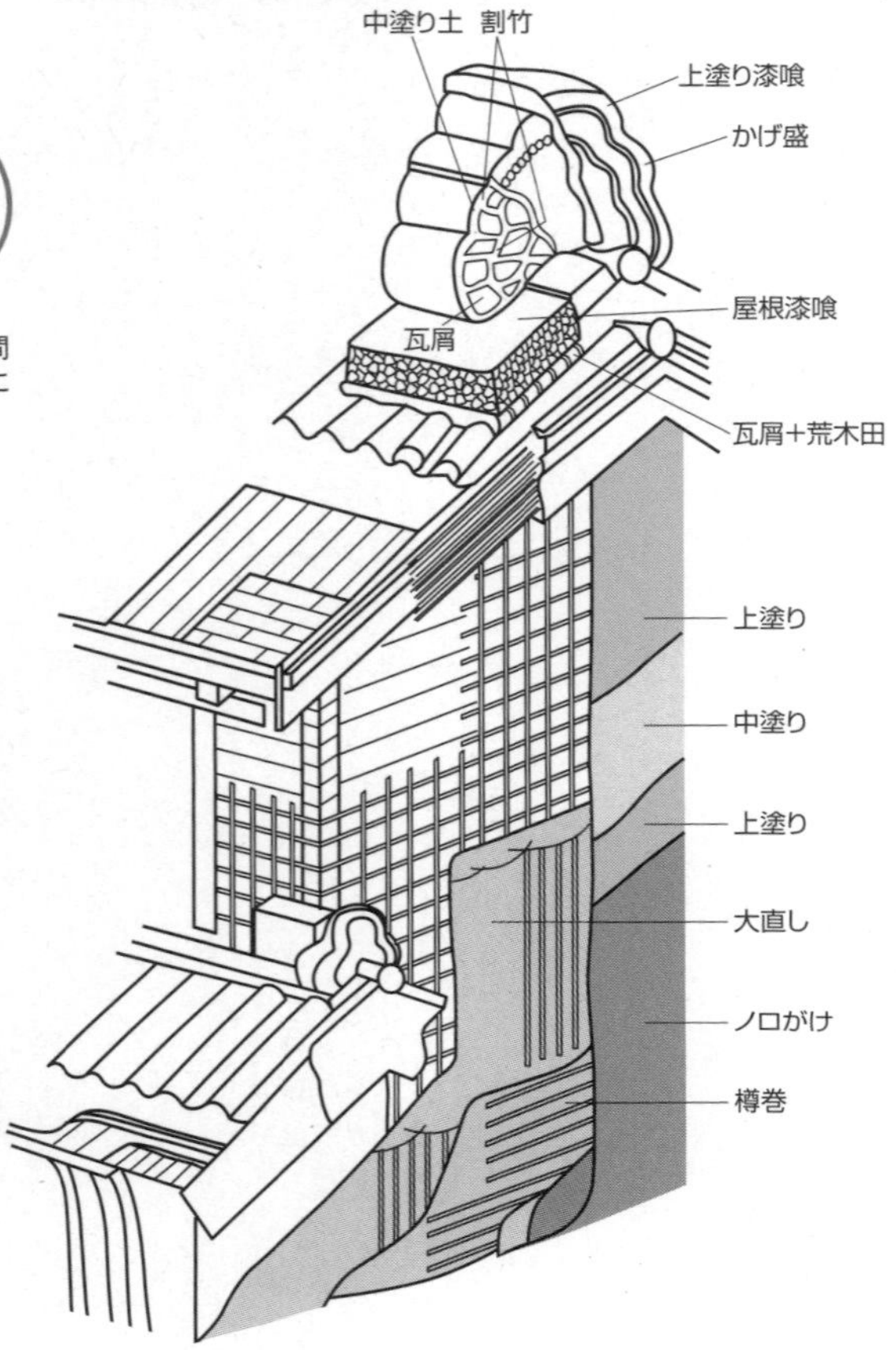

土蔵づくりの棟梁《とうりょう》は左官職人

建物の重要な構造である「棟《むね》」と「梁《はり》」の文字を用いて、現場で職人を束ねる中心人物を「棟梁」と呼ぶ。通常、建物をつくるときの棟梁は大工が務めるが、土蔵づくりだけは左官職人が棟梁となった。

その理由は、土蔵は土を分厚く塗り上げてつくる構造のため、左官工事のウェイトが大工よりも大きいことである。土蔵の納まりは壁厚によって決まるが、観音扉などの段数によって手間のかかり方が変わり、その段数を決めるのも左官職人だった。当然、扉の段数が多いほど蔵のグレードが高くなる。

また、なまこ壁や土佐漆喰、江戸黒漆喰、磨き仕上げなど、土蔵づくりにおいて左官職人が腕を振るう場面も多く、建築主の依頼や寄進で鏝絵をつくることもあった。

装飾的な「見世蔵《みせぐら》」も発展

土蔵は、米蔵や道具蔵のように物を保管する役割と、酒蔵のように物を貯蔵・醸造する役割があったが、江戸時代、商人の文化が盛んになってきた頃から、店舗を兼ねる「見世蔵」が発展した。見世蔵は装飾的に優れたものが多く、黒漆喰の磨き仕上げや、店の看板として鏝絵を施しているものもあった。古来より、土蔵は左官の技術がぎっしりと詰まった建物なのである。

Part 4
左官を知る編

66 左官の魅力

Point!

●シームレス＝継目がない仕上げが最大の魅力
●多彩なテクスチュアがあり、無限の表現ができる

シームレスな仕上げ

左官仕上げの最大の魅力はシームレス＝継目がないことで、壁・柱・梁などを継目なく塗り込むことができる。また、3次元の曲面を仕上げられることも特徴で、光る泥団子（▼P128参照）など、完全な球形に磨き仕上げをする方法も左官の技術といえる。

多彩なテクスチュアと装飾性

左官仕上げは、多彩なテクスチュアを表現できる。鏝の動作による模様付けだけでも豊富なバリエーションがあるが、刷毛、ホウキ、スポンジ、パターンローラー、剣山など、いろいろな道具を使うことで表現の幅がより広がる。さらに、鏝で塗るだけでなく、削る、引っ掻く、研ぐなどの動作を組み合わせることで無限の表現ができる。

装飾性が豊かなことも左官の魅力であり、モルタルや漆喰などの材料に装飾材を加えることで、仕上げの表情が変化する。装飾材には、骨材（色砂、色石など）、スサ（装飾的に見せるもの）、ガラス、ビー玉、貝殻、籾殻《もみがら》などがあり、収縮しないものであれば、基本材料に対して10%程度以内を混入して仕上げることができる。

環境改善材としても注目

左官材料は吸放湿性に優れているものが多く、室内環境を快適にする効果がある。日本で昔から漆喰壁や土壁が採用されてきた歴史も、左官壁の機能性の高さを証明している。また、火災時におけるメリットもあり、土壁や石膏は材料内に水分を保つため火の延焼を防ぎ、無機材料は燃えても有毒ガスが発生しないため安全性が高い。

ここ数年、左官材料は環境改善材としても注目され、珪藻土やゼオライト［※］、シラス（火山灰）、帆立貝などの材料を混入すると、化学物質を吸着する効果がある。このほか、漆喰は材料そのものが環境改善の機能をもち、漆喰造りの蔵で貯蔵されたものは腐りにくく、長期間保存できる。

※　沸石（ナトリウムやカルシウム、アルミニウムなどの含水珪酸塩鉱物）

■左官の魅力

●シームレスな仕上げ

壁·柱·梁などを継目なく塗り込むことができる

●3次元の仕上げも可能

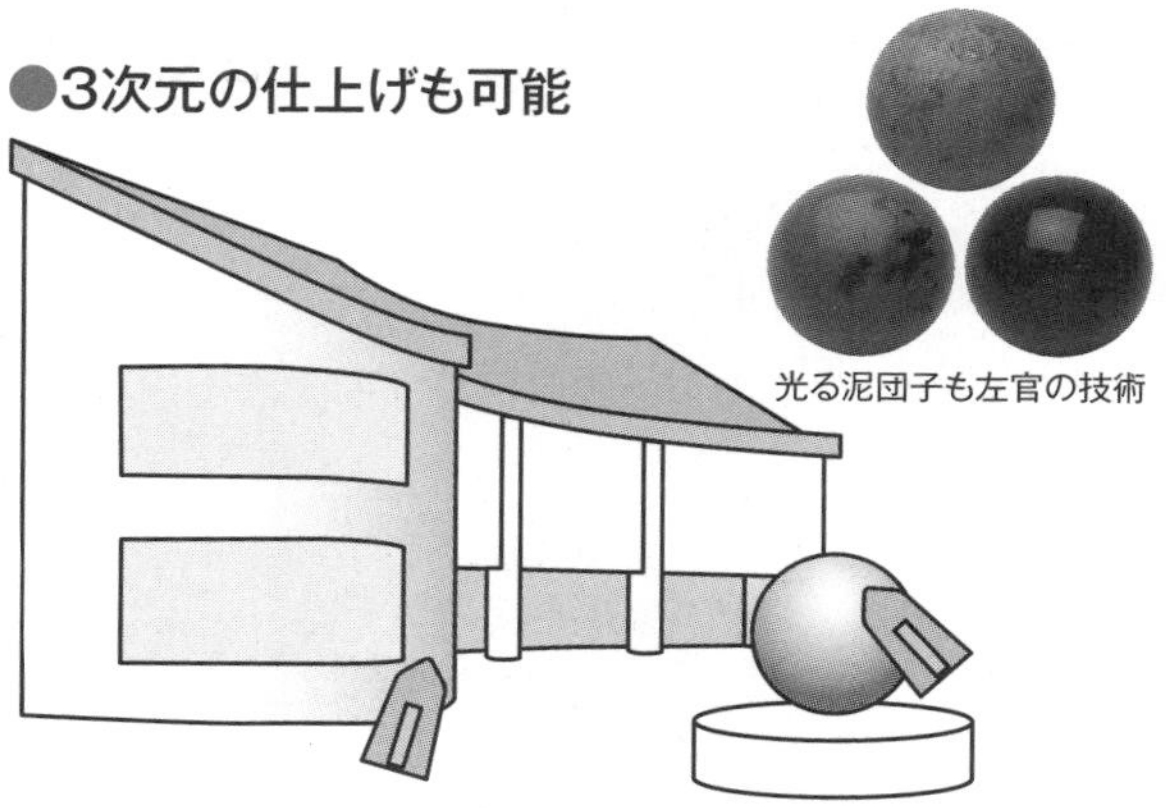

光る泥団子も左官の技術

曲面や球体も塗ることができ、立体のオブジェも作成可能

■多彩なテクスチュアと装飾性

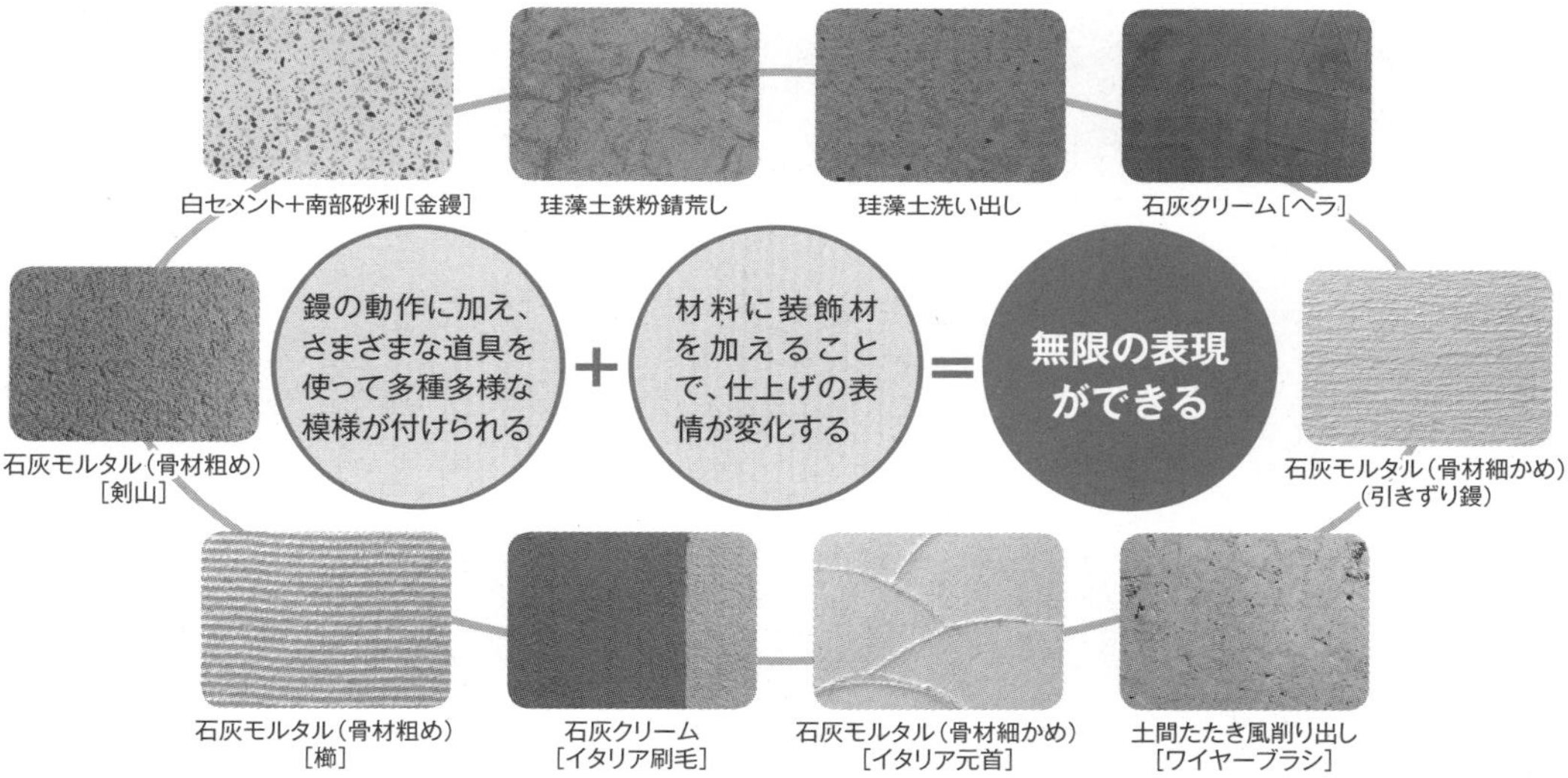

■環境改善性能が高い

漆喰の環境改善性能

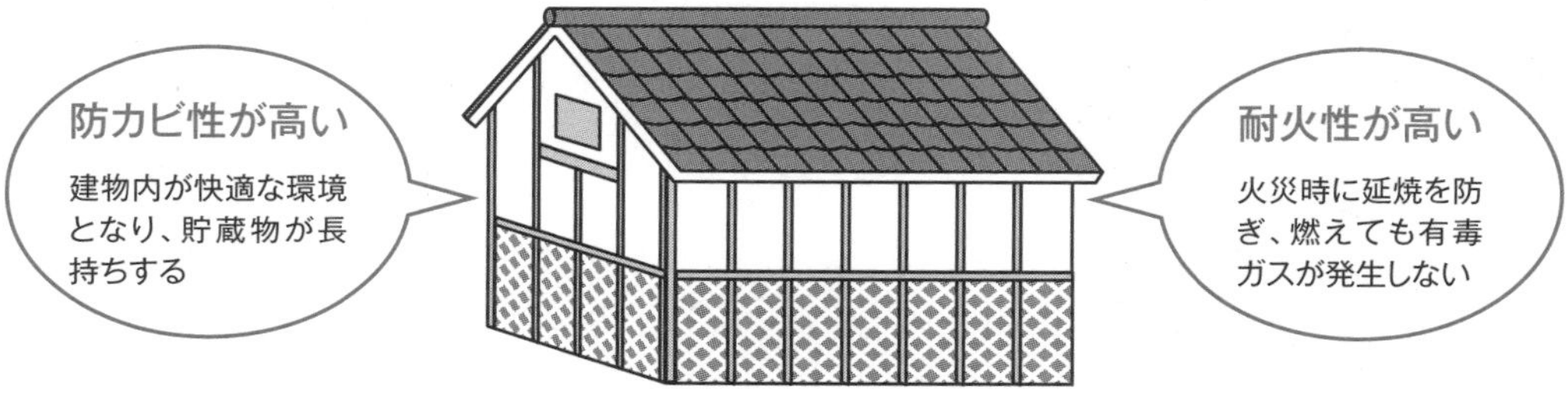

日本の伝統的な建物である蔵は、漆喰が守ってきたといえる

67 左官のメリット

Point!

●「火災に強い」「室内環境を改善」「エコロジーに有効」が3大メリット

3つのメリット

❶火災に強い

土壁やモルタル壁は、火災から生命や財産を守る。大切なものを保管する蔵が、土壁を塗り込めてつくられている歴史が、塗り壁の火災に対する強さを実証している。また、火災時に室内で人が亡くなる原因の多くに、有毒ガスを吸い込んで意識を失うことがある。塗り壁の多くは、自然素材が元になっているため、もともと不燃性であり、火災時に有毒ガスを発生しない。

❷室内の空気環境を改善

漆喰や珪藻土をはじめとする左官仕上材料は、調湿効果があり、結露を防止する働きがある。ホルムアルデヒドに代表される有害物質を吸着・分解する機能もあり、シックハウスの低減に加え、アレルギーやアトピーの予防にもつながる。最近は漆喰やドロマイトの殺菌効果も注目されており、カビやダニのほか、さまざまなウイルスの発生を抑制する働きがあるといわれる。

こうした室内環境の改善効果により、塗り壁は住む人の健康を守り、建物の寿命も延ばす。また、冷暖房費を抑えることもでき、省エネに役立つ。

❸エコロジーに有効（▼P178参照）

4つのデメリット

❶人によって仕上がりの差が出やすい

左官は手作業で仕上げるため、施工者の技術や経験などによって仕上がりの差が出やすい。

❷工期がかかる

左官の場合、下地処理、下塗り、上塗りと工程数があり、工期がかかってしまうことが多い。

❸クラックが入りやすい

自然素材を中心に使い、手作業で仕上げるため、左官にクラックはつきものである。

❹傷が付きやすい

左官の仕上げは表面が柔らかいものが多く、傷が付きやすい。

しかし、これらのデメリットにはさまざまな対策がある（左頁参照）。

■3つのメリット

❶火災に強い

- 生命や財産を守る
- 火災時に有毒ガスが発生しない

❷室内環境を改善

- 調湿効果があり、結露を防止
- ホルムアルデヒドなどの有害物質を吸着・分解
- 殺菌効果があり、カビやダニなどの発生を抑制
- 冷暖房費を抑え、省エネに役立つ
- 住む人の健康を守る
- 建物が長持ちする

❸エコロジーに有効

- 建物を解体したとき、材料を自然に還せるものもある
- 解体した土壁を練り直し、再利用できる

■4つのデメリットとその対策

❶人によって仕上がりの差が出やすい

▼

対策

- 施工者に事前に見本をつくってもらい、仕上がりを確認する
- 現場に見本を置き、施工のバラつきが出ないようにする

❷工期がかかる

▼

対策

- 施工者と相談し、下塗りのみ先に行ったり、工期に合わせて施工人数を確保する

❸クラックが入りやすい

▼

対策

- 下地やラスの段階から割れにくいものを選ぶ
- モルタルなどはラス補強をしたり、全面ガラスメッシュを入れる
- 掻き落としや弾性材料など、クラックが入りにくいものを選ぶ

❹傷が付きやすい

▼

対策

- 小さな子どもやペットがいる家は、腰壁を板張りなどにして傷が付きにくくする

68

左官とエコロジー

Point!

●左官工法はもともと地産池消だった
●漆喰のCO_2吸収効果が期待されている

環境にやさしい左官

●地産池消でCO_2を削減

左官は本来、その土地で採れる土や砂、藁、竹などを材料に使用していた。そのため、輸送により発生するCO_2を削減でき、環境にやさしい工法だった。現在は土や砂が採掘される場所が限られており、必ずしも地産池消とはいえないが、環境問題が深刻化するなか、地場のものを積極的に使用する動きが広がりつつある。

地場で掘り出した土は、強度が十分にあるか、収縮が大きくないかなどを試験で確認し、問題がなければ仕上げ材に混ぜて使用できる。

●材料をリサイクルできる

土壁を解体処理するときは、小舞《こまい》（▼P142参照）から土の部分を取り出し、再度練り混ぜることで材料として再利用できる。ほかの建材とは異なり、土壁はリサイクルできる建材といえる。

●漆喰はCO_2を吸収

漆喰の主成分である石灰は、水と反応し、長い時間をかけて石灰岩に戻っていくが、そのときに空気中のCO_2を吸収する働きがある。石灰は焼成するときにCO_2を排出するが、漆喰壁にすることで、ある程度CO_2を吸収することができる。そのため、地球温暖化対策としても役立つ。

●土壁は温度を一定に保つ

土壁は熱を吸収し、壁自体に熱を保つ効果がある。そのため、夏は涼しく、冬は暖かく、室内温度を一定に保つことができ、エアコンなどの使用頻度を少なくして省エネルギーに貢献できる。

また、土壁は厚く塗るほど保温効果が高くなり、同時に室内環境を改善する働きも向上する。

●ヒートアイランド現象を抑制

土間三和土《たたき》仕上げなど、床の土壁仕上げは日差しを吸収し、照り返しがないため、温度上昇を防ぐ効果がある。また、漆喰などの外壁の左官仕上げも日差しを吸収する働きがあり、建物の周辺や内部の温度上昇を抑える。こうした効果により、ヒートアイランド現象の抑制に役立つ。

■左官の環境改善効果

●地産池消でCO_2を削減

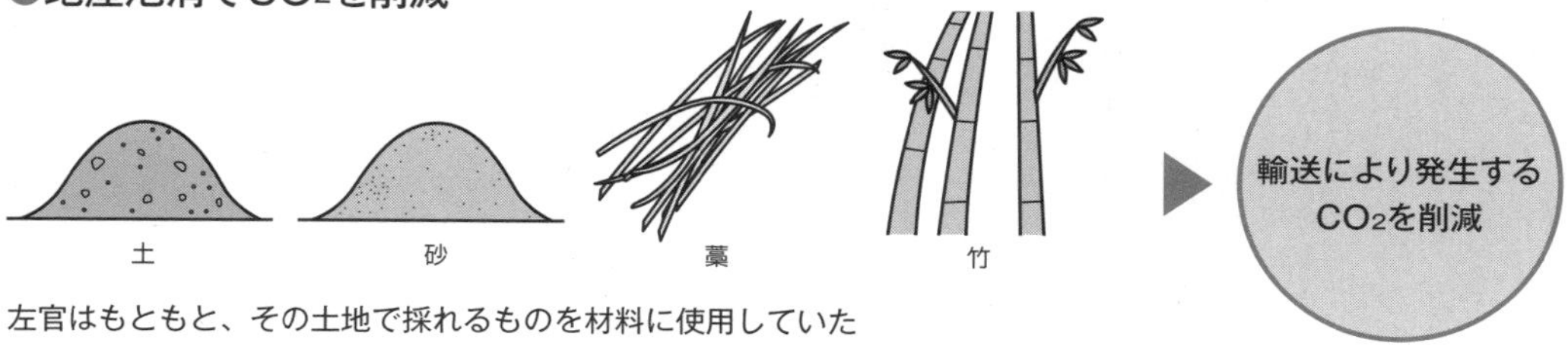

左官はもともと、その土地で採れるものを材料に使用していた

●材料をリサイクルできる

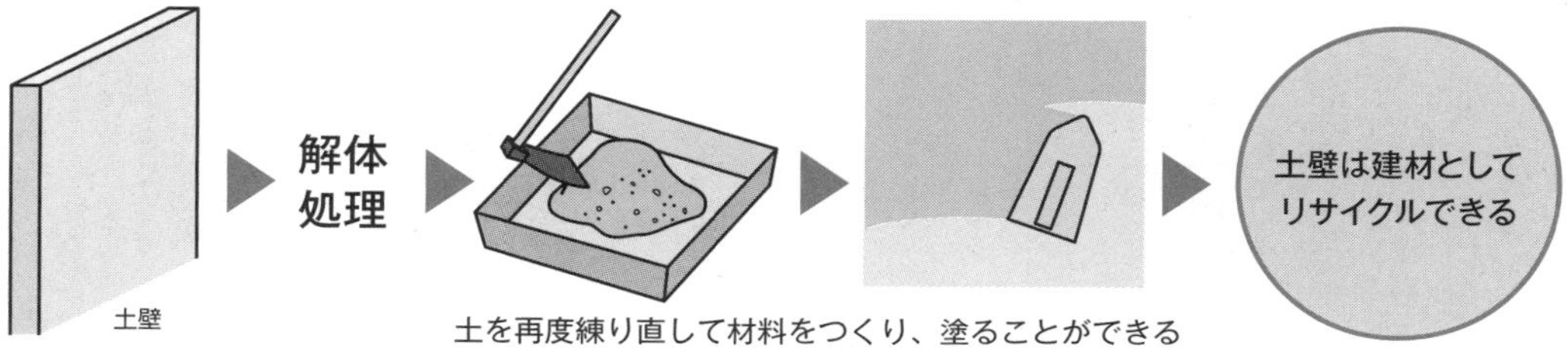

土を再度練り直して材料をつくり、塗ることができる

●漆喰はCO_2を吸収

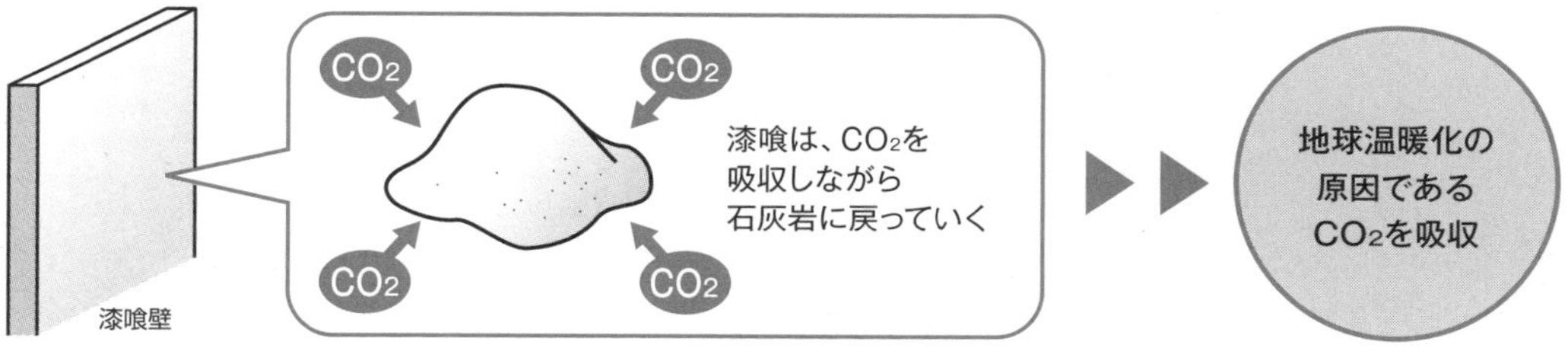

●土壁は温度を一定に保つ

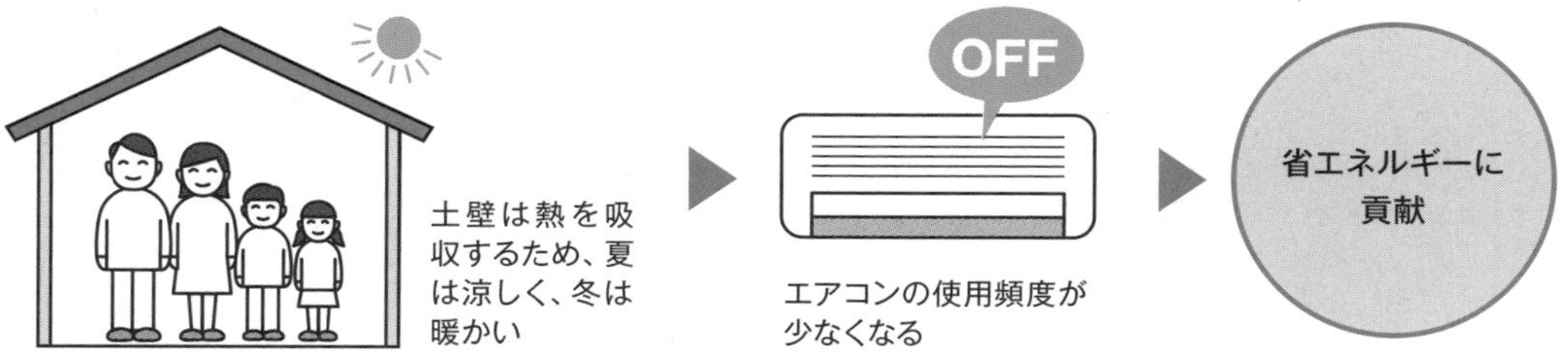

土壁は熱を吸
収するため、夏
は涼しく、冬は
暖かい

エアコンの使用頻度が
少なくなる

●ヒートアイランド現象を抑制

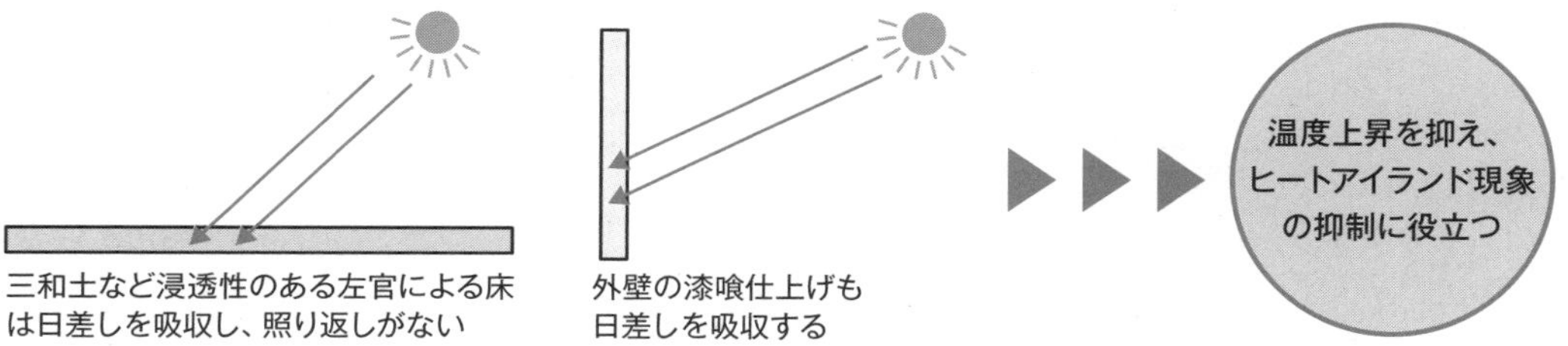

三和土など浸透性のある左官による床
は日差しを吸収し、照り返しがない
外壁の漆喰仕上げも
日差しを吸収する

69

「左官」という名前の由来

Point!

●平安時代、宮殿の建築に携わる「木《も》工寮《くりょう》」の階級から「左官」という呼び名になったという説が有力

3つの説がある

　建築関係の職種のなかで、大工、建具屋、タイル工、ペンキ屋などは名前を聞いただけでどのような職業か分かる。しかし、「左官」は名前から職業を想像することができない。その理由は、左官という名前の由来に関係し、次の3つの説があるといわれる。

❶官職をつけたという説

　その昔、宮廷に入場するには位が必要だったため、「左官」という官職をつけたという説。

❷壁塗りを「左官」とする説

　昔の建築では、骨組みをつくる大工と、下地から化粧をする左官の重要度が高く、大工が「右官」と呼ばれ、これに対比する壁塗りが「左官」と呼ばれたといわれている。この説はこの呼び名が残ったというものだが、大工が右官と呼ばれたことを示す文献がなく、俗説と考えられている。

❸階級からとったという説

　奈良時代、宮殿の建築に携わる組織「木工寮」の階級で、1「守《かみ》」、2「介《すけ》」、3「掾《じょう》」、4「属《そうかん》」という序列があり、1は大工、2は桧皮葺き大工、3は金物大工、4は壁塗り職人だった。壁塗り職人の「属」に「さかん」という音を当て、後に当て字で「さかん＝左官」になったというもので、これが一番有力な説といわれている。

左官の古名

　左官の古名としては、「可部奴利《かべぬり》」「土《つちの》工《たくみ》」「壁塗」などがあった。「左官」という字が古文書に残されたのは江戸時代の初期といわています が、当時は「左官」と「壁塗」が混用されており、元禄時代に「左官」という呼び名が定着したようである。

　俗説だが、昔、大名行列が通り過ぎるまでは皆、頭を下げなければならなかったが、左官屋だけは壁の仕上がりが悪くなるため、作業を続けてもよかったといわれている。

　ちなみに、「壁」という名前の由来は「すみかを仮に隔てるもの」といわれる。

■奈良時代の「木工寮」の階級

❶ 守《かみ》 = 大工

❷ 介《すけ》 = 桧皮葺き大工

❸ 掾《じょう》 = 金物大工

❹ 属《そうかん》 = 壁塗り職人

属 ▶ さかん ▶ 左官

▼

「属」に「さかん」という音を当て、「左官」という当て字をつけたことが名前の由来と考えられている

▼

「左官」の字が定着したのは、元禄時代以降といわれる

■壁という名前の由来

か ＋ へ ＝ かへ ▶ かべ・壁

か = すみか ありか 仮の

へ = 隔てる

→ すみかを仮に隔てるもの

▼

そのため、日本の壁は本来、非耐力壁（石積みやレンガ積みの壁のように、建物を支えるものではない）

▼

京壁など独自のデザイン・工法が生まれた

壁は、古くは「加閉（かへ）」と読まれ、「か」は「すみか・ありか」または仮の「か」であり、「へ」は「隔てる」という意味だった。つまり、「すみかを仮に隔てるもの」という意味をもっていた。そのため、日本古来の壁はヨーロッパや中国のような耐力壁とは違う非耐力壁であり、これにより独自のデザインや工法が生まれた

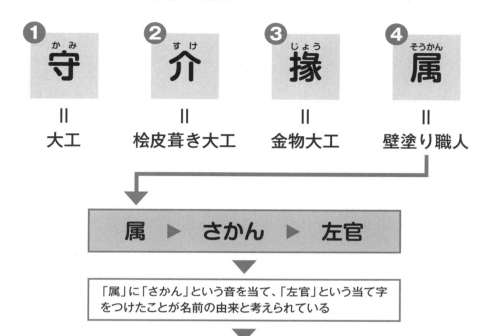

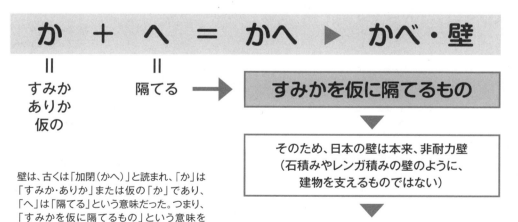

70

日本と西洋の左官の違い

Point!

●壁の構造が違うため、求められる仕上げや道具も異なる

壁の違い

日本の建物は、明治時代までは柱や梁などの骨組みで強度を保つ構造が多く、壁は構造的な強度を必要としなかった（非耐力壁）。そのため、「真壁《しんかべ》」（柱が露《あらわ》しとなり、その間に壁がある）となり、壁は意匠が優先され、装飾やデザインが独自に発展していった。

一方、西洋は壁で建物の強度を保つ構造（耐力壁）が多く、石や煉瓦、ブロックなどを積んで壁がつくられた。そのため、「大壁」（柱や梁が見えない壁）となり、石や煉瓦を積んだままの仕上げとしたり、その下地にモルタルなどを塗り、削って平らにした壁に石灰クリームを塗るなど、表面に意匠を施す仕上げが発展していった。

また、平滑で繊細な仕上げも日本ならではの特徴である。西洋ではラフな仕上げやボード張り工法が発展したが、日本では鏝を使うことが多く、人の手によって平らにし、角や細部まで塗り込み、精度を高めることが求められた。

鏝の違い

日本と西洋では壁に対する考え方が違うため、左官に使う鏝も異なる。

●日本の鏝

真壁を塗ることが多く、ちり際を綺麗に仕上げる必要があるため、昔は剣先タイプの先が三角になっている形状の鏝が多かった。現在はコンクリートやモルタルも扱うため、西洋タイプの角鏝を使用することもある。

角や細かい部分を鏝で塗り込むこともあるため、さまざまなサイズ・硬さ・厚み・形状が必要となり、その種類は１０００を超える。また、日本の鏝は、日本刀をつくる刀鍛冶の技術が元になっているといわれ、鏝の製造技術も日本独自で発展していった。

●西洋の鏝

大壁が多いため、ちり際を塗る必要がなく、また、モルタルなどを鏝で投げ付け、壁に擦り付けて作業を行うので、三角や四角い形状の鏝、先が丸い鏝が多い。種類はあまり多くない。

■日本と西洋の壁・鏝の違い

●日本の壁

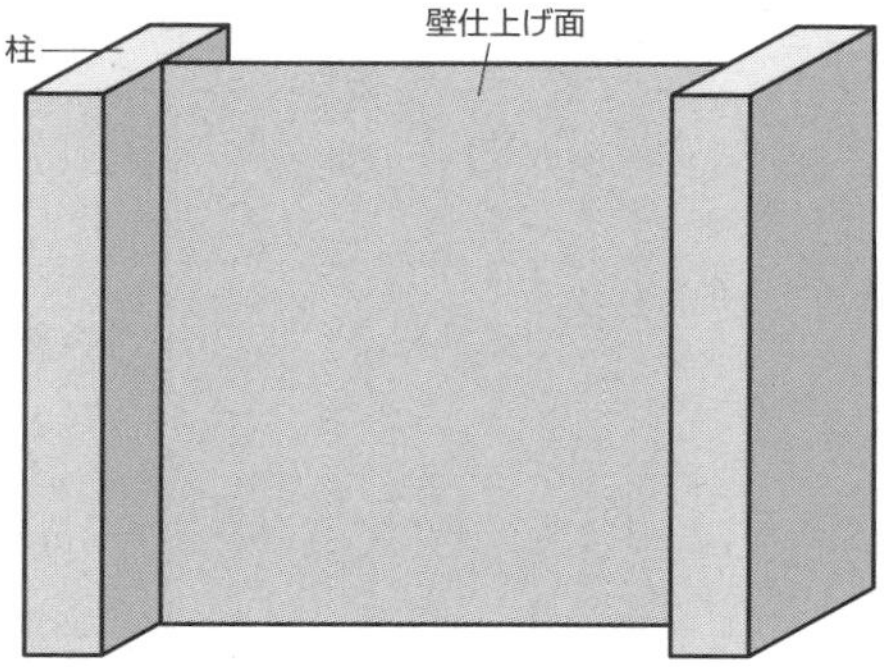

真壁

- 柱が見える構造
- 仕上げ面が柱より引込んでいるので、ちりが出てくる

●西洋の壁

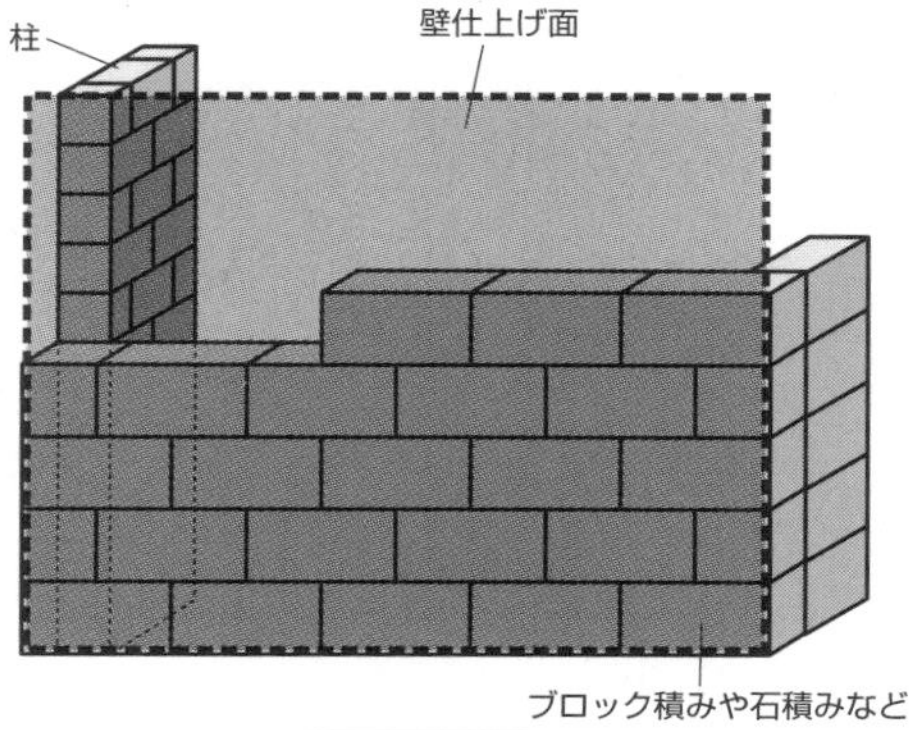

大壁

- 壁自体が構造体になる
- 柱は見えない
- ちりが出てこないため、1枚の壁が大きくなる

●日本の鏝

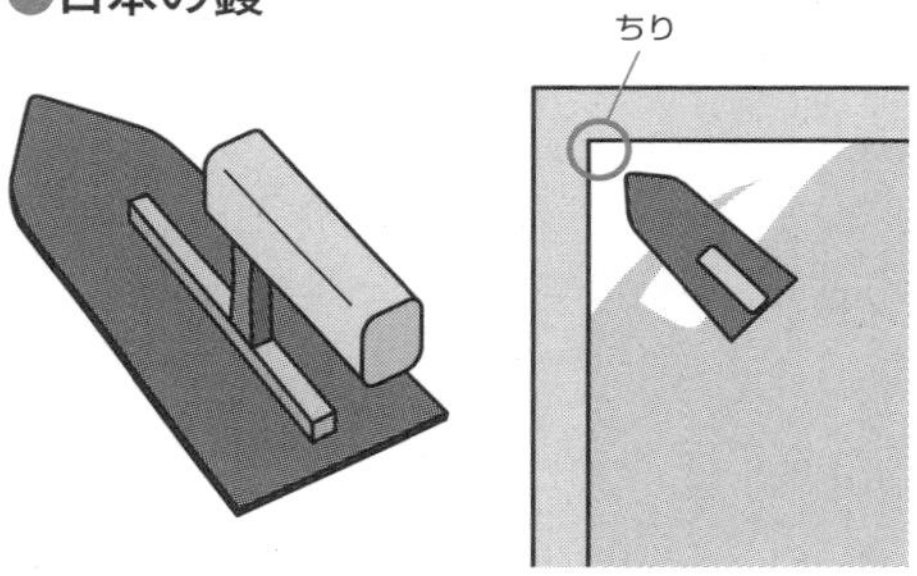

剣先タイプ

ちりがあるところの隅まで、材料が塗りやすい

●西洋の鏝

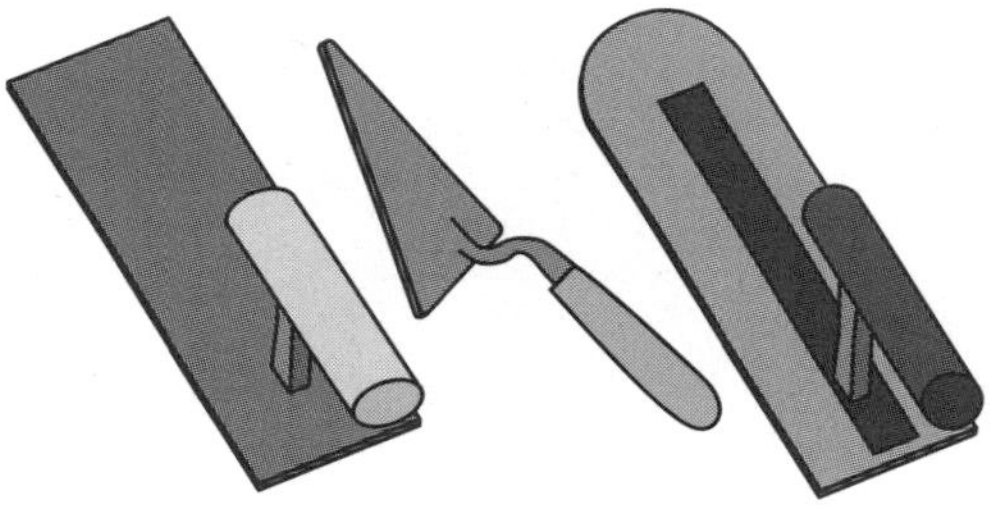

大型の鏝

西洋人は体格が大きく、また、材料を厚く塗る必要があったためと考えられる

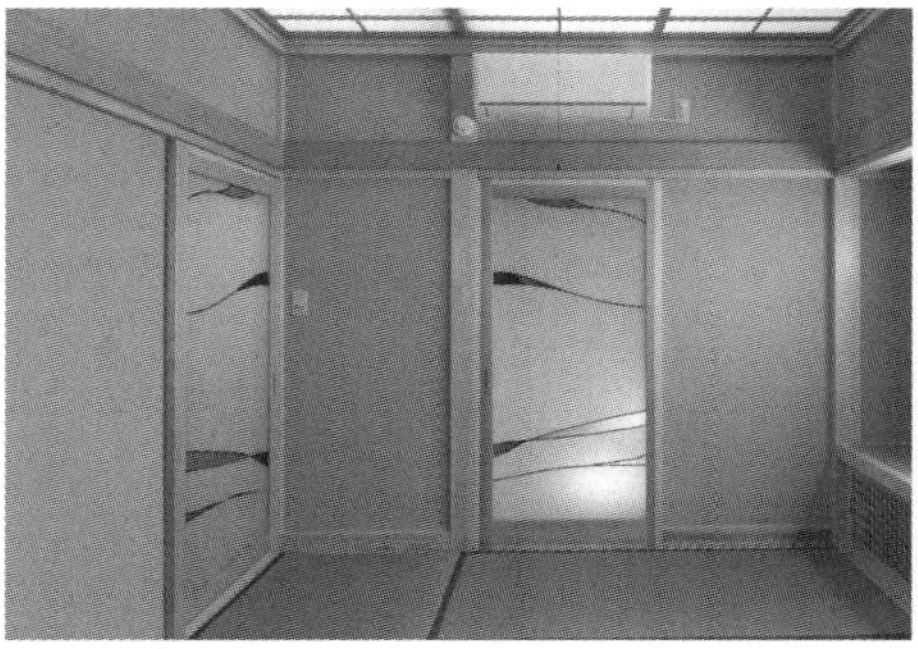

日本の塗り壁の例

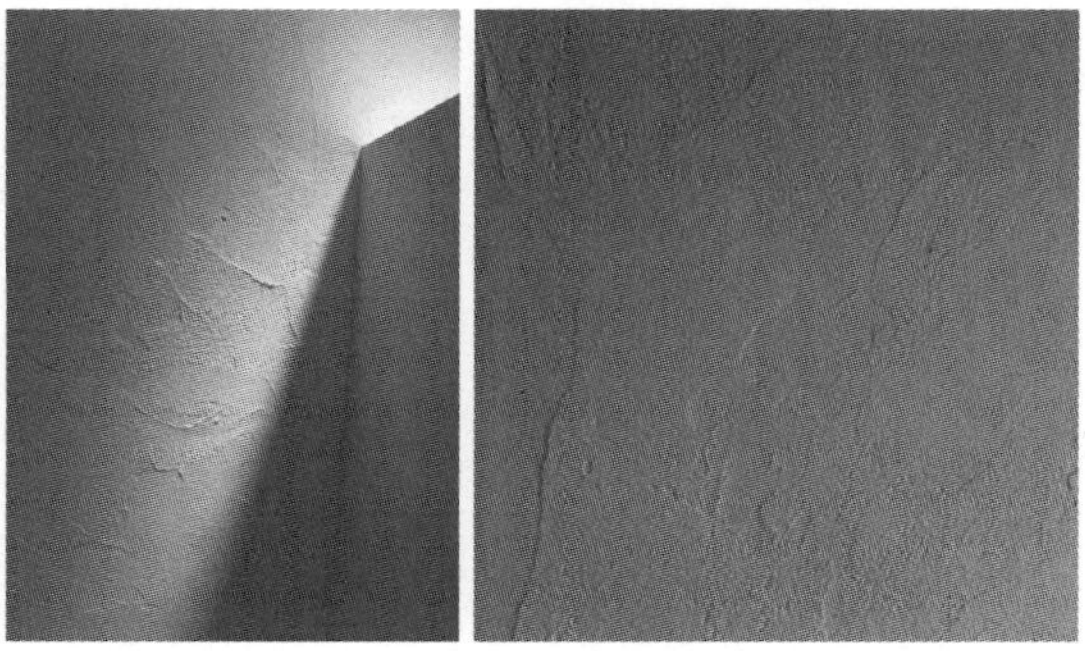

西洋の塗り壁の例

71

左官の歴史

奈良・平安～江戸時代

奈良・平安時代は漆喰工法が確立されておらず、白い土を塗る白壁塗りが主流だった。当時、白土や消石灰は貴重であり、糊材には米や膠《にかわ》などの貴重な食料が使われ、白壁は上流階級にしか使用されない権力の象徴だった。

桃山時代に入ると消石灰を生産できるようになり、漆喰工法が確立された。糊材も高価な米糊から安価な海草糊に変わり、漆喰塗りが普及した。この時代の城には、姫路城に代表される漆喰塗り込めの仕上げが多い。

江戸時代に入ると、城郭建築の技術が商人に広がり、土・漆喰で塗り込めた土《ど》蔵《ぞう》づくりが盛んに行われた。商人が経済力をもつと、外装では黒漆喰や鏝絵などが、内装では数奇屋風の土壁や大津壁などの仕上げが広まっていった。

明治～昭和初期

明治～大正～昭和初期には、西洋の建築方法が取り入れられることが多くなり、左官工法がさらに発展。西洋風の装飾に対応するため、蛇腹引きや石膏彫刻の工法が確立されたほか、コンクリートが採用され始め、モルタルや石膏プラスター、ドロマイトプラスターも使用されていった。この時代は、近代的な建築方法が導入され始めるなかで、「大工・鳶・左官」が建築の3大業種として重要な役割を担っていた。

戦後～高度成長期

昭和に入り、高度成長期を迎えると、建築の世界が工業化され、工期短縮と大量生産が求められた。しかし、左官は湿式工法であり、工期が長く、大量生産には人手が必要になるため、工業化の波に乗ることができなかった。特にビルなど大型の建築では、コンクリート型枠工法やパネル工法が確立され、左官工事が激減。住宅の工事もパネル、ユニット化され、外装の左官施工は減り、内装も石膏ボードの上にビニルクロスを張る仕上げが主流になった。左官にとっては冬の時代だったといえる。

Point!

- 左官の白い壁は、かつて権力の象徴だった
- 昭和初期までは、左官は建築の重要な要素を占めていた

■左官の歴史

奈良・平安～桃山～江戸時代

●仏教の伝来とともに、白壁が日本に伝わった。当時、白壁は権力の象徴でもあった

白壁は仏教とともに伝来

●漆喰工法が確立された

漆喰塗り込めの仕上げが印象的な姫路城

●商人文化が栄え、徐々に左官仕上げが庶民のものになった

土や漆喰で塗り込めた土蔵が盛んにつくられた

明治～大正～昭和初期

●漆喰彫刻や蛇腹引きなど、洋風の左官装飾が発達

洋風の建物において、さまざまな左官装飾が施された

●石膏プラスターやドロマイトプラスターなど、工業製品としての左官材料がつくられるようになった

「大工・鳶・左官」が建築の3大業種として重要な役割を担っていた!

ドロマイトプラスター

戦後～高度成長期

●建築の工業化、納期短縮に伴い、工期のかかる左官工事は少なくなっていった

工業化の波に乗ることができず、左官が冬の時代を迎える……

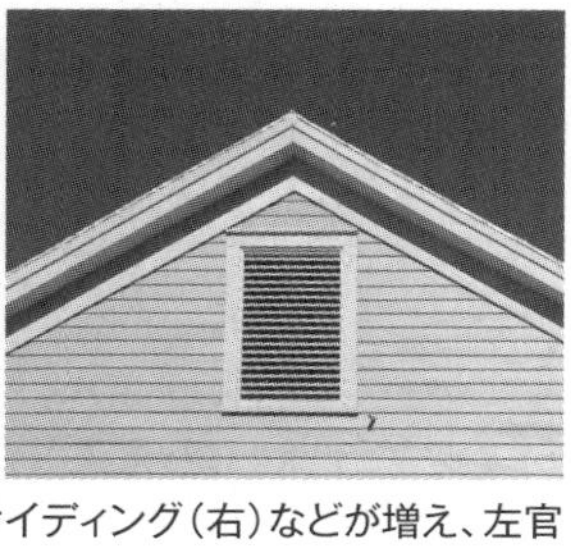

ユニット化された建築（左）、外壁サイディング（右）などが増え、左官工事が減少

写真の一部はイメージ

72

左官の現在

左官工事が増えつつある

　ビルなど大きな建築物では左官の工事が減少したが、タイルや塗装の下地のモルタル工事、階段のモルタル工事、コンクリートの欠けやジャンカの補修など、今でも細部にわたり左官が必要とされている。一方、住宅工事では、外壁はサイディング仕上げもあるが、モルタルを塗って外壁を仕上げる工法も根強く残っている。玄関の土間や基礎部分の化粧モルタルなどの仕事も左官工事の1つである。

　このほか、耐震工事や補強工事などはセメント系の材料を使用することが多く、左官職人が活躍している。建物のリニューアル化に伴い、この分野は今後も増えていくだろう。また、健康・環境面から漆喰や珪藻土などの調湿仕上げが見直され、この分野では左官が復活する兆しがある。さらに、左官が本来もつ温かみや安らぎも注目され、多くの設計者が興味をもち、左官仕上げを採用する機運が高まっている。

超一流の職人が活躍

　現在、左官の世界では、久住《くすみ》章氏や久住有生《なおき》、挟土《はさど》秀平氏に代表される超一流の職人が活躍している。左官仕上げを芸術の域にまで昇華させた作品も多く、メディアにも多く取り上げられている。こうした有名職人の活躍により、特殊な左官仕上げが有名な施設のエントランスに取り入れられることも多くなった。

　一時期、激減した左官工事だが、「耐震工事」「健康・環境」「有名職人の活躍」という点から、じわじわと増え始めている。しかし、一人前の左官職人になるには10年かかるといわれ、今後、さらに増えるであろう左官工事に対応するため、早急に職人を増やすことが求められている。また、伝統的な技術を若い職人に継承することも重要である。

　その必要性を感じ、左官業界として職人を育成する動きがある。各地で技能講習会が開催され、大津磨きや漆喰磨き、土佐漆喰、京壁など、伝統技術を伝える場となっている。

Point!

- 超一流の左官職人が活躍している
- 左官業界として職人の育成に力を入れている

■超一流職人の作品

●久住章氏の作品

「札幌デザインウィーク2008」で制作された土壁

土壁の掻き落とし仕上げ

●挾土秀平氏の作品

北海道洞爺湖サミットでリビングルームに置かれた「土の円卓」

「泥の円空」

■左官講習会の様子

各地の左官組合やネットワーク、建材店が講習会を企画し、伝統工法を若い世代に伝え、広めていく活動が積極的に行われている

未来に向けて、左官の可能性が広がっている

73 新しい左官製品

Point!

- 漆喰タイルは、新発想の漆喰でできた焼かないタイル
- 左官材料の特性や技術・技法を生かした各種グッズがある

漆喰タイルとは

近年、新しい発想から生まれた左官製品や、左官の材料・技術を応用してつくられたグッズが増えている。

その1つである漆喰タイルは、新発想の漆喰でつくられた焼かないタイルである。石灰を高圧で固めてつくるため、セラミックタイルと同程度の強度をもちながら、表面は漆喰磨き仕上げと同様の滑らかさがある。焼かずにつくるため、CO_2の排出量が少ない。

製品としては「ライミックス」（田川産業）がある。ライミックス（Limix）とは、Lime（石灰）とセラミックスを合わせた造語である。幅広い用途があり、漆喰の機能を生かして内装の壁材や床材に使用されているほか、建具部材や雑貨、画材にも使われている。

左官材料・技術を応用

吸水性能や調湿性能、洗い出しや研ぎ出しの仕上げなど、左官材料の優れた効果や、独特の技術・技法が用いられたさまざまな製品もあり、日常生活に生かされている。

●珪藻土のバスマット・コースター

珪藻土の吸水性能を活かしたバスマットやコースター、乾燥材などがある。お風呂から上がった時の水滴を珪藻土のバスマットが吸水し、乾いたカラッとした状態が長持ちする。コースターもグラスの水滴を吸水するので、グラスにコースターが張り付くようなことがない。吸水した水は自然乾燥するので、繰り返し使うことができる。

●洗い出しの製品

左官の洗い出し工法を用いたコースターや灰皿がある。凹凸のある表情と天然石の自然な風合いが、手に取れるサイズの製品になっていて面白い。

●竈（かまど）

左官が作る卓上の竈。30㎝程度のサイズで持ち運び可能、固形燃料で炊けるものがあり、室内でも屋外でも簡単にご飯を炊くことができる。土で中塗りをして漆喰で仕上げたものや版築技法を使用したものがある。

■漆喰タイル

漆喰

→

漆喰タイル「ライミックス」

焼かずに高圧でプレスしてつくる

セラミックタイルと同程度の強度をもつ

表面は漆喰磨き仕上げと同様の滑らかさをもつ

焼かずにつくるため、CO_2の排出量が少ない

■珪藻土の製品

●バスマット

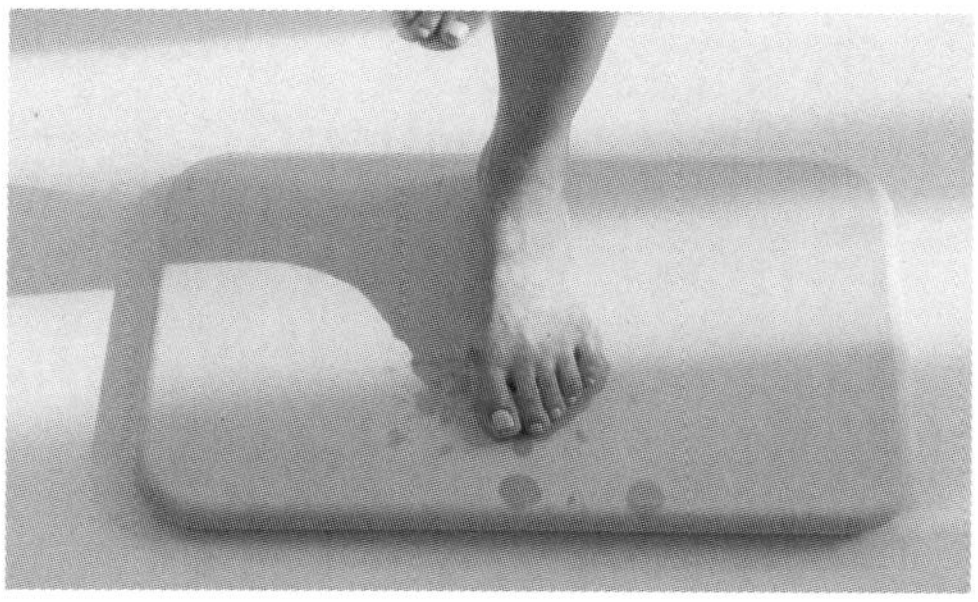

珪藻土のバスマット。吸水性があり乾燥状態が長持ちする

●コースター

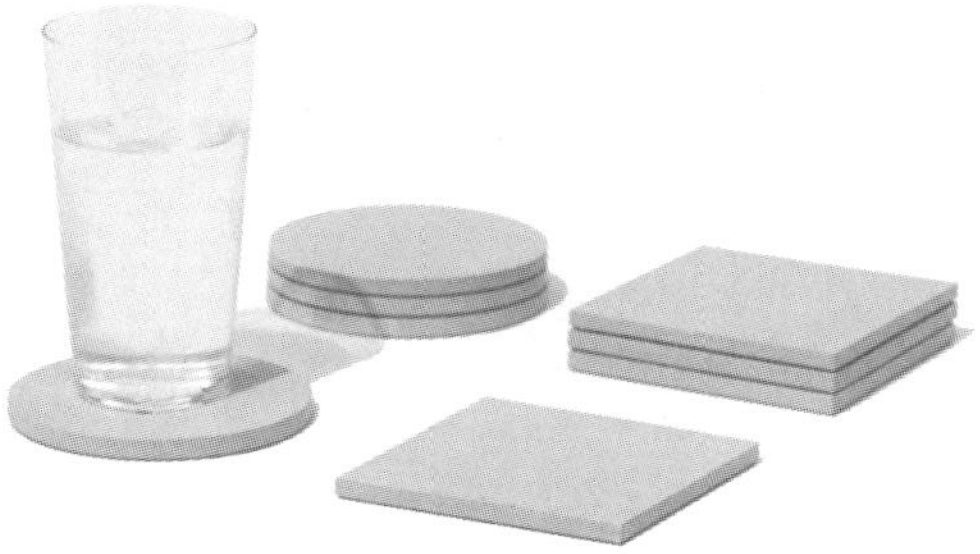

珪藻土のコースター。吸水するためグラスに張り付くことがない

写真提供：soil

■左官製品の種類

洗い出し工法

→

コースター

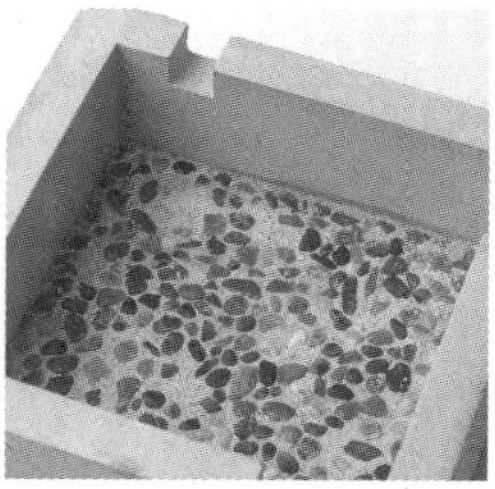

灰皿

このほかにも研ぎ出し工法を用いたランプシェードや傘立て、モルタル製の植木鉢や石膏で作ったオブジェなど今後も様々なアイデアで左官技法の製品が増えていくだろう

版築技法

→

かまど

炊きあがり

漆喰黒磨き

↓

卓上竈

74

左官によるオブジェ

セメント系の材料でつくる

左官の技術を応用してオブジェをつくることもできる。材料にセメント系を使うと、外部にあっても劣化・退色が少なく長持ちするため、セメントでつくられた擬木・擬岩（▼P84参照）などのオブジェは、公園の柱やベンチ、塀などに意外に多く施工されている。また、観音像などの大きなオブジェに採用されることもあり、高崎（群馬県）や大船（神奈川県）の観音像は、セメント彫刻の技法でつくられている。

施工手順は、まず鉄筋で骨組みをつくり、そこにメタルラスを巻き、おおよその形をつくる。その上に、軽量発泡骨材を入れたモルタルを下塗りする。メタルラスの目が粗く、モルタルが抜け落ちてしまう場合は、藁スサや繊維を入れ、よく噛むようにするとよい。その後、中塗り、上塗りを行い、造形をして仕上げていく。

磨き仕上げもできる

左官で最も難しい技法の1つである磨き仕上げを、立体的な造形に施すこともできる。磨き仕上げによる独特な深みのある艶は、塗装やプラスチックとはまったく違う質感があり、オブジェにも有効である。

3次元に磨き仕上げをする場合は、鏝では曲面に当たる面積が点にしかならないため、ビニール手袋や軍手などを使う。隅がなく、縁を切るところがないので、一気に施工して磨き上げることがポイントになる。

シーサーも左官から生まれた

沖縄でよく見るシーサー（瓦屋根などに取り付ける唐獅子像）は、もともと左官職人が火除けのためにつくったものであり、沖縄漆喰（ムチ）が材料となっている。

ほかにも、研ぎ出しや洗い出しなど、左官のさまざまな技法を用いた傘立てや水槽、イスなどがあり、アイディア次第でいろいろなオブジェをつくることができる。

Point!

- セメント系の材料でつくれば、外部でも劣化・退色が少ない
- 3次元の磨き仕上げは、ビニール手袋や軍手などで行う

■施工手順

1

鉄筋で骨組みをつくる

2

モルタルを下塗りする

3

上塗りをした後、細部の造形を施して仕上げる

完成

■磨き仕上げ

ビニール手袋や軍手などを使い、一気に磨き上げる

完成

塗装やプラスチックにはない、深みのある艶が出る

■施工例

左官工法で仕上げられたイス

漆喰でできているシーサーもある

75 炉《ろ》壇《だん》と竈《かまど》

Point!

- 炉壇は、茶室の塗り壁部分のこと。この塗り替えが専門の職人（炉壇師）がいる
- 現在の竈は、左官職人がつくることが多い

炉壇とは

炉壇は、茶室の炉の塗り壁部分を指し、3～9㎝の厚みがあり、土で塗り回してある。小さな箇所だが、土壁と同じように竹で下地を組み、数回に分けて土を塗り重ね、仕上げていく。

正式な炉壇は、京都の稲荷山土にみじんスサを入れたものといわれ、年に一度、炉開きのときに塗り替える。この仕事を行う職人を「炉壇師」と呼び、塗り角や隅の仕上がりを綺麗に通す技術が必要になる。また、角が欠けるのを防ぐため和紙を張り込むなど、高い精度が求められ、専門の左官職人でないと施工はできないといわれる。

竈も左官技術でつくれる

竈は本来、泥を団子状にしたものを積み上げてつくるか、木枠をつくり、土を流し込んで下地をつくる。しかし、現在は熱を伝わりにくくするため、内部に耐火煉瓦などを積み、表面を土の磨き仕上げや、漆喰、洗い出しなどで仕上げることが多い。

明治～大正時代は竈をつくる専門の職人がいたが、現在は左官職人がつくることが増えている。その理由として、左官職人には石や耐火煉瓦を積む技術をもつ者がおり、加えて竈の表面の仕上げ（土の磨き仕上げ、洗い出し、モルタルなど）を施工する技術もあるため、1人で竈を完成できることがあげられる。竈の3次元の造形をつくる際も、左官の技術が生かせる。

仕上げの精度が高いことで有名な竈に、毎年塗り替える「赤福の伊勢磨き」があり、深みのある赤の磨き仕上げが美しい。また、最近は飲食店で竈をつくることもある。竈で炊いたものがおいしいこともあるが、意匠的にも店の印象が大きく変わる。磨きや土仕上げだけでなく、洗い出しや研ぎ出しの仕上げも多く、竈の装飾性が多様化している。ディスプレー用（火を入れないものやガスや電気で温めるもの）も多く、竈のもつノスタルジックな雰囲気が求められているようである。

■炉壇の施工例

竹で下地を組み、数回に分けて土を塗り重ねていく

美しい黄色が特徴の稲荷山土を上塗りして仕上げる

繊細な技術が求められるため、腕のよい左官職人にしか施工できない

■竈の種類

現在はさまざまな装飾性をもつ竈がある

●赤福の伊勢磨き（実演風景）

●赤磨き仕上げの竈

●研ぎ出し仕上げの竈

●洗い出し仕上げの竈

76

左官で有名な建築物①

Point!

●美しく、すばらしい過去の左官仕上げを今も見ることができる

現存する名作の数々

日本には、左官で有名な建築物がたくさんある。ここでは古い建築物を中心に、その魅力を紹介する。

●角屋《すみや》（京都）

角屋は、江戸時代唯一の揚屋建築（太夫などを呼び、遊宴を催す店）として国の重要文化財に指定され、現在、角屋もてなしの文化美術館になっている。2階「青貝の間」にある螺鈿《らでん》［※］を施した九条土水捏《こ》ね仕上げは、経年変化に伴い、土が濃い色にすすけている。これが味となり、螺鈿がひときわ華麗な光沢を放ち、圧倒される美しさがある。この仕上げには、施工した職人の名前が「水泥匠亀松之創造」と残されている。このほか、角屋では大津磨きや色土の壁などの左官仕上げが見られる。

●遠山記念館（埼玉）

昭和初期、日興証券の創始者、遠山元一が母のために普請《ふしん》した建物。茅葺きの東棟、瓦葺きの中棟、数奇屋造りの西棟と、異なる趣の3棟から成る。種石の一粒一粒の大きさがそろえられ、隙間なく敷き詰められた那智黒の埋込み仕上げが玄関にあるのをはじめ、亀甲模様にデザインされた床研ぎ出し仕上げ、鉄粉を醤油に漬けたものを土壁に混ぜて錆を出し、蛍が飛んでいる様子が表現された蛍壁など、すばらしい左官仕上げがいくつも残されている。

●姫路城（兵庫）

白い漆喰で塗り込められた美しい様子から「白鷺城」と呼ばれる。世界遺産にも登録されており、修復を重ねながら当時の美しい姿が保持され、現在は平成の大修理が行われている。陥落しない城としても有名で、鉄砲狭間や矢狭間などが数多く見られる。

●桂離宮（京都）

17世紀に八条宮初代智仁親王と二代智忠親王によってつくられた建物で、ドイツ人の建築家、ブルーノ・タウトが「泣きたくなるほど美しい」と絶賛したことでも知られる。漆喰に小さな未消化石灰の塊を混入し、表面に出すパラリ仕上げが有名である。

※　オウム貝や夜光貝などの真珠光を放つ部分を使い、装飾を施す方法

■左官で有名な建築物

●角屋

九条土水捏ね仕上げ。螺鈿による、華麗な美しさに圧倒される

京都府京都市下京区西新屋敷揚屋町 32
TEL 075-351-0024（角屋保存会）
注　2 階の見学は事前予約が必要

●遠山記念館

那智黒の埋込み仕上げ。粒のそろった種石が、隙間なく埋め込まれている

今でも艶のある、赤の大津磨き

蛍壁。錆をうまく使用し、蛍が飛ぶ様子を表現

埼玉県比企郡川島町白井沼 675　TEL 049-297-0007

●姫路城

白い漆喰で壁が塗り込められている

兵庫県姫路市本町 68　TEL 079-285-1146

注　営業時間、定休日、入場料、予約の有無などは、電話やホームページなどで要確認

77

左官で有名な建築物②

Point!

●最先端の左官仕上げを体感できる

現代の名作の数々

ここでは、比較的新しい建築物のなかから左官で有名なものを紹介する。

●伊豆の長八美術館（静岡）

現代の「鏝絵の祖」ともいわれる入江長八の美術館。建物の設計は石山修武氏、左官の施工は日本左官業組合連合会が全面的に協力し、古くから伝わる左官技法がふんだんに生かされたつくりとなっている。館内には長八の代表作約50点が展示され、独特の技法を見学できる。

●とらや 赤坂店（東京）

羊羹で有名なとらやの赤坂店。久住章氏が20人の腕利き職人と施工した2階売り場の漆喰黒磨きの大壁が見事で、さらに斑模様の磨き壁も見られる。地下には久住氏が使用した鏝が飾ってある。

●ホテル川久（和歌山）

城のような佇まいをもつユニークなホテルで、エントランスに建つ巨大な柱の石膏マーブル仕上げが有名である。着色した石膏を模様に合わせて塗り、それを研ぎ出して大理石風に仕上げるという、ヨーロッパでも現在はほとんど行われない幻の施工方法でつくられている。

●別邸 仙寿庵（群馬）

谷川岳の雄大な自然に包まれた閑静な宿で、水面に墨を流し、模様になったものを転写する「墨流し」という技法を土壁に応用した施工があり、自然がつくる模様の奥深さが味わえるのが特徴。

●柳生の庄（静岡）

久住章氏が全国から腕利きの左官職人を集め、本格的な数寄屋建築の究極の左官仕上げを目指した旅館。蛍壁や黒磨き、さまざまな種類の土壁を楽しむことができる。旅館の浴槽は洗い出しと研ぎ出し、掻き落としを組み合わせ、触ると柔らかく感じられる仕上げになっている。

●東京駅 丸の内駅舎（東京）

１９１４年に辰野金吾により設計され創建された東京駅丸の内駅舎は、戦火により焼失した。その後、２０１２年に創建時の姿へと復元し、現在も見ることができる。蛇腹仕上げの部分は、既存の蛇腹を残しながら、その蛇腹をつなげるように引いて復元している。

■左官で有名な建築物

●伊豆の長八美術館

伝統的な左官技法を目の当たりにできる

静岡県賀茂郡松崎町松崎 23　TEL 0558-42-2540

●とらや　赤坂店

久住章が施工した黒の磨き壁

東京都港区赤坂 4-9-22　TEL 03-3408-4121（代）

写真提供：内藤廣建築設計事務所

●ホテル川久

美しく、存在感がある、石膏マーブル仕上げの柱が建つ

和歌山県西牟婁郡白浜町 3745　TEL 0739-42-3322

●別邸　仙寿庵

自然の美しさが凝縮された、墨流しを応用した施工

群馬県利根郡みなかみ町谷川西平 614　TEL 0278-20-4141

写真提供：別邸　仙寿庵

●東京駅

上部が漆喰の蛇腹引き仕上げになっている

東京都千代田区丸の内 1

写真提供：吉村興業

●柳生の庄

浴槽の仕上げは洗い出しと研ぎ出し、掻き落としを組み合わせた施工

静岡県伊豆市修善寺 1116-6　TEL 0558-72-4126

写真提供：柳生の庄

注　営業時間、定休日、入場料、予約の有無などは、電話やホームページなどで要確認

78

左官を知るところ①

Point!

- ホームページでさまざまな情報を入手できる
- ショールームで左官見本の見学や塗り体験ができる

左官の知識を深めるには

左官組合などのホームページを閲覧したり、建材会社や材料メーカーのショールームを見学することで、左官をより深く知ることができる。

ホームページ

●**日本左官業組合連合会**　全国組織であるため、全国左官技能競技大会の企画・開催をはじめ、各地での講習会や大会などを行っている。ホームページでは、左官の工法が豊富な写真とともに分かりやすく紹介されているほか、お薦めの左官施工店、左官を学べる学校、左官の書籍などの情報も掲載されている。

●**日本左官会議**　日本の左官の技術と文化を受け継ぎ、発展させるために結成された会。現在、挟土秀平氏が議長を務めており、土や漆喰についての詳しい情報を得られる。

展示室・ショールーム

●**富沢建材　健康建材の塗り壁展示室（東京）**　大津磨き仕上げや土佐漆喰磨き仕上げなどの「磨きもの」から、京壁水捏《こ》ね仕上げなどの「撫でもの」、漆喰押さえ仕上げなどの「押さえもの」まで、さまざまな左官見本が展示されている。現代の名人が作成したものが多く、最高の左官技術を一度に見学できる。

●**アイカ工業　東京ショールーム（東京）**　樹脂系左官材「ジョリパット」の見本があり、豊富なテクスチュアが見られる。

●**田川産業（福岡）**　しっくい空間を体験できるショールーム。壁・天井・床までオールしっくいの体感ルームを見学できる。

●**日本化成（東京）**　薄塗りのモルタル調・金属調の材料や漆喰、珪藻土などさまざまな材料の仕上りを見学できる。

●**シリカライム　ショールーム（東京）**　天然水硬性石灰をベースにしているシリカライムのショールーム。さまざまなバリエーションの壁面が見られ、実際の空気感も体感できる。

●**日本プラスター　うま～くヌレールLABO（東京）**　DIY向け漆喰の体験型ショールーム。漆喰のショールームで、うま～くヌレールの塗り体験をすることができる。

■ホームページ

●日本左官業組合連合会

工法をはじめ、施工店や学校など、左官にかかわる充実した情報が掲載されている

http://www.nissaren.or.jp/

●日本左官会議

現在、挾土秀平氏が議長を務め、座談会やシンポジウム、見学会を開催している

https://www.sakanjapan.com/

■展示室・ショールーム

●富沢建材　健康建材の塗り壁展示室

伝統的な左官仕上げをはじめ、赤福の竈《かまど》オブジェや現代大津磨きなどの展示もある

東京都中野区東中野
4-30-11
TEL 03-3362-7774

●アイカ工業　東京ショールーム

樹脂系左官材「ジョリパット」のさまざまなパターン仕上げが見られる。東京、名古屋、大阪、福岡にある

東京都新宿区西新宿 2-4-1
新宿 NS ビル 22F
TEL 03-6770-2012

●田川産業　ショールーム

ショールーム内に漆喰の部屋、ビニルクロスの部屋があり、漆喰壁の良さ・空気感を体感することができる

福岡市博多区豊 2-2-26
福岡コーホービル 4F
TEL 092-292-1188

●日本化成　ショールーム

モルタル調・金属調の材料や漆喰、珪藻土などさまざまな仕上りを見られる

東京都新宿区歌舞伎町 2-3-22 ハイフレックスビル
TEL 03-3207-8139

●シリカライム　ショールーム

水硬性石灰のさまざまな仕上げ・バリエーションを見ることができる

TOKYO SHOWROOM【完全予約制】 東京都千代田区六番町 11-3 エクサス六番町

●日本プラスター　うま～くヌレールLABO

定期的に漆喰DIY教室を開催。漆喰を体感できる部屋もある

東京都台東区東上野
3-38-4 ヤマトビル
TEL 0120-323-960

写真：うま～くヌレールLABO京都

注　営業時間、定休日、予約の有無などは、電話やホームページなどで要確認

79 左官を知るところ②

Point!

●さまざまな左官仕上げを見学・体感できる施設がある

見学・体感で左官を知る

環境にやさしく、健康にもよいことから左官が注目されている現在、仕上げ見本を見学したり、塗り体験ができる施設が増えている。ここでは、その一部を紹介する。

●江戸東京たてもの園（東京）

江戸時代から明治・大正・昭和の歴史的な建築物を移設した施設。27棟もの建築物があり、黒漆喰仕上げや洗い出し仕上げなど、当時の左官技術をいろいろ見ることができる。そのなかには銭湯が移築された建物もあり、少し昔の日本の暮らしぶりをなつかしむことができるのもうれしい。

●左官ミュージアム「ゆめのはこ」（兵庫）

近代左官の祖である久住《くすみ》章氏がデザインした建物。木造の2階建てで、18世紀のヨーロッパの宮殿造りを参考にしながら、左官が得意とする曲線を生かしたつくりとなっている。外壁は掻き落とし仕上げ、内部はさまざまな左官技法を生かした仕上げが施されている。見学には事前連絡が必要。

●ＩＮＡＸライブミュージアム　土・どろんこ館（愛知）

土に触れ、遊び、さまざまな体験ができる施設。久住章氏の息子である久住有《なお》生《き》氏が施工を手がけ、版築工法でつくられた外壁をはじめ、土間の三和土《たたき》仕上げ、洗い出しの床、イタリア磨きの壁、曲線が美しい「常滑大壁」、ワークショップでつくった日干し煉瓦の壁などがある。また、「光るどろだんごづくり」などの体験教室も開催されている。

●リビングデザインセンターＯＺＯＮＥ（東京）

快適な居住空間を求める人のための情報施設。ライブラリーには環境を考えた住宅に関する情報が多く、左官材料のカタログや見本が展示されている。左官のワークショップが開催されることもあり、２００３年には「土の王宮をつくる」展が行われた。また、その他にも建材や設備、家具のショールームがあり、個別のニーズに合わせた住まいづくりの相談やセミナーも行われている。

■左官を見学・体感できる施設

●江戸東京たてもの園

村上精華堂、
所蔵：東京都たてもの園
Image：東京都歴史文化財団イメージアーカイブ

江戸時代～昭和までの建造物が一堂に集まり、当時の左官仕上げが見られる

東京都小金井市桜町 3-7-1（都立小金井公園内）
TEL 042-388-3300

●左官ミュージアム「ゆめのはこ」

ユニークな曲線美をもつ建物の内外に、最高峰の左官技術が施されている

兵庫県篠山市小枕 56
TEL 090-3261-8801（南 俊行氏）

●INAXライブミュージアム　土・どろんこ館

版築、イタリア磨きの壁、「常滑大壁」など、多種多様な左官仕上げの宝庫

愛知県常滑市奥栄町 1-130
TEL 0569-34-8282

●リビングデザインセンターOZONE

住まいづくりセミナーでは、左官のワークショップが開催されることも

環境に配慮した住まいの情報のコーナーには、左官材料のカタログや見本がそろう（写真左）

東京都新宿区西新宿 3-7-1
新宿パークタワー内
TEL 03-5322-6500

注　営業時間、定休日、入場料、予約の有無などは、電話やホームページなどで要確認

80 左官を知るところ③

Point!

●全国各地で左官の講習会・ワークショップが開かれている
●プロ向け、一般向けなど、目的に合うものを選んで参加できる

左官の知識・技術に触れる

左官の講習会やワークショップも全国各地で開かれている。技能者向けのレベルの高いものもあれば、一般の人でも参加できるものもあり、技術の見学、塗る作業の体験など、目的に合わせて選べる。また、左官の技術を競う大会もある。ここでは代表的なものを紹介する。

●東京都左官職組合連合会

東京都左官職組合連合会の青年部「平成会」は、全国にネットワークがあり、カリスマ左官職人の久住《くすみ》章氏、挟土《はさど》秀平氏も名誉顧問になっている。この会では年に数回、プロ向けの講習会を開いている（一般見学も可能）。

●左官を考える会

左官技術の継承と若手職人の育成、ネットワークづくり、情報交換のために西日本で発足したこの会では、全国で定期的に講習会を開いている。内容はプロ向けだが、一般見学もできる。

●ワークショップ

地域のイベントなどで地元の左官組合がワークショップを行っていることもあり、左官を知る良い機会になっている。光る泥団子つくりだけでなく、塗り壁体験や漆喰で作る黒板など鏝を持って塗る体験ができるイベントもある。また、「まちなかで土壁の家をふやす会」など土壁普及推進の団体や工務店などのイベントで土壁についての知識を得られる。

●全国左官技能競技大会

左官の技能を競うために開かれる、全国的な競技大会。石膏蛇腹引きや漆喰塗りなど、左官のさまざまな技能が盛り込まれた課題が出され、参加者が制限時間内に美しさと精度を競い合う。競技は2日間、現在は2年に1回のペースで7～9月に開催されている。

●技能五輪全国大会

左官だけでなく、さまざまな職種における青年技能者のレベル向上のために開催される競技大会。参加者は23歳以下という年齢制限があり、左官の種目では、若い職人がフレッシュな感性と技術をアピールしている。年に1回開催され、開催地は毎年異なる。

■講習会

●東京都左官職組合連合会　平成会　講習会

〈問い合わせ〉東京都左官職組合連合会 平成会　TEL 03-3260-5734
http://www.sakan.jp/heiseikai.htm

京壁仕上げの講習会の様子

荒壁仕上げの講習会の様子

技能者向けの講習会が全国各地で開かれ、若手の育成に役立っている。
一般見学ができるものも多く、伝統技術を間近で見ることができる

●左官を考える会　講習会

〈問い合わせ〉左官を考える会　http://thinksakan.com/

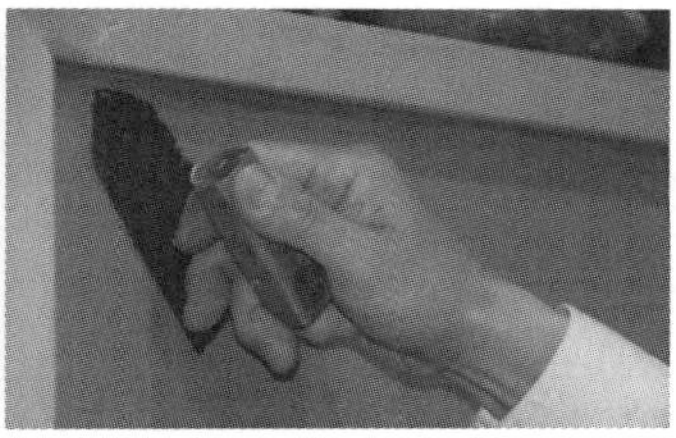

大津磨き仕上げの講習会。講師のレクチャーに加え、技術指導なども行われる

■地域のワークショップ

●地域の左官組合などのワークショップ

光る泥団子作り

塗り壁体験

漆喰で作る黒板

左官に興味のある一般の人向けのワークショップも多く、初心者でも気軽に参加し、実際に土壁を塗ることができる

写真提供：左菊

■競技大会

●全国左官技能競技大会

〈問い合わせ〉日本左官業組合連合会　TEL 03-3269-0560　http://www.nissaren.or.jp/

参加者の作品。左はディテール、右は課題の例

全国の精鋭が技能を競い合う。鍛えられた技術を見ることができる

- 参加を希望する場合は、各講習会やワークショップなどのホームページを参照
- ここで紹介した以外にも、不定期で開催されているものが多くあるので、インターネットなどで調べるとよい

索引

参考文献

『左官辞典』（(社)日本左官業組合連合会刊）

『左官建物探訪』（(社)日本左官業組合連合会刊）

『建築携帯ブック　左官』（高橋昌巳著、井上書院刊）

『鏝なみ　はいけん』（渡部孝幸著、(有)ワンライン刊）

『息づく左官職人の技「鳥取県の鏝絵なまこ壁」』（鏝絵なまこ壁文化推進協議会刊）

『左官』（(独)雇用・能力開発機構、職業能力開発総合大学校　能力開発研究センター編、
(財)職業訓練教材研究会刊）

『左官施工法』（(社)日本左官業組合連合会　技術資材研究開発委員会刊）

『建築工事標準仕様書・同解説15左官工事』（(社)日本建築学会刊）

『秘土巡礼』（INAX出版刊）

『漆喰復活』（船瀬俊介著、彩流社刊）

『土の絵師　伊豆長八の世界』（村山道宣編、木蓮社刊）

『鏝絵放浪記』（藤田洋三著、石風社刊）

『土のコレクション』（栗田宏一著、フレーベル館刊）

『日本の壁　鏝は生きている』（山田幸一著・監修、INAX出版刊）

『フレスコ画の技法』（三野哲二著、日貿出版社刊）

『コンフォルト別冊　土と左官の本1』（アイシオール編、建築資料研究社刊）

『コンフォルト別冊　土と左官の本2』（アイシオール編、建築資料研究社刊）

『コンフォルト別冊　土と左官の本3』（アイシオール編、建築資料研究社刊）

『コンフォルト別冊　土と左官の本4』（アイシオール編、建築資料研究社刊）

『コンフォルト2006年11月増刊　素材・建材ハンドブック』（建築資料研究社刊）

『左官総覧2002年度版』（工文社刊）

『左官総覧2003年度版』（工文社刊）

『左官総覧2004年度版』（工文社刊）

『左官総覧2005年度版』（工文社刊）

『左官総覧2007年度版』（工文社刊）

『iA（アイエー）04』（エクスナレッジ刊）

『左官超実用テクニック読本』（浅井賢治著、エクスナレッジ刊）

『建築知識1994年12月』（エクスナレッジ刊）

『建築知識2001年6月』（エクスナレッジ刊）

『建築知識2003年2月』（エクスナレッジ刊）

『建築知識2004年3月』（エクスナレッジ刊）

『建築知識2004年5月』（エクスナレッジ刊）

(社)日本左官業組合連合会ホームページ　http://www.nissaren.or.jp/

(社)日本左官業組合連合会　青年部ホームページ　http://www.sakanya.net/

著者プロフィール

原田 宗亮 (はらだ むねあき)

1974年東京都生まれ。1997年武蔵大学卒業。樹脂・エラストマーのメーカーの営業を経て、2000年に(有)原田左官工業所に入社。2007年に同社の代表取締役に就任。現在に至る。

(社)日本左官業組合連合会の広報委員、東京都左官職組合連合会理事を務め、2009年より青年部　平成会の会長に就任する。平成会として技能講習会やワークショップを企画、開催し、左官の啓蒙活動を行っている。

二級建築施工管理技士。左官基幹技能者。

写真提供・協力

アイカ工業株式会社
アサヒライト株式会社
株式会社あじま左官工芸
熱田神宮
アトピッコハウス株式会社
株式会社イケダコーポレーション
伊豆の長八美術館
日本エムテクス株式会社
有限会社木村左官工業所
INAXライブミュージアム　土・どろんこ館
株式会社エービーシー商会
小宮左官工業所
左官的塾web
左官ミュージアム「ゆめのはこ」
左官を考える会
有限会社左菊
四国化成工業株式会社
株式会社シダラ
職業訓練センター　テクノ21
職人社　秀平組
財団法人角屋保存会
別邸　仙寿庵
株式会社タカショー
田川産業株式会社
竹中大工道具館
竹村工業株式会社
田中石灰工業株式会社
東京都左官職組合連合会　平成会
公益財団法人　東京都歴史文化財団
富沢建材株式会社
中屋敷左官工業株式会社
西宮神社
日清鋼業株式会社
日本エンバイロケミカルズ株式会社
日本化成株式会社
日本ケイソウド建材株式会社
一般社団法人　日本左官会議
社団法人　日本左官業組合連合会
日本スタッコ株式会社
塗り壁隊
ヒゲタ醤油株式会社
福田金属箔粉工業株式会社
富士川建材工業株式会社
二瀬窯業株式会社
PULL+PUSH PRODUCTS.
ホテル川久
マスタック株式会社
水土グループ　小沼　充
三鷹の森ジブリ美術館
三菱地所
ヤブ原産業株式会社
山口工芸舎
陽光物産株式会社
吉野石膏株式会社
吉村興業有限会社
株式会社リビング・デザインセンター
有限会社　レイ・ウォール中園

世界で一番やさしい　左官
第2版

2023年9月19日　初版第1刷発行

著　者　原田宗亮

発行者　澤井聖一

発行所　株式会社エクスナレッジ
〒106-0032
東京都港区六本木7-2-26
https://www.xknowledge.co.jp/

問合わせ先

編集　TEL：03-3403-1381／FAX：03-3403-1345／info@xknowledge.co.jp
販売　TEL：03-3403-1321／FAX：03-3403-1829